电视栏目策划与编导

DIANSHI LANMU CEHUA YU BIANDAO （第2版）

主编 林喦

重庆大学出版社

内容提要

本书立足于影视编导、播音与主持艺术、电视编辑与制作等相关专业的学生或参与电视栏目制作的一线工作人员以及热爱这一专业的其他爱好者的学习需要,结合当前电视栏目的发展规律、最新动态、受众心理、市场运作等诸多要素,详细介绍、分析了电视栏目策划和编导的各个流程和诸多环节。并结合新闻类、专题类、文艺类和谈话类等类型节目的不同特点进行了具体的案例分析。本书观点新颖、时效性强、易于学习。

图书在版编目(CIP)数据

电视栏目策划与编导 / 林喦主编 . -- 2 版 . -- 重庆:
重庆大学出版社,2023.8
(高等院校影视传媒书系)
ISBN 978-7-5624-7154-7

Ⅰ.①电… Ⅱ.①林… Ⅲ.①电视节目制作—高等学
校—教材 Ⅳ.① G222.3

中国国家版本馆 CIP 数据核字(2023)第 078264 号

电视栏目策划与编导(第2版)

主 编 林 喦

副主编 岳 凯 王壮辉 时宇石 马玉慧 方荟玲
责任编辑:李桂英 版式设计:陈筱萌
责任校对:邹 忌 责任印制:张 策

*

重庆大学出版社出版发行
出版人:陈晓阳
社址:重庆市沙坪坝区大学城西路21号
邮编:401331
电话:(023)88617190 88617185(中小学)
传真:(023)88617186 88617166
网址:http://www.cqup.com.cn
邮箱:fxk@cqup.com.cn(营销中心)
全国新华书店经销
重庆新荟雅科技有限公司印刷

*

开本:787mm×1092mm 印张:14 字数:293千
2023年8月第2版 2023年8月第8次印刷
ISBN 978-7-5624-7154-7 定价:42.00元

前　言

　　20世纪80年代，中国的电视节目进入了"栏目化"阶段，我国电视领域随之出现了"电视栏目"的说法。"栏目"的说法原本来自平面媒体，平面媒体的栏目多刊登同类题材、体裁、内容、性质的文字作品，或者是某一个或某一类作者的专栏，一般有其特定的版面位置，也就有了比较稳定的读者，起到了强化传播的效果。栏目的设置版面相对固定，周期也相对固定，这样可以满足不同读者的阅读需求，受众也具有针对性。在电视领域，引入"栏目"这一词，指的是在电视节目系统中将一些具体的节目按照一定的内在联系组合成相对独立的单元，安排在一个定期、定时长的某时段中播出，并将这一定期、定时长播出的某时段冠以名称，这一冠名播出时段的节目，我们习惯于称为电视栏目。栏目化经历了20世纪90年代的发展，越来越走向成熟。21世纪的近20多年来，随着新媒体的不断发展，新的媒体技术和媒体环境对传统媒体都有很大的冲击，无论是传播内容、传播形式、传播技术，还是传播特点、受众群体，都有了迭代式发展的变化。这其中，由于过度追求市场化、收视率，电视节目出现了良莠不齐的现象，在这方面，相关部门出台了相关的制约规定。我们相信，在未来电视业和以电视栏目为主要内容的电视业态还会发生质的变化，这符合媒体发展的基本规律。就目前而言，电视栏目呈现品类不断丰富、品质不断提升，涌现了很多备受观众喜欢的栏目。从整体上看，电视栏目因其流水化的制作方式，比较可靠的质量保障和比较固定的观众群体，吸引了更多广告商的目光，形成更加成熟的品牌效应。今天的电视屏幕上，具体节目独立存在的情况已经少而又少了，除了特别节目、插播节目之外，节目的存在形式都是电视栏目。

　　近年来，研究品牌电视栏目、分析电视栏目特点等方面的研究性书籍很多，但是针对电视栏目的策划和编导进行细致分析，对电视栏目制作流程进行逐一分解，对电视栏目制作的各个环节进行仔细剖析的书籍，似乎还不多。实际上，不管是学习本专业的学生，还是在电视栏目制作一线的人员，在这一方面都有着强烈的需求。我们这本书的编写，恰恰是为了满足这种实践上的需求。

　　本书分三篇，第一篇主要讲述电视栏目策划，分别从电视策划类型、电视栏目策划的环境因素、电视栏目策划的原则和要素、电视栏目策划的程序等方面来阐述电视策划的规律。第二篇主要讲述电视栏目编导，并细致入微地从栏目编导的前期、中期和后期工作流程来逐一介绍。第三篇则对不同类型电视栏目的策划与编导进行了具体的分析，分别结合新闻类、专题类、文艺类和谈话类等类型节目的不同特点，进行了举例分析。

对于电视栏目的运作而言，一支专业、团结的团队必不可少，高效率的栏目策划与制作团队，为电视栏目的成功提供了人力资源要素保证。在电视栏目制作中，通常有栏目制片人、策划人、编导、主持人等岗位。其中，栏目策划人是整个电视栏目运作过程的先导，好的策划是节目成功的关键，他必须要有深厚的电视理论基础，对栏目的制作流程了如指掌，对电视的优势和劣势、电视发展的规律和可能性谙熟于心。同时，栏目的策划人还要对观众的接受心理有细致入微的把握，对收视市场有敏锐的预测。并且，策划人还要有丰富的知识和求新、求异的强烈欲望。这样苛刻的要求使得目前在电视市场上优秀的策划人员凤毛麟角，他们也让各家电视台趋之若鹜。

事实上，电视栏目的策划是有规律的，培养一个好的策划人员也是有规律可循的。电视栏目是日常性节目规整化、成熟化的标志。各种策划活动都是综合性极强的脑力活动，他有着丰富的内容、准确的信息、客观的分析、严密的逻辑、接受心理的研究、专业的技术以及艺术的创造。策划的步骤基本是以假定的目标为起点，然后制定出策略、政策以及过程实施的详细计划，最后进行效果评估。本书中试图通过对策划各个方面的分析，找出培养策划人员、策划团队的可能性，找出电视栏目策划所应承担的任务，该从何处入手，该从哪些方面做工作去营造出高质量的电视栏目。其实，高级的脑力劳动恰恰是从一步步地分析、一步步地调查和演练开始的。

电视节目编导必须通过对题材的确定、构思、拍摄以及对素材的选择、加工，把好的内容组合成优秀的电视节目，奉献给受众。栏目编导是电视栏目的主创者，电视栏目编导必须具有很强的职业敏感，即善于观察社会生活，能敏锐地发现有价值的题材，抓取鲜活的事件、现象和群众关注的热点、焦点问题，从而有益于自己的创作。编导应该具备一定的政治头脑、政策理论水平和较高的思想素质、品德修养，要具有较强的电视业务素质，且具有美学修养和艺术鉴赏力，有组织和社交能力。

作为电视节目的主创者，电视编导必须具有很强的职业敏感。所谓职业敏感，就是对社会生活中与自己职业相关的事物要特别关注，并能及时发现和把握它们，使其对职业工作产生意义，即从职业角度出发，对社会生活善于观察，能敏锐地发现有价值的题材，抓取鲜活的事件、现象和群众关注的热点、焦点问题，运用到自己的创作中。电视节目编导必须通过对题材的确定、构思、采访、拍摄以及对素材的选择、加工，把好的内容组合成优秀的电视节目，奉献给观众。在这一过程中，电视节目编导承担了原创和将其电视化的任务，起着创作、把关与中介的重要作用。

　　拍摄采访是电视节目创作中获取影像和声音材料的最重要环节。编导在此过程中具有至关重要的作用：首先，编导要对外联系，落实拍摄地点、时间等具体事项，并尽可能地预测在采访现场可能会出现的意外状况。其次，编导要对内统筹安排拍摄进程、采访事宜。在拍摄现场还要进行场面调度、安排或指挥拍摄、指导现场采访。发现突发或意外问题要及时决断、处理。在实际工作中，有时编导还要身兼摄像、切换导演或主持人等多重角色，这时就要注意兼顾全局，既要从宏观角度控制局面又要从微观入手，注意每个采访、拍摄细节。编导是电视栏目、节目的主创者，又是把关人，在很大程度上决定着一个栏目或节目的播出质量和水平。编导既要有对栏目、节目的宏观把握意识，又必须有对栏目和节目审慎、仔细的具体关注和检查的能力。电视创作就其本性来讲，属于同社会、同人、同环境打交道的工作，而电视节目的生产又是一项集体创作活动，这就需要编导不但要有与外界各方高效沟通的能力，还要具有相当的组织能力和号召力，使各个工序协同有序，从而保证采访工作圆满、顺利地进行。

　　本书对电视编导在栏目制作的前期、中期和后期的具体任务进行了较为详细的介绍和分析，从前期的选题、构思、撰写脚本和拍摄计划，到中期对场面的调度，对摄像、灯光、音响以及主持人等方面的调控，再到后期的编辑工作对设备的操作和对电视语言的使用以及编导在栏目制作中可能遇到的问题，需要获取的知识和技能，我们都一一作了介绍，相信会对电视栏目编导在实践中有所裨益。

　　各种不同类型的栏目在创作中也有着不同的特点，因此我们特意另辟一篇对不同类型栏目的策划和编导进行分析。即对新闻类栏目、专题类栏目、文艺类栏目和谈话类栏目，我们结合实际分析了它们的不同特点，并且因地制宜地提出了这些类型栏目在策划和制作时要注意的问题和相应的解决方案。

　　在全书的编辑过程中，我们几位编写者参考了大量的研究资料，更为重要的是我们观看了大量的电视栏目，并进行了细致的分析和评价，再结合一些编写者在电视媒体的工作经验，从中摸索出了在电视栏目策划和编导中的一些规律。在本书的行文中，我们尽量结合最新的电视栏目进行分析，使我们的理论和经验尽量贴近实际。我们相信这本书会对广播电视编导相关专业的教学有所补充，对于工作在电视栏目制作一线的电视工作者，也能有所帮助；对于电视策划与编导方面的研究者和爱好者，也希望能有所裨益。

　　在编写本书的过程中，我们参考和引用了大量的学术资料和电视栏目，在此一并致谢。

　　本书由林喦主持编写，负责提纲、体例、修改、统筹及部分章节的写作，同时，本书编写者岳凯、王壮辉、时宇石、方荟玲、马玉慧五位老师在修改过程中也付出了辛勤的劳动。本书编者具体分工为：林喦，第一章、第三章；方荟玲，第二章、第十三章；时宇石，第四章、第五章、第六章；岳凯，第七章、第八章、第九章；王壮辉，第十章；马玉慧，第十一章，第十二章。

尽管在编著本书时我们做了最大的努力，希望能达到一个令人满意的效果，但因编者水平有限，有很多地方尚不完善，恳请各位方家批评指正，以便我们进一步改进。

编　者

2022年11月

目 录

第一篇　电视栏目策划

第一章 导 论

我国的电视事业诞生于1958年5月1日，当时的北京电视台（中央电视台前身）开始发出电视信号。在六十多年的发展历程中，电视信号从黑白到彩色，传输方式从微波发射到卫星、光缆，频道从一两个增加到上百个甚至上千个，电视采录方式也实现了全面数字化。赛迪网（工业和信息化部中国电子信息产业发展研究院直属机构网站）2006年9月的一篇评论指出："今天，中国有超过3000个电视频道，数百家电视台，接近4亿个家庭拥有电视机，观众总人数达10亿人以上，城市居民家庭的电视机普及率已达到99.3%，每百户居民家庭的电视机拥有量已高达140台；在拥有8.8亿人口的农村，电视机的普及率也已经达到95.2%——在很多家庭，电视已经不止一台。"截至2020年末，有线电视实际用户为2.10亿户，其中有线数字电视实际用户2.01亿户。年末广播节目综合人口覆盖率为99.4%，电视节目综合人口覆盖率为99.6%。全年生产电视剧202部7476集，电视动画片116688分钟。全年生产故事影片531部，科教、纪录、动画和特种影片119部。[1]如今电视媒体已毋庸置疑地雄踞第一媒介的宝座。电视产业也逐步走进了成熟期，中国已成为名副其实的"电视大国"。

我国电视事业的发展离不开电视节目的创新，这种创新体现在诸多方面，包括播出内容、播出方式、播出时间、主持人形象、专业化编排等。可以说电视节目的丰富与繁荣是电视事业发展的内核，而"电视栏目"的概念始于20世纪80年代提出的"栏目化"概念，节目是电视传播内容与形式相结合的基本单位，栏目则是由一个个内容、性质、功能、目的或形态相近的小节目组成，就好比生物学中器官和细胞的概念。导论着重介绍电视栏目的基本概念和构成要素、发展历程及分类。

第一节 电视栏目的概念及其构成要素

一、"电视栏目"与"栏目化"

在日常生活中，"节目"这个词往往被赋予双重含义，一是指单一的具体节目，可以是长达几十分钟的纪录片、几个小时的晚会，也可以是短到几十秒的新闻、广告等。"凡通过电视台传输的各种画面和声音，均构成电视节目。"[2]二是指节目的集合体，如人们通常所讲的新闻节目、娱乐节目、综艺节目等，在许多教科书上又被称为

---

1 《中华人民共和国2020年国民经济和社会发展统计公报》。

2 赵群.中国中央电视台30年［M］.北京：中国广播电视出版社，1988：447.

"节目系统"。然而，我们偶尔也会把电视台播出的所有内容统称为"节目"，比如我们常说某某电视台的节目好看、某频道的节目精彩等，在这里，"节目"指的是许多单个节目甚至是"节目系统"的集合体，是一个整体化的概念。

20世纪80年代，中国的电视节目进入了"栏目化"阶段，电视领域随之出现了"电视栏目"的说法。"栏目"的概念来自平面媒体。平面媒体的栏目多刊登同类题材、体裁和同类内容、性质的文字作品，有其特定的版面位置，起到了强化传播的效果。栏目的设置版面相对固定，周期也相对固定，这样可以满足不同读者的阅读需求，受众也具有针对性。电视领域引入了"栏目"这一词，指的是在电视节目系统中将一些具体的节目按照一定的内在联系组合成相对独立的单元，安排在一个定期定时长的某时段中播出，并将这一定期、定时长播出的某时段冠以名称，这一冠名播出时段的节目我们习惯称为电视栏目。那么，有的栏目每次只播出一个节目，是否也可以称作栏目呢？答案是肯定的。如《焦点访谈》，它每次只播出一个节目，但它是定期、定时、连续播出的结果，也是一种组合。这就是电视栏目与报纸栏目的区别之一。报纸栏目只有空间的组合，而电视栏目则包括空间与时间的组合。今天的电视荧屏上，具体节目独立存在的情况已经少而又少了，除了特别节目、插播节目之外，节目的存在形式都是电视栏目。

而"栏目化"是以星期为单位，把电视台的时间按计划分割给各个节目，而这些节目就按这既定的播出时间和长度播出。有的节目每天一期，如《新闻联播》《焦点访谈》；有的节目每周一期，如《新闻周刊》《一站到底》《足球之夜》。这些节目每期的呈现类别、形式按照特定的模式，所不同的只是内容的更新。从节目的创制上来讲，"栏目化"使节目部门的工作有章可循，每天或者每周只需按照固定的模式将新的节目内容"装入"栏目；从节目的编排上讲，"栏目化"大大减轻了编排工作的劳动强度，一个栏目不需要像以往那样排来排去，固定的模式至少可以维持半年不改变，或仅有微小的调整，节省了重新编排所消耗的人力物力；另外，"栏目化"也方便了观众，使每个栏目有固定的收视群体，保证了收视率，方便对收视群体的调查研究，以便评测单位及时改进或淘汰收视率持续偏低的栏目。最初"栏目化"的提出主要是出于播出技术上的考虑。20世纪80年代以前，电视台的节目安排随意性很大，节目时长没有严格的规定，电视台节目切换都是由人工控制，手动播出，节目时长不易把握，常常出现播出不准时的情况。1984年7月，中央电视台开始实行栏目化播出，到1985年，中央电视台播出的节目全部分别划入开办的80多个栏目，全部节目实现栏目化播出。1988年5月1日，中央电视台将节目时长规定为正负5秒。计算机控制自动播出后，对节目时长要求必须做到0秒误差。[1]这样，栏目化的设置使得播出时间相对固定，误差变小，规范了整个电视节目的播出。其

---

1 刘桂林，陈万利，刘斌.电视新闻栏目定位与运作实录［M］.北京：中国广播电视出版社，2005：6.

后，中央电视台进行的电视改革多以栏目为单位，以栏目为对象。

二、栏目的构成要素

据统计，截至2021年12月，中国共有地级以上广播电视播出机构的频道1 197个。[1]由此推算，电视栏目的数量更是庞大。平面媒体中，如一份报纸，我们拿到的不是一篇篇具体的稿子，而是若干张印有文字、图片的纸，每张都有不同的版面，在每一个版面上又有不同的栏目，大致层次为报纸—版面—栏目—稿子。同样，电视媒体中，我们直接看到的、听到的是一个个节目，或是由节目构成的一个个栏目。按照层次，可以将电视节目分为节目系统、栏目、具体节目，即电视—节目系统—栏目—具体节目。当然在现今整个电视节目系统中还有频道这一重要的概念。"频道"原是一个纯技术名词，是指声波、电波、光波等波传送的频率范围。电视频道是指在电视信号传送播出时，高频影像信号和伴音信号占有的一定宽度的频带。电视节目是通过把声、画转换成一定频率电波信号传播出去，电视接收装置再把电波还原为声、画。因为一个特定频道只能传送一路电视信号，所以接收时，一个频道可以收看到一套电视节目。现在人们通常借用"频道"这个词指代一套电视节目。

电视栏目的构成要素包括人力要素、节目要素和受众要素。

（一）人力

就电视栏目的运作而言，一支专业、团结的团队必不可少，高效率的栏目策划与制作团队为电视栏目的成功提供了保证。按照栏目运作流程分工，一个栏目通常有栏目制片人、策划人、编导、主持人等岗位。栏目制片人是栏目的直接负责人，担负着栏目组的日常管理和运行职责，是整个电视栏目运作过程的先导。好的策划是节目成功的关键，相同的电视栏目有着不同的收视人群，作为一名一线的电视栏目制片人，必须要有深厚的电视理论基础。深厚的电视理论基础不仅包括对电视媒体本身的了解，还包括对传播学、信息学、新闻学等各个领域的了解，同时需要熟练地掌握制作各种电视节目的规律。

一个成功的品牌栏目必然有一个好的策划团队。栏目编导是电视栏目的主创者，电视栏目编导必须具有很强的职业敏感，即善于观察社会生活，能敏锐地发现有价值的题材，抓取鲜活的事件、现象和群众关注的热点、焦点问题，从而有益于自己的创作。编导应该具备一定的政治头脑、政策理论水平和较高的思想素质、品德修养，要具有较强的电视业务素质，且具有美学修养和艺术鉴赏力，有组织和社交能力。除此之外，主持人是电视栏目在人格化传播与对象化传播中的主导者，是栏目与观众进行交流的第一人，优秀的主持人是栏目的招牌，是品牌建设的重要内

---

1 国家广电总局网站。

容。因此主持人除了要有良好的道德修养和学识修养外，还应有较好的气质形象、鲜明的个性特征，能成为栏目特色的一个重要体现部分。

（二）节目

一次节目，即在某一特定时间一次性播出的具体内容的整体。它是节目历时链的具体环节，属于节目系统的基础层次。作为节目系统基础层次的一次（期）节目，本身也是完整的微观系统，往往包含着一系列下属概念，如报道形式、样式、体裁等。电视节目的播出形式分为录播和直播两类，录播是指放送录音、录像报道新闻的播出方式。录播在播出前把经过编辑合成的新闻节目做成完整的播出文件，按规定播出时间进行播放。直播是指在节目采制或录音、录像的同时就直接播出。直播可以使受众获取的信息与新闻事件同步，是最能体现现代电子传播优势的播出形式。

作为视听双通道传播的媒体，电视拥有众多复杂而有效的表现元素，这些元素的组合构成了电视节目多姿多彩的形态。信息经电视编码播出后，以直观具体的图像、声音、文字等符号作用于受众的多种感知器官，这种融形象、动作、声音、色彩、运动变化等视听形象于一体的传播方式具有鲜明的大众性和独特的美感。就基本的传播符号而言，电视的构成元素无外乎两类，即视觉元素和听觉元素。其中视觉元素包括画面、屏幕文字、图形图表动画以及照片或人物事件等有关的实物资料，听觉元素包括人物同期声、环境效果声、旁白解说、音乐等。

（三）受众

受众是传播过程的构成要素，是信息传播链条的一个重要环节，是传播过程赖以存在的前提和条件。一个成功的栏目品牌，不能简单以广告收入衡量，而应该看栏目的受众忠诚度，即到底有多少观众真正在看节目。一个栏目如果没有广大的观众支持，自然是没有生命力的。

成功的栏目常常满足受众某方面的特定需求。栏目应有明确的受众定位，受众定位包括三方面：给谁看（who），看什么（what），怎么看（how）。对于栏目策划者而言，找准受众定位不是最终目的，有了受众定位之后，如何能够根据受众需求来安排合适的节目内容才是最重要的。在如今的分众化传播时代，准确的内容定位是栏目吸引受众的关键环节。传播并非单向的过程，它并不以受传者接受信息为终止，而以受传者对信息作出反应为新的起点。传播者根据受众提出的反馈信息，调整传播内容和方式，对提高传播的针对性和有效性会起到积极的作用。对于电视栏目来说，观众的反馈是进行节目调整、修正节目策划的依据。受众反馈有助于栏目策划人检验和证实传播效果，有助于栏目策划者改进和优化下一步的传播内容、传播形式和传播行为，能够激发和提高栏目制作者的传播热情。而获取受众反馈的方式灵活多样，有收视率调查、观众调查、观众热线电话、短信互动平台、互联网平台等。

第二节　电视栏目在中国的发展

电视栏目的产生和发展是随着电视这一大众传播媒介的发展而兴起的，在我国可追溯到1958年中央电视台及一些地方电视台成立后所办的一系列节目。当时的电视栏目采取的是直播的形式，后来随着电视技术的进步，逐步采用录播的形式进行栏目的制作。在其后短短的几十年中，逐渐形成了在创办每个栏目时都要进行准确的定位，在制作每期节目时都围绕栏目宗旨进行制作的行规。下面分阶段说明中国电视栏目的发展。

一、起步与探索

这一时期主要指1958—1979年，中国电视产业刚刚诞生。1958年2月，中国第一座电视台——北京电视台（中央电视台前身）正式开播。由于我国电视事业诞生之时，恰逢"大跃进"时期，因此，电视发展也出现了"大跃进"局面。1958年10月1日，上海电视台建立并且开始试播，同年12月20日，哈尔滨电视台（黑龙江电视台前身）播出节目。之后，天津以及广东、吉林、陕西、山西、江苏、浙江、安徽等省会城市也相继成立电视台，播出了电视信号。1960年，我国电视台、试验台、转播台达到29座，到1962年底发展到36座。后因"文化大革命"的影响，我国电视事业也在这一时期遭受重创，许多电视台停办，到1976年全国电视台数量才缓慢恢复，达到39座。

在这一时期，电视节目的特点主要体现在以下几个方面：

其一是从独立电视节目向电视栏目发展。电视栏目是电视节目中的一个种类，是主持人固定、内容主体明确、风格和形式统一、定时定量定期播出的节目组合单位。1958年，北京电视台（中央电视台前身）创办的《电视新闻》可以算作我国最早的、原始形态的电视新闻节目，而北京电视台更名为中央电视台后，于1978年元旦创立的《新闻联播》是我国第一个真正意义上的电视新闻栏目。人们对栏目的概念也逐渐清晰。

其二是从以社教节目为主向各类专栏陆续出现发展。在电视台创办初期，社教类栏目在整体栏目中占多数。随着电视事业的发展，我国的电视节目已经形成了由新闻、文艺（含电视剧）和社会教育三大支柱节目构成态势。新闻栏目方面，从初期的《电视新闻》和《国际新闻》到1978年的《全国电视台新闻联播》开办成功，标志着新闻节目成为节目主体，"新闻立台"的观念确立。文体节目方面，由以演播室直播和实况转播为主开始向专栏发展。服务性节目方面，从初期的《实用知识》《气象预报》等到20世纪70年代末普及服务性栏目，到1979年8月开办的《为您服务》专栏引起社会较大反响。

二、栏目化的形成与发展

20世纪80年代，电视节目大量增加，栏目种类齐全，电视普及，但是由于电视节目的栏目和播出时间没有固定，栏目本身的时间长度也没有规范化，因此中央电视台率先提出"栏目化"。中央电视台于1985年实现电视节目栏目化播出之后，为了保证栏目化的顺利实施，制订了《中央电视台播出栏目方针、任务说明》，用以规范各类节目制作、播出。同时，向全国各地方台通报了栏目化播出的情况，为中央台与地方台共同办好面向全国的专栏作准备，加速了全国电视节目走向栏目化的进程。

从制订规范的栏目时间表开始，将栏目固定化和长度规范化。例如，各栏目的时间长度分别定为10分钟、15分钟、20分钟、25分钟和30分钟等不同规格。如《梦想中国》节目时长45分钟，《鲁豫有约》节目时长由最初的20分钟左右延长至45分钟。

1993年《东方时空》的播出，给电视栏目带来了巨大的变革，中国真正进入了栏目化阶段。《东方时空》打破了以往的栏目体制，单独成立策划组，实行采编播合一的制作方式，中央电视台赋予栏目组财务独立职能，效益直接与广告收入挂钩。这在当时引起了业界的巨大轰动。同时该栏目改变了人们的收视习惯，开拓了早间电视栏目市场，依靠自身栏目运作、自身质量赢得了观众的认可，成为中央电视台的名牌栏目。在这之后，全国陆续出现了一大批名牌电视栏目，如《焦点访谈》《王牌对王牌》《非诚勿扰》《经济半小时》《海峡两岸》等。栏目个性化不断突出，并且出现了频道专业化分工的趋势。栏目的类型不断扩展：新闻评论类、经济类、专题纪实类、体育类、娱乐类、音乐类以及综合杂志类等，为广大观众提供了丰富多样的选择。随着各省级电视台节目上卫星，频道资源的竞争日益激烈。纵观近几年电视事业的发展状况，可以看出"栏目个性化"是电视节目生存的根本。如何让观众在自己的栏目上停留更久，只有求新求变。这一切归根到底都在于栏目的个性化。电视栏目的个性化主要体现在栏目整体构思与创意个性化，栏目的主持人、记者个性化，栏目表现形式的个性化。

电视栏目整体构思与创意必须个性化。整体创意的个性化主要体现在栏目设置和构思方面，使栏目整体的创意独树一帜，别出心裁。这就需要花大力气做前期的调查与策划工作。电视界常说的一句话："栏目的定位要准确。"这里所说的"定位"涵盖了电视栏目的内容以及受众层面的内容。电视栏目对受众的定位往往需要进一步细化。譬如，定位于女性观众的栏目，其中又分为青年女性、中年女性等，女性又分知识分子型、白领型、普通工人型、农村妇女型等，而且这些类型还可以细分。比如中央电视台的《开讲啦》，由于准确地找到了栏目观众的定位，邀请"中国青年心中的榜样"作为开讲人，通过前沿的新知分享，以平实的角度和润物无声的方式传递主流价值观。栏目定位于中国电视青年公开课，以其"年轻化"和"全媒体"的传播特点受到广泛关注和好评；节目每期邀请一位嘉宾讲述自己的故事，分享他们对生活和生命的感悟，给予中国青年现实的讨论和心灵的滋养；讨论青年们的人生问题，同时也在讨论青春中国的社会问题，受到众多青年群体的喜爱。但这并不意味着栏目一定仅仅给青年群体观看，若有中年、老年群体感兴趣当然更好，这并不会影响该栏目的收视率。

根据选题范围定位。栏目的选题范围必须明确才能吸引观众。在电视频道分工细化趋势越来越明显的今天，准确地界定栏目的选题范围是进行栏目定位的根本保证。例如，《今日说法》栏目定位于普及法律知识，目标观众是一切想了解具体案例和法律知识的观众，这样的栏目定位都是依据其选题的范围。同时，栏目所涉及的内容必须引人入胜。又如《焦点访谈》的定位：时事追踪报道、新闻背景分析、社会热点透视、大众话题评说。它敢于触及社会问题，贴近观众，节目的风格以现场纪实采访报道为主，真实而生动。由于节目内容吸引观众，所以该栏目拥有稳定而庞大的收视群。除了内容之外，选题的角度也非常重要。有的问题与普通百姓的生活有一定的距离，但是如果能够换角度分析，有时就会发现它其实也与百姓生活密切相关。

电视栏目的主持人、记者必须个性化。主持人和记者是交流和传播信息的重要中介。在世界电视媒体的发展中，这一点已有共识。培养自己富有个人魅力的名牌主持人、名记者，已是关系到栏目生存和发展的大事，是提高栏目收视率的保证。成功的栏目往往有其代表栏目形象的名牌主持人。例如，曾经主持《开心辞典》的王小丫、《今日说法》的撒贝宁、《新闻30分》的郎永淳、《一站到底》的李好、《新闻1+1》的白岩松、《非诚勿扰》的孟非、《等着我》的倪萍等，这些风格突出的主持人往往使整个栏目大放光彩。主持人、记者个人的学识、风度、气质、亲和力及富有个性化的语言，是电视栏目内容和形式的重要组成部分。因此对主持人和记者应给予宽松的环境和氛围，在不违反党的政策、法律和社会利益的前提下，鼓励他们以自己的见解和个性化的语言参与到整个栏目编排中。媒体自身更应有计划、有意识地培养和造就独具风格、有鲜明个性的主持人，用他们的个人魅力塑造媒体的形象。

电视栏目的表现形式也必须具有独特性。比如题材内容、风格样式、主持人出镜的方式等，都应该有相对稳定的样式，从相对稳定的样式中来体现栏目的个性特征。现在各电视台都非常重视对栏目的包装。栏目包装在很大程度上是栏目走向个性化的第一步。总而言之，个性化的栏目就是要为观众提供一个多视角、多见解、多层面的电视节目，使其能够增强媒体的活力，从而体现媒体未来的潜在特质。

三、频道专业化

世纪之交，电视已进入频道专业化阶段。频道专业化是电视媒体经营单位根据电视市场的内在规律和电视观众的特定需求，以频道为单位进行内容定位划分，使节目内容和频道风格能较集中地满足某些特定领域受众的需求。由于有了针对性，不同的目标观众向细分化方向转变，并对专业频道的定位和栏目的设置提出了更高的要求。

1985年元旦，中央电视台在第二套节目推出《经济生活》栏目，在节目内容上有所侧重的频道雏形开始出现。1988年，广东电视台按照系列频道的思路将广东电视台第一套、第二套节目分为广东电视台岭南台、珠江台，标志着频道的分工真正开始。1993年，电视节目明确了频道专业化概念，北京电视台分别将6、21、27频道调整为综合、文体、教育频道，专业化分工明显。1995年，中央电视台第四套节目开播，标志着中央台对外宣传频道的正式建立。之后各地方台相继开办多个频道节目，各个频道都有了各自专业化的名称，比如综合频道、经济生活频道、影视频道、法制频道等。电视栏目随之进入了频道专业化的发展阶段。

目前我国的专业频道设置大致有：新闻频道、经济频道、都市频道、影视频道、文艺频道、体育频道、科教频道、少儿频道、信息频道、女性频道和法制频道等。各个频道均有该频道的独特风格和品牌栏目，如中央电视台第10套节目科学教育频道，以"教育品格、科学品质、文化品位"为宗旨，开办了数十个富有科教特色的栏目，其中《百家说故事》《地理·中国》《探索发现》《走进科学》《百家讲坛》等是其品牌栏目。

频道专业化不等同于简单地开播几套节目，或是冠以某某频道的牌子。频道专业化要求节目的整体布局、编排模式、风格都有鲜明统一的特色，经营管理上，频道要有统一、独立的运作机制，使人力资源、节目资源得到充分合理的调配。这样，频道内的骨干栏目才能精品化，产生品牌效应。

品牌是用来识别一个卖主的货物或劳务的名称、名词、符号、象征或设计，或其组合。它是一种质量和信誉的保证，代表这个产品。电视栏目是电视频道的内核，电视频道的竞争直接体现为各电视节目之间的比拼。频道品牌化一个重要的支撑点就是栏目品牌：中央电视台90%以上的广告收入来自只占栏目总数10%左右的名牌栏目；《奔跑吧兄弟》《王牌对王牌》等名牌电视栏目使浙江卫视异军突起，一跃站上可以与湖南卫视相抗衡的力量。一个电视频道如果没有名牌栏目的支撑，就无法担负品牌化的重任。数字电视时代更需要精品电视栏目。

据统计，国内有上万个栏目，但能让观众记住的品牌栏目却不多，电视频道数量的激增与收视人群形成了鲜明的对比。目前，中央电视台仅栏目化播出的节目就有数百档，各个省市级电视台也有几十档甚至上百档栏目，如此众多的节目资源，表面上看非常热闹，但实际上却是各个频道栏目大同小异。例如，同是相亲交友节目，全国开办了数十档，江苏卫视的《非诚勿扰》、湖南卫视的《我们约会吧》、东方卫视的《谁能百里挑一》、贵州卫视的《相亲相爱》等。另外，选秀栏目自当年湖南卫视《超级女声》创造收视神话后，全国各大电视台纷纷推出类似栏目，例如《中国达人秀》《星动亚洲》《燃烧吧少年》《中国好声音》，雷同现象严重，品牌栏目则是屈指可数。

2005年，中央电视台经济频道举办"我喜爱的中国品牌"评选活动时，充分整合全频道力量，《经济信息联播》诉说"品牌故事"，《中国财经报道》透视"品牌现象"，《对话》则开辟"品牌谈"等，取得了很好的反响。以财经节目为主的中央电视台二套，拳头栏目《经济信息联播》《经济半小时》的收视率并不高，但影响力却很大，广告收入也很多。《对话》这样一档商务高端人士的谈话类节目，它的收视率在频道内的排名肯定不是最高，而这个节目的投入产出比却达1∶4，是全频道最高的，中央电视台二套的广告收入在中央电视台总的广告收入中仅次于中央电视台一套。

总之，专业频道以整个频道为单位进行定位划分，只有按照各自的专业定位向纵深发展，才能充分发挥专业频道的功能作用。

"制播分离模式"的出现使得各个频道的栏目制作更加趋向专业化。制播分离是将节目制作的职能从电视播出机构内剥离出去，成立专门的制作公司，电视台主要负责节目的评估、收购和编排播出，它与独立的节目制作公司之间可以形成买卖关系，如电视剧及电影的制作与播出。"制播分离"是市场化的产物，也是全球信息化时代广播电视媒体竞争与发展的需求，上海灿星文化传播有限公司制作的《金星秀》，作为中国首档跨性别女艺人主持的脱口秀节目，突破固有的刻板印象，直击文娱热点，关注民生等问题，并进行麻辣点评，在经济与声誉上都取得了巨大的成功。2021年10月20日，《金星秀》官宣回归，发布《金星秀2022》海报。又如北京光线电视策划研究中心成功制作《娱乐现场》，作为中国第一档以栏目化形式或市场化运作出现的电视娱乐新闻节目，在经济和声誉上取得了巨大成功，从1999年播出后，在全国300多家电视台联合播出，资产从10万元上升到上亿元。

第三节　电视栏目的分类

电视新闻节目种类繁多，就是因为存在着多种多样的分类标准。而分类系统及分类标准、方法的多重性，从认识论的层面上讲，又是电视栏目实践与理论快速发展，人们多角度认识、分析、梳理节目的必然结果。纵然如此，也没有必要进行繁琐的节目分类，要具体问题具体分析。根据主题、内容选择、节目样式、节目要素、节目风格、观众定位等方面综合考虑，现在电视流行的栏目大致可以分为以下几大类型：新闻类、娱乐类、生活服务类、益智类、体育类、音乐类。而通过明确的市场划分和受众定位，每一栏目类型之下又可细分为若干小类。

一、按栏目表现对象划分

电视栏目按栏目表现对象划分为对象型和公共型。对象型栏目是指面向特定对象播出并侧重表现特定范畴或兼而有之的专栏节目形态，一般根据观众的职业、年龄、性别、地域等特点分别设置。例如，按职业设置的对象型栏目有《人民子弟兵》《当代工人》《农民之友》《商界名家》，后期有《老兵你好》《时代楷模发布厅》《创业英雄会》《军营的味道》《我的美丽乡村》等；按年龄设置的对象型栏目有儿童节目《七巧板》《智慧树》，少年节目《第二起跑线》《英雄出少年》《大手牵小手》，青年节目《十二演播室》《开讲啦》，老年节目《夕阳红》等；按性别设置的对象型栏目有《半边天》《21世纪，我们做女人》《女性时空》，后来有很火爆的《妈妈咪呀》《爸爸去哪儿》《天下女人》等；按地域设置的对象型栏目有少数民族栏目《中华民族》、港澳台栏目《天涯共此时》和对外栏目《中国报道》等。

公共型栏目是指无特定对象，面向全社会广大电视观众的栏目。其选题应选择电视观众普遍关心的题材，如社会性栏目《焦点访谈》《今日说法》，专门报道经济问题的栏目《经济半小时》，专门对文化方面的历史、现象、事件和问题进行探讨的栏目《百家讲坛》，专门报道体育活动的《体育世界》，传播科学知识、介绍科技成果的栏目《走近科学》《时尚科技秀》，传播卫生知识的栏目《卫生与健康》《健康之路》等。

二、按栏目表现内容划分

电视栏目按栏目表现内容划分为社会教育类、新闻信息类、体育运动类、文艺类、服务类。社会教育类栏目按题材和内容可细分为：社会政治类，即反映一个时期内重大社会问题、社会现象、重大政治事件、历史事件等内容的栏目；文化教育类，即以文学、艺术、音乐、舞蹈、美术、戏曲等方面的人物和事件为主要题材的栏目；经济类，即以经济信息、经济政策、经济活动、经济服务为内容的栏目；科技类，即以报道科技信息、传播科技知识、宣传科技人物、推动科技进步为宗旨的栏目。

新闻信息栏目是指电视台每天播出的相对独立的信息单元，是按照新闻内容编排布局的完整表现形式。它有固定的名称、固定的播出时间、固定的栏目宗旨，每期播出不同的内容。新闻信息栏目按照表现形式和体裁可以划分为消息类新闻栏目、专题类新闻栏目和评论类新闻栏目。

体育运动类栏目是传播人类体育运动、健身活动及其相关信息的电视栏目，这类栏目的宗旨是张扬人类向自身的极限挑战，不断战胜自我、超越自我的一种人文精神。体育运动类栏目按照形式可以划分为体育运动消息类栏目、专题体育栏目、体育评论类栏目和赛事直播（转播）类栏目。

文艺类专栏是中外电视媒体都非常重视的领域，也是满足广大观众娱乐需求最重要的节目形态。它主要是对舞台上或演播室演出的各种文艺节目进行二度创作，既保留原有艺术形式的审美价值，又充分发挥电视的特殊艺术功能。按照《中国应用电视学》的分类，电视文艺专栏细分为三大类：欣赏性专栏、综合性专栏和竞赛性专栏。以中央电视台第三套节目改版（2000年）为标志，综艺频道较为全面地体现出了文艺专栏的设置情况。

服务类专栏是近年来较为活跃的栏目之一。这类节目是指"那些实用性强，采用传播信息、作咨询、当参谋、反映群众呼声等方式，为帮助社会各界解决各种实际问题提供方便，对受众的心理和生活需要有直接影响作用的电视节目"。这类节目原归类在社教节目类。现在，随着社会的发展和人们对高品质生活需求的增长，相应的电视节目也急剧发展起来，并已具备了单独划类的条件。

三、按栏目表现形式划分

电视栏目按栏目表现形式划分为电视纪录片式、电视访谈式、电视杂志式。电视纪录片是电视专栏节目中最基本、最常用的形式。现在，许多电视专栏就是由完整的电视纪录片构成，像中央电视台的《见证》《舌尖上的中国》，北京电视台的《纪实天下》《国风》《档案》，上海电视台的《纪录片编辑室》《大上海》，湖北电视台的《纪实30分》《中国》等。

电视访谈式节目是继娱乐节目热播之后，在当今电视台最为活跃、最普遍使用的节目类型之一。电视谈话节目作为电视专栏中重要的形态之一，不仅适用于新闻的深度报道，而且还大量应用于教育性、知识性、服务性甚至娱乐性节目。从现有谈话节目的创办宗旨看，电视谈话栏目的内容主要有：时政话题，如河北电视台的《国人笑谈》、凤凰卫视的《风云对话》；社会话题，如湖南电视台的《有话好说》、凤凰卫视的《锵锵三人行》；经济话题，如湖北电视台的《财智时代》；市民话题，如上海电视台的《有话大家说》、江西卫视的《金牌调解》；女性话题，如广东电视台的《女性时空》；人生话题，如湖北电视台的《往事》等。从谈话方式看，电视谈话栏目有讲座式，如中央电视台的《实话实说》《开讲啦》；辩论式，如湖南电视台的《有话好说》、江苏卫视的《世界青年说》；访谈式，如凤凰卫视的《时事开讲》；对话式，如中央电视台的《对话》等。从谈话场景看，有演播室内谈话节目，像上面介绍的一些节目，也有演播室外的谈话节目，如中央电视台的《当代工人》等。电视谈话类栏目在西方电视界已有30多年的历史，而1993年1月开播的上海东方电视台的《东方直播室》栏目，是我国对这种节目形式的最早尝试。之后，一些地方电视台相继开办了电视谈话节目，如广东电视台的《岭南直播室》、山东电视台的《午夜相伴》、黑龙江电视台的《北方直播室》等。1996年3月16日，中央电视台的《实话实说》栏目开播，成为全国影响力最大的电视谈话类栏目。此后，电视谈话类节目风靡全国。

电视杂志式节目（the Magazine Format）最早由美国全国广播公司（NBC）西尔维斯特·韦沃（Sylvester Weaver）创立，他于1952年和1954年先后开办了《今天》（Today）和《今晚》（Tonight）两个杂志型新闻节目。杂志型栏目最大的特点是"杂"，在内容上丰富多彩，新闻性、知识性、服务性、趣味性的内容应有尽有。在形式上，多种手法交叉运用，或报道式，或访谈式，或纪录片式，皆为"我"所用，不拘一格。20世纪60年代是杂志型新闻节目蓬勃发展的时期，先后诞生了一大批名牌栏目，像美国CBS的《60分钟》、ABC的《黄金时间实况》等。我国中央电视台最早于1987年1月开办的《九州方圆》大型杂志节目，由于内容过于庞杂，最后以失败告终。现在中央电视台较为成功的杂志型栏目为《东方时空》《世界周刊》《新闻周刊》等。

四、几类影响广泛的典型电视栏目

（一）新闻类电视栏目

新闻，是对"新近发生或正在发生事实的报道"，随着电视制作技术手段的进步和对新闻时效性的追求的加强，电视新闻的时间界定已经从以前的"TNT（Today News Today）"变成"NNN（Now News Now）"，是"以现代电子技术为传播手段，以声音、画面为传播符号对新近发生或正在发生、发现的事实的报道"。在我国，电视一面世，新闻节目就出现了，可谓是与电视台相生相伴。无线电视台、有线电视台、教育台、中央台、省台、地市台几乎每个电视台都有新闻节目。近年来，随着频道专业化的出现，新闻频道、综合频道开办新闻节目也顺理成章，各个专业频道也同样离不开新闻类节目。1958年5月1日，我国第一家电视台开播第一天就含有新闻节目《五一座谈会》和具有新闻性的纪录片《到农村去》；当月，就开办了新闻栏目《图片报道》，6月1日播出自己拍摄的第一条图像新闻，报道《红旗》杂志创刊；11月2日，开始播出以《简明新闻》命名的口播新闻栏目；1958年6月19日，实现了第一次现场直播："八一"男、女篮球队分别与北京男、女篮球队的比赛。

作为传播媒体，电视离不开新闻节目。电视新闻基本上有三大类节目形态：消息类、专题类和言论类。狭义的电视新闻通常是指消息类新闻报道。广义的电视新闻则是所有以传递信息为任务的各种新闻节目的总称。

消息类电视新闻能迅速、广泛、简要地报道国内外最新发生的事态，是电视新闻实现国内外要闻总会的主要渠道，消息类新闻节目是新闻节目的突击队，力求"短、平、快"。中央电视台的《新闻联播》是典型代表，其特点是快速、简洁、广泛。

专题类电视新闻是综合运用各种电视表现手段与播出方式，深入报道某一重大新闻事件或某些具有新闻价值又为广大观众所关心的典型人物、经验、新出现的社会现象等题材的新闻报道形式。专题类电视新闻具体包括专题新闻、专题报道、电视专访、新闻杂志节目、新闻纪录片等。

言论类电视新闻是评论者、评论集体或电视机构对当前具有普遍意义的时间、问题或社会现象表示的意见和态度。如《焦点访谈》，其特点是新闻性、社会性、政论性和思想性。

从报道方式来看，又有口播新闻、图片新闻、影像新闻、字幕新闻、现场报道之分。随着竞争的加剧，电视新闻越来越多地采用现场直播的方式报道，而对同一题材作不同角度的个性化报道方式和个性化播报方式也将越来越受到重视。

近几年又出现了一些新形式的电视新闻栏目，如民生新闻、方言播报新闻等。"民生新闻"这种提法应该说并不是一个严格的专业概念，它是从多个角度共同界定的结果：从内容上看，民生新闻主要反映日常状态下平民百姓的衣食住行及其所想、所感；从表达上看，民生新闻多采用一些符合普通百姓接受心理和能力的"软性"表达，语言注重口语化，更加通俗易懂；民生新闻在创办宗旨和终极目标上有特殊定位，即以关切的目光反映民生疾苦，将硬新闻软处理，同时又赋予软新闻以硬道理。对"民生新闻"这一现象，目前国内研究者的解读大体可以分为三种话语：本土化话语、平民化话语、民主化话语。民生新闻处于发展的兴盛时期，但我们也应看到其繁荣发展过程中存在的潜在问题。首先，民生新闻的同质化竞争日益严重。其次，民生新闻较好地体现了"三贴近"原则，关注民众生活琐事，最快报道当时新闻，但在深度与宏观把握上就难免欠缺，这成为众多民生新闻的一块硬伤（媚俗化和游戏化）。避免这些倾向的关键是媒体要牢记社会责任，坚持正确的导向与较高的品位，以实现民生新闻的持久与繁荣。

近几年，电视屏幕中以方言播报主持的新闻节目逐渐成为一道独特的景观。重庆电视台的《雾都夜话》、杭州电视台西湖明珠频道的《阿六头说新闻》，这两档节目都是以方言播报主持，地域特色浓厚，节目个性化突出，同时在当地都拥有很高的收视率。有观点认为，民生新闻讲究贴近性，方言就是一种在表达方式上的贴近，是本土文化的具体载体之一。方言播报主持是民生新闻蓬勃发展催生出的一种新的电视新闻播报方式。方言电视节目比较发达的地区，如广东、福建、四川、浙江等省，大多是经济发达、文化厚重、自然条件优越、生活悠闲富足的地区，其方言凭借当地的经济实力，在全国已经具有了一定的影响力。在日益激烈的大中传媒竞争中，电视新闻节目的本地化是有一定道理的，但是"本地化"是否等同于"本地话"还值得商榷。

（二）益智类电视栏目

益智类电视栏目最早兴起于美国，其特点是竞争性、刺激性、知识性、娱乐性和参与性，其中最重要的特性有两个，即规则设计构成的竞争性和闯关拿奖构成的刺激性。例如，江苏卫视的《最强大脑》2014年1月首播，这档节目最大的特色为参加节目的都是身怀绝技或有一技之长的人，通过才艺比拼以及与观众互动的方式，运用自身智力来完成选拔。节目开播仅三个月，就拿下2.65%的收视率、11.77%的收视份额，创下了2014年季播节目的收视新高。从我国益智类节目的兴盛、衰落再到兴盛可以看出，这类节目必须跟上时代潮流，积极开拓创新，否则就会被社会淘汰。2010年以后益智类节目的再兴盛，就是在受众需求上展现出了创新。充分迎合了受众认知、情感、个人整合、社会整合和舒缓压力的需要，从栏目规则、主持人、选手和挑战内容上与手中的需求调至最佳的适配度。此外又创新节目规则设置、文化品位设置、悬念冲突设置、新闻媒体传播途径，吸引了更多的受众观看和参与节目。[1] 规则、主持人、选手和问题是栏目获得成功的关键。《开心辞典》是中央电视台经济频道全面改版时为响应党中央"科教兴国"号召，结合本频道特点，于2000年7月7日推出的新型益智类栏目。《开心辞典》在中央电视台各级领导的关心和指导下，栏目组全体人员共同努力，使栏目开播伊始便以强劲势头迅速切入益智栏目市场。

（三）娱乐综艺栏目

电视综艺栏目主要是指：以栏目化的形式出现，通过电视栏目主持人的串联，将诸多电视文艺样式组合在一起，经过电视杂志化的艺术处理，给观众以文化娱乐和审美享受的电视文化形态。在湖南卫视娱乐节目的引领下，全国上下各个电视台都大张旗鼓地开办娱乐类节目。诉诸情感的，如《爱情保卫战》《金牌调解》；电视婚介的，如《中国式相亲》《百里挑一》；益智的，如《一站到底》《中华好诗词》；音乐的，如《梦想的声音》《蒙面唱将》《中国好声音》《歌手》……如今电视娱乐综艺栏目更是数不胜数，其中最具代表性的是江苏卫视推出的婚恋交友真人秀节目《非诚勿扰》，一经推出就占据了周末收视率前三名的宝座。《非诚勿扰》虽然在播出以来争议不断，但是不可否认这个栏目获得了巨大成功。这个栏目的成功从嘉宾方面看，打破了以往婚恋交友节目男女数量上的平衡，24位女嘉宾同时亮相，而男嘉宾则一个一个出场，以多对一这种数量上的极端悬殊达到戏剧化冲突的效果。一轮轮节奏较快，符合年轻人的口味。从主持人看，启用了新闻评论类节目的主持人孟非让观众眼前一亮。总之，无论是栏目结构还是构思设计都独具匠心。

目前我国对电视栏目分类的研究还处于初步发展阶段，对其进行研究有助于理解栏目定位，在理论上科学地认识、把握和研究各个栏目，同时有助于栏目的运作和不断创新。

思考题

1.电视节目与电视栏目有何区别？

2.简述"栏目化"的概念以及表现。

3.电视栏目的发展历经哪几个阶段？

4.电视栏目的分类都有哪些？

1　张玲.益智类电视节目的创新——以《一站到底》和《最强大脑》为例［J］.东南传播，2015（9）：109-110.

第二章 电视策划类型

策划，本意为谋略、筹谋，现代意义可以引申为实现特定的目标，进行设计和筹划，为组织和实施相应的活动提供创意、思路和方法。"电视策划，是针对某种电视行为，借助电视媒体，为实现某种目的、目标而提供的创意、思路、方法与对策。"各种策划活动都是综合性极强的脑力活动，它有着丰富的内容、准确的信息、客观的分析、严密的逻辑、心理的研究、专业的技术以及艺术的创造。策划的步骤基本是以假定的目标为起点，然后制订出策略、政策以及过程实施的详细计划，最后进行效果评估。电视策划同样具有以上的特点和过程，只不过因分类不同使具体的环节不同而已。"电视策划按客体形态来分，分为节目策划、栏目策划、频道策划和媒体本身的策划；按策划的对象类别可分为节目策划、管理策划、广告策划和产业策划。而电视节目的策划又可按照节目类型分为娱乐节目策划、新闻节目策划、专题节目策划、服务节目策划。"[1]

第一节 电视媒体策划

一、电视媒体策划的价值

21世纪以来，特别是全媒体时代，各类媒体纷纷改革进行媒体融合，在这一环境下，电视媒体以其特有的本质拥有众多受众。据《中国广播电视全媒体发展报告（2021）》显示，截至2020年底，电视节目综合人口覆盖率99.59%，比2019年提高了0.20个百分点。农村电视节目综合人口覆盖率99.45%，比2019年提高了0.26个百分点。农村有线广播电视实际用户数0.71亿，在有线网络未通达的农村地区直播卫星用户1.47亿，同比增长2.80%，农村广播电视网络基础设施持续改善。在此基础上各类电视媒体间为了争夺市场，竞争也日趋激烈，"内容为王"依然是近几年中国电视业界与学界广为流传的原则，而电视策划资源也成为各电视媒体竞相争夺的对象。

（一）电视媒体的功能

电视媒体具有大众性本质，其基础是受众的大众性，所以要求媒体明确自己的受众定位。观众在哪里，哪里就是立足的根本，哪里就是市场开拓的重点。本土化是电视媒体的优势之一，本土市场是任何时候都要守住的阵地。本土市场是不断变化的，是与当前的国情息息相关的。比如：电视人口的老龄化是越来越明显的趋势，这同时也是我国经济、政治、文化多方面需要重视的因素，而媒体在进行任何

1　胡智锋.电视节目策划学［M］.上海：复旦大学出版社，2008：1.

电视行为的时候，都应该保证本土市场的老龄化受众群的收视率。

但是，现在的一些媒体曲解了大众化的本质特点，为了单纯强调大众化，保障收视率和市场效益，只以大众的品位和娱乐需求作为策划与经营的唯一动机，电视行为较大地侧重了通俗性，这就忽视了媒体品牌的打造和高品质电视内容的追求，成为媒体本身发展的禁锢。所以，在实现大众化本质的同时，不应放弃精英文化的追求，提高自身的品位，为发展留下广阔的空间，使受众对电视媒体保有清晰客观的认识。

电视媒体还具有传播性和再现性。电视媒体的传播性能要求它向观众提供"快""准""多"的信息，这是电视媒体区别于其他媒体的重要标志，也是媒体实力的衡量标准。同时，电视媒体也是一门视听结合的艺术样式，精致的画面和悦耳的声音，将空间与时间艺术交融在一起，呈现纷繁多样的人生，是电视媒体立家的根本。

所以电视媒体策划，要针对两种电视行为做好充分的工作。一是做好新闻，二是讲好故事。新闻是任何媒体都必须重视的节目，丧失了新闻功能，也就丧失了大众传播的功能和社会功能。而故事则是每个观众都喜欢的，故事本身的情节延续了观众自身的生活，成为每个人了解社会和其他个体、实现梦想、体会多样人生的最好方式，所以讲好故事就会有市场。讲故事可以有多种方式，电视剧是最具实力，也最具吸引力的节目类型，连续的叙事是保障基本收视率的手段。另外，一些短小的百姓故事、法制故事、周末故事等，可以是现代的，也可以古代的；可以励志也可以煽情；可以是真人真事，也可以是神话传说；可以将故事与活动联结，也可以将娱乐与服务相融合……总之，做好新闻、讲好故事，是媒体发展的重要环节。

电视媒体的另一功能是承担社会的角色和责任。目前我国的电视媒体，规模自成体系的大多为国有性质，所有制结构很单纯，所承担喉舌及舆论导向的社会责任应该是第一位的，但实际情况并非如此，浓厚的商业色彩成了国内各个媒体的统一着装样式。对广告的情有独钟及广告市场的混乱就是单纯追求经济利益的缩影。有专家全面地肯定了媒体的社会责任功能："中国媒体的企业化、市场化的大方向是对的，但是，这并不意味着所有的媒体都要商业化。而且，即使是商业媒介，也不是可以免除社会责任的。"

（二）电视媒体的策划是实现其功能的保证

策划是一种程序，是针对未来的行为作出当前的决策，是要找出事情的因果关系，衡度未来所采取的措施，作为目前决策的依据。电视媒体策划，是通过对当前媒体环境信息的收集与分析，根据受众的要求和媒体本身的特性，为电视媒体的发展和经营提供宗旨、定位、战略、方法、资源配置等多方面的综合设计与创意，以有效地实现电视媒体的功能和作用。

二、电视媒体策划的内容

电视媒体策划的类型多种多样，根据不同的电视行为采取不同的策划方略，但在市场经济条件下，决定一个电视媒体运营成功的基本要素，从某种角度来看，需要策划解决的主要有四个方面的内容。

（一）媒体自身

"面对中国传媒业内容发展及资源扩张的压力，越来越多的专家开始审视传媒业自身的整体架构，电视媒体成为研究的主要对象。电视媒体和其他传媒一样，迫切需要一套立足于传媒运营全局，实现受众市场、品牌营销、智囊决策、执行团队、绩效协同、知识更新等关键要素全面的、精细的策划与管理。"[1]

电视媒体自身的定位、形象宣传与品牌确立，同样是媒体发展的基础。除了"内容为王"的核心思想，还要有品牌经营的思想，创新、特色、节目集群、品牌联动、产业链的打造等一系列的策划方略，都需要电视媒体的综合策划。

（二）受众市场

无论媒体提供的是一种产品还是一项服务，它所从事的是以满足受众需求为目的的活动。与其他媒体相比，电视具有不可替代的优势：声情并茂、感染力强、细腻自然、真实形象，这些特点决定了电视具有广泛的观众群。电视媒体，无论是服务型还是盈利型，它的成功都取决于吸引和保留受众的能力。所以，电视策划在保证舆论导向正确的前提下，要从以"媒体为中心"向最大程度地满足受众需求方向转变，将受众的需求，特别是潜在的需求作为"传播什么、如何传播"的起点。确立受众不可忽视的地位、锁定目标受众、明确媒体的市场定位是媒体策划的重要内容。

（三）竞争对手

如果一个电视媒体没有竞争对手，也就是节目垄断的状态，那么节目内容的质量不会成为影响观众收视的重要原因，因为受众没有选择的余地。而这种情况在良性的市场经济下是不会出现的。我们可以看到，中央电视台垄断的局面正在被一点点打破。

如果一家电视媒体面临着多家媒体的激烈竞争，那么节目内容就变成了主要矛盾。在受众面前，即使节目质量再好，只要竞争对手更好，那么这家传媒就面临着生存的危机。所以，要认真分析竞争对手，分析竞争市场，知己知彼，才能立于不败之地，而对竞争对手的掌握与分析及相关的竞争对策都应该是媒体策划中的重要环节。

（四）技术进步

电视是高科技的产物，技术进步对电视的生产、制作、传播的方式乃至电视的

1　于聚义.电视传媒运营管理［M］.北京：中国传媒大学出版社，2010：25.

内容变化产生着直接的、决定性的影响与作用。这就要求电视媒体策划中，要充分利用最新科技的发展，才能策划、设计出符合时代发展的新的节目形态。电视媒体要融合新媒体元素，积极主动地吸收、引进、结合技术创新和新媒体节目形态及传播元素，线上线下结合，扩展播出途径，对电视信息进行反复传播，这可以让电视媒体在今后的市场争斗之中处在主动方，争得生存与发展的更大机会。

三、电视媒体策划的原则

电视媒体策划包括许多不同的细节，是一项综合的、复杂的活动。所有的策划行为，都要在策划原则的指导下，发挥最大的功效，获得最佳的效果。

（一）内容为王

我国的电视内容在发展的四十多年中，经历了三个时代，即宣教时代、创作时代和生产传播时代，中国电视始终在这三个时代特点间穿梭。四十多年的经历告诉我们，无论是宣传教育，还是专业化的创作，在实现本质功能的同时，受众的认可才是媒体立足的根本，而对观众最具吸引力的就是节目内容。高质量的节目，永远是观众唯一的要求，也是媒体品牌的标志。

电视内容如何达到创新、时尚、即时的要求，也就是实现内容的传播性、时效性和个性，应该成为媒体人追求的目标。而所有的电视行为，都应本着"内容为王"的原则，立足于观众的需求，才能谋求发展。

"内容为王"不是简单的"独家""首发"，而是在融合基础上更加重视内容的价值和传播效果。"内容为王"应该是那些不可复制、无可替代的"内容"，这样的内容才具有较高的市场价值。同时"内容为王"对"内容"的原创性和创意也提出了新要求，因此全媒体环境下电视媒体策划对内容制作的质量要求更高了。

（二）服务受众

从传播学的角度来说，受众是媒体信息的接收者和消费者，对媒体有着主动选择的权利。从市场角度来说，高质量的电视内容就是满足受众需求，体现自身价值的节目产品，也就是说，电视内容只有符合受众市场的需求才会有价值，才能进一步追求高质量，所以媒体以"内容为王"打造品牌形象时，要以受众的需求为基本出发点，满足受众、服务受众是对媒体的本质要求。

我们的媒体在以往对大众更多的是行使宣传、教育功能，却忽视了媒体的服务功能。如今，随着市场机制的逐步建立，也伴随着受众主动意识和行为能力的普遍提高，我们要把"服务"意识和功能提到日程上来，以适应产业化、市场化的要求和必然进程。

首先，确信电视在人们生活中的重要地位；其次，要正确对待目前多元化媒体的挑战。电视有明显的优点，但随着网络、无线通信的发展，电视不可随身携带的缺点暴露出来，这对电视业是一个挑战。但是，根据市场调查的数据显示，电视节目的可信度比广播、报纸杂志、电影、网络都要高得多，加上电视节目的栏目化、频道专业化以及各电视台间的激烈竞争，使节目内容丰富多彩，各节目出奇制胜地吸引观众的眼球。所以说，电视有着广泛的群众基础，电视媒体应该有充分的信心来巩固现有的受众市场，并用更多更好的服务增强可信度，提高内容质量，争取新的观众群。

（三）扩大影响力

电视媒体的整体影响力会给媒体本身带来意想不到的收获，所以媒体不仅在制作环节上需要高精度的策划，还要在扩大知名度、打造品牌形象、开发系列产品、打造产业链等方面做具有深度和广度的全方位策划。

北京卫视《壮丽70年，我们都知道》

北京卫视大型全媒体行动《壮丽70年，我们都知道》荣获2020年度全国广播电视媒体融合典型案例奖。整体策划主题是为庆祝中华人民共和国成立70周年，以70天致敬70年。北京卫视提前策划、统筹资源、特别编排，以创新样态和融合理念，推出大型全媒体行动"壮丽70年，我们都知道"。整体活动在国庆节倒计时70天之际上线启动，以首都媒体的政治意识和责任担当，创造了2019年媒体传播大事件，全网超15亿网友加入互动，取得了巨大的社会影响力。

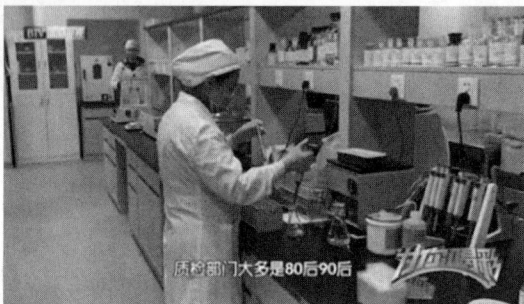

北京卫视《为你喝彩》节目

2020年，新冠肺炎疫情突袭，由北京市委组织部指导并牵头策划，北京电视台承制的全国首档聚焦人才的纪实节目《为你喝彩》，于3月11日推出疫情防控特别节目。节目播出后，有网友评论道，"看完这个节目，我再次为自己是中国人感到骄傲，我们的祖国在很多地方比我们想象的还要强大和温暖。我们国家的科学家们也比我们想象的还要无私和伟大！"在抗"疫"战报拉响的第一时间，北京卫视就进入了"战时状态",主动承担主流媒体的责任。凭借丰富的社会资源和成熟的媒体经验,快速对频道实施特殊策划。通过多样抗"疫"节目的排播,实现了抗"疫"信息全面传播,不仅让14亿中国人看到了"给力"的中国速度、中国科技和中国科研人员,也让全国人民的心更加凝聚向上。

(四)勇于创新

创新,就是新点子、新思路、新创意,就是从未被使用过、从未被占有过、与众不同。但是创新要采用科学的理念,就是要按照实际的情况,用科学的方法、创造性的思维去构想常人想不到的办法和行为。

在媒体的多元化时代,竞争是每个媒体生存所面临的巨大挑战,个性化、品牌化是媒体谋求发展的手段,而创新又是形成品牌的基础和保障受众收视的最有效的方式。创新是电视策划的灵魂。

创新可以是经营模式的不同,也可以是内容创新,还可以追求新的定位和新的形式。创新可以是全新的形象,也可以是现有内容的重新组合。可以是纯血统,也可以是杂交品种,只要打破事物间的壁垒,有机地融合,就可以收到新的效果。

创新本身是一种思维过程,它能够萌发并成长,需要有肥沃的土壤做条件。社会形态、经济条件、文化氛围、生存环境都是创新能否成功的决定性因素。综合分析生存环境,为创新开辟一条可行之路,是媒体策划的重要任务。

四、电视媒体策划的战略

(一)环境分析

电视策划前期的工作内容很多,主要为信息收集、信息分析、调研,为策划作充分的准备。及时了解整体社会状况和政治、经济、文化等信息,及时感知媒体存在环境的变化,同时要对整体的观众状况、媒介市场、节目类型等作深入了解。

1.生存环境分析

"电视媒体是宣传国家意识形态极为重要的手段,是国家政策、思想的导向。媒体的定位及理念一定要考虑现实的、时代的、特定的政治环境,必须根据政治经济环境有针对性地策划与设计媒体的方略与思路。"[1]

另外,电视媒体的产品属于文化艺术的领域,由于电视媒体自身的强大功能,对于文化艺术当前的形势与发展趋势都产生了深远的影响。而文化环境对于电视的承载作用,决定了电视内容的品质和走向:如何处理"精英文化"和"通俗文化"的关系与比例,正是媒体占领市场、获取受众的关键所在。

电视媒体的大众化实质决定了电视的内容和对象都必须以大众作为策划的主体因素,而众生生存的社会形态、状况都应该是电视内容的主要构成,且所传播信息

1　胡智锋.电视节目策划学[M].上海:复旦大学出版社,2008:3.

的思想品质是整个社会主流的直接表现。一个社会的风气、开放程度及人文的表达直接影响电视媒体的策划与运营。

媒介环境的变化也需要电视媒介策划者密切关注，2020年9月，中共中央办公厅、国务院办公厅印发了《关于加快推进媒体深度融合发展的意见》，强调要推动传统媒体和新兴媒体加快融合步伐，尽快建成一批具有强大影响力和竞争力的新型主流媒体，逐步构建网上网下一体、内宣外宣联动的主流舆论格局。电视媒体策划中要注意创新视听场景、着力新技术应用、联动大屏小屏，策划丰富的融媒体产品。只有从传统电视向新型主流媒体转型升级，不断深化融媒体传播和融媒体经营，电视行业的发展空间才会更加广阔。

2.受众分析

受众，是传媒生命的保障，没有受众市场，传媒就失去了生存的依托。所以调查受众市场，分析受众市场，培育受众市场是电视媒体保障生命的首要任务。

随着时代的变迁，社会的政治、经济、文化、人口的结构等都发生着巨大的变化。人与人，阶层与阶层，群体与群体间的人生观与价值观都存在着很大的区别。电视受众的生活态度和文化追求千差万别，对电视的评价和要求也日趋多元化。电视媒体策划的终极目标其实就是争取观众的青睐，这就需要对观众进行全面、准确的分析，并通过收视率、市场占有率等客观指标获得信息，为电视策划提供准确、客观的数据依据。

首先，了解观众的收视时间及收视数量。我们国家的电视观众的收视情况，要根据具体的信号覆盖面、播出内容和自身生活状况及观众选择媒体的情况而定。收视的时间也要受到季节、节假日、工作日的制约，常常春夏季观众少于秋冬季观众，节假日观众多于工作日观众，寒暑假时间又会增加一大批学生观众。

其次，受众的年龄、性别、文化程度、职业性质、收入等个体因素都直接影响电视收视率。受众的年龄不同，节目类型的选择性差异较大。那些有自己的目标受众的节目内容和播出时间要与不同年龄段观众的作息和特点相吻合，才能长期持有固定的受众群。而以性别、文化程度和其他因素定位特定受众群的节目，也要普遍掌握观众的特点，策划好主题内容和播出时间。

最后，由于我国地域辽阔，不同地域的观众和生活习性差距较大，对电视节目的需求也存在较大差异，甚至城乡观众的收视要求都截然不同。尤其是不同的民族，其价值取向、风情民俗也制约着电视节目的制作和播出。策划者必须深入了解不同观众的需求，才能立于不败之地。

3.市场分析

每个电视媒体都需要考虑那些能充分描述电视市场地位的因素，需要扩展能够体现市场地位的重要数据。对于当前市场环境的掌握，无疑是一场知己知彼战役的必胜条件。

国家广播电视总局发布，截至2021年9月，我国共有地级以上广播电视播出机构397家，有35家教育电视台和2107家县级广播电视播出机构。2022年第一季度全国电视台收视率排行榜中，排名前二十的频道中，中央电视台占了10个频道，市场收视份额遥遥领先。电视媒体竞争越来越表现为同级台特别是各省级卫视间的竞争。其中收视份额和收视率是描述市场、分析市场的主要参数，对于媒体的市场竞争力给出客观准确的定位。收视率是收看某一节目的人数与观众总人数的比例，而收视份额是某时段某节目的收视观众与正在看电视的观众总量的比例，这两个参数都用来衡量节目或频道在市场上的占有率。

分析重要数据以掌握市场的最新动态，来调整媒体自身的策略和手段，保证市场的有序运营。保证市场成功的指标有以下几个：

第一，电视媒体准确的市场定位。收视份额是电视台各频道或各节目定位的指标。

第二，创新能力。电视媒体必须时刻追踪频道或节目的相关数据，来衡量节目内容的成功。没有创新的媒体会从数据中发现自己在走下坡路。

第三，制作能力。衡量电视媒体实力的指标就是节目的生产力。支撑频道或栏目的巨大节目要求，体现了一家电视台的基本制作能力，在今天"内容为王"的媒体时代，这无疑直接决定了媒体生死的命运。

第四，团队的凝聚力。这是对团队人员的素质要求，也是媒体策划重要的一方面。人员的素质决定节目的质量。

第五，媒体的收益能力。根据相关数据显示，近年来国内各电视台和频道在竞争中有起有落，呈现出强者愈强的"马太效应"。媒体的经济实力受多种因素的制约，如节目的竞争力、地区经济状况、观众的消费力、政府政策等。成功的媒体则会放宽视野，利用强大的影响力，突破地域的限制，拉动产业链的发展，培育自己的市场，形成强大的收益能力。

（二）媒体定位

随着竞争的激烈，细分观众市场成为各媒体争夺观众的焦点，而频道、节目对观众的针对性定位，是这一指导原则的直接体现。为与观众的需求相吻合，媒体尤其重视自身的定位，保证在众多的媒体中能脱颖而出，独树一帜，成为个性化媒体。

（1）内容定位。媒体所传播的信息内容是观众选择节目的最重要依据。媒体的主打内容是否能做到独特、新颖、有价值，是节目生命力的源泉。

（2）观众定位。任何一个节目或频道都要有自己固定的受众群，那种不分受众而想"通吃"的现象已成为早期电视发展历程中的过往，如今观众对媒体的选择权成为媒体生命力的决定性因素。

（3）文化及审美风格定位。电视媒体作为大众传播媒介，应拥有自己独特的形象并保持下去，成为品牌的组成内容。中央电视台体现的应是国家主流文化，审美要求应为庄重、高雅、大气。地方电视台应结合地域特点，融主流文化与地域风情于一体，形成自己独成体系的个性风格。

（4）特色定位。媒体要生存，要逐步壮大，形成自己固有的空间和受众规模，构建特色定位是最快捷的方式。挖掘地域特色、民族特色、本土特色是地方电视台的目标。例如，广西卫视定位为女性频道，以打造女性特色的综合频道为目标，追求文化品位，追求制作精良，成为众多电视节目中的一朵奇葩。

（5）外在形象定位。形象是任何一个公众机构对外展现的直观面貌。媒体的形象是根据核心内容和文化、审美的定位要求所进行的一系列外在的"包装"。塑造媒介品牌，可以引入CIS（包装识别系统）设计。CIS设计是一项树立媒介独有形象的系统工程，它包括台标、标准色声音识别系统、话筒标志、片尾字幕、形象片花、形象宣传片、开始结束曲等。另外，媒体形象还包括各栏目、节目的包装，主持人、记者形象等元素。外在形象的视觉效果直接影响观众的收视情绪，继而会影响到收视效果，所以越来越受到各媒体的重视。但是媒体的外在形象不是孤立存在的，要有内容和文化作为其灵魂，也就是文化审美及内容的定位决定着形象的设计与策划。

（三）品牌运营

电视品牌运营，就是把品牌运营的商业理念引入传媒领域，在策划和制作优秀电视节目的同时，通过一系列的包装和推介手段，树立起特色品牌，以达到提升竞争力的目的。其主要目标为建立精品栏目，拉动精品生产，同时宣传、扩大影响力，提高知名度和信誉度，把受众资源转化为经济资源，以提高自己的综合实力。

媒体品牌运营包括掌握政策、精品打造、主持人选择、产品生产、节目编排、宣传、广告销售、产品营销、增值业务和价值链的开发。

掌握媒体生存环境的动态，掌握国家宣传的政策，了解受众的需求，分析市场规律，并对不同的需求进行平衡，根据综合情况进行战略制定，推出满足多方面要求的节目内容。

每个媒体都要有主打节目，也就是频道或电视台打造的黄金节目。在策划过程中尤其注意主打节目的品牌打造，考虑它的未来发展方向及扩张的能力，并打造相应的节目链结构，跨媒体经营，以实现品牌效应。品牌要有品位、有文化、有内涵。精品节目要将文化、品牌、产品三者统一起来，往往在文化性、观赏性和制作方面都追求高品质，具有较高的艺术标准，才能代表整个媒体的形象，才是媒体实力的写照。

电视节目主持人是吸引观众的重要因素，也是栏目及媒体的主要标志。优秀的主持人不仅能带动节目走向成功，甚至直接影响到媒体自身的形象和发展方向。主持人的选择要适应媒体的总体定位及节目内容定位，还要符合媒体特色的要求，总之，主持人不仅要与节目和媒体的特点相融合，还要有自己独特的风格。而媒体可以采用主持人品牌延伸的策略，推出新产品：可以为明星主持人量身打造不同的栏目，也可以利用明星主持人的栏目推出新人，从而减少新产品的市场风险，也助于强化品牌效应，增加品牌这一无形资产的经济价值。

随着电视节目的商品化，节目的制作过程就是产品的生产过程，大概要经过以下几个环节：策划、制作、包装、发行、广告、活动、相关产业开发。在稳步执行一系列程序的同时，还要注意节目的创新。毕竟节目是媒体最直接的产品，媒体的价值是由产品的受欢迎程度决定的。

中央电视台新闻频道

电视市场竞争激烈，红海现象严重。采用不同的节目编排方式，可以有效地提高收视效率。节目编排要在掌握观众收视习惯的前提下，遵循观众的收视规律，通过市场调研，制订编排方案。对抗性的节目编排，在努力提高节目质量的基础上，靠内容赢得观众。强势化的节目编排，以自己的名气及已取得的市场成绩争夺观众，以扩大自己的收视份额。中央电视台新闻频道利用品牌的联动效应，将不同的内容进行多时段、多频道的编排，既满足了观众的需求，也为品牌的宣传和打造创立了新的机会。当有重大事件发生时，新闻频道可以几个小时连续报道当前的重大或者热点新闻过程，在大版块新闻播报中以重要新闻为主，不时穿插突发事件的报道，重大新闻在不同版块的节目中不停地滚动呈现。新闻中多会有记者出镜报道，营造一种进行时的时效气氛。当天的新闻专题节目如《新闻1+1》《共同关注》《环球连线》等和各时段的新闻相互配合，专题节目内容多为重大新闻事件，而这些重大新闻事件也会在新闻节目中滚动播出。这样一来，观众很明显地看到重大新闻事件的消息报道进程，具有较强的及时性和报道深度。在同一个专题中，既有前方记者的现场报道，也可以把相关人士请到演播室。演播室访谈并不是整个节目中都有的，而是只针对某些必要事件，凸显了灵活性，方便观众收看的同时，也强化了新闻播报的整合力。

广告销售是卓有成效的媒体经营活动，是市场化媒体的经济支柱。目前对大多数电视传媒来说，广告收益占到了总收入的90%以上，广告市场也仍是电视媒体经营竞争的主战场。首先，"频道专业化"使节目内容和频道风格集中满足某些特定领域受众的需求，是一种目标市场营销策略。整合频道资源有利于吸引、巩固稳定的观众群，而观众群为媒体赢得了稳定的广告客户资源。这使媒体广告客户的开发更具有针对性，并且利于建立长期的、稳定的合作关系。其次，媒体内部有效的科学管理也是创造良好广告经营环境的必要条件。另外，电视媒体如今向广告客户销售的不仅是时段，而且是一种市场潜力，这就需要媒体提高为其服务的质量，增加为客户服务的项目，并且要对客户的市场情况作深入调查和分析，通过数据对广告播出效果作预评估，保证广告按时准确地播出。

产品营销是现代媒体一种宽泛的定位，没有市场营销，媒体就没法生存。电视传媒经营的根本目标就是获取社会的美誉度和受众满意度，同时获得最大经济利润，因此传媒的所有行为都是围绕着这个目标进行的。而受众市场是直接产生利润的地方，但是如果没有资源整合和竞争战略的配合，是没有办法轻易获得市场的。电视媒体的营销策略首先对受众市场进行分析，初步规划市场目标。其次，在分析受众市场的前提下，分析竞争对手，制作相应的竞争策略。另外，分析媒体资源状况，进行资源整合。最后，开创多元化营销方式和新型媒体营销模式。

受到观众好评的电视节目往往已积聚了人气，拥有了一定的品牌效应，以节目品牌、主持人、音乐、内容、创意等知识产权开发的各种消费品如DVD、CD、图书、电影、游戏等相关商品就会受到青睐。开发观众的这种购买力资源就是增值产品链业务的内容。相关的主题活动、文化交流活动等可成为品牌延伸的成果。尤其值得注意的是，品牌延伸的核心在于品牌节目本身的影响力，如果核心产品不能引发观众的喜爱，相关产品的开发则会成为一纸空谈。

（四）竞争战略

电视媒体运营成败的核心是竞争问题，战略的核心是竞争战略。电视媒体的生存与发展，在核心上依靠的主要是竞争力，竞争力是媒体的命脉。要想立于不败之地，必须分析对手，分析竞争市场，掌握最新信息和客观准确的数据。了解并解析竞争的内容，可以更清晰地掌握竞争局面。媒体的竞争大概分为资源竞争、战略战术竞争和产品品牌竞争。资源竞争包括时间、空间、人才等资源，是媒体实力的竞争；战略战术就是知识的竞争，也是智慧的竞争；产品竞争包括节目内容或者节目品牌的竞争。

在三种竞争中，最核心的竞争还是战略能力的竞争。战略的竞争是媒体的生命力之本。以下是目前较有成效的战略思想。

1.双线战略

所谓双线，就是为实现占领受众市场的目标所采用的两种方法。

一是采用直线竞争方式，距离目标较近，但是阻力大，竞争激烈。这常常反映在成本、价格、内容质量方面，需要靠实力支撑。

二是采用避免正面竞争的方法也就是曲线方式，迂回前进，虽然距离远，但是竞争者少，易于通行。这需要个性化的品牌建设基础和新颖别致的创意做竞争的筹码。

2.曲直相融战略

曲线意味着竞争少，没有竞争，而直线代表着竞争激烈。在上面双线的竞争战略运筹中，如果直线竞争与对手旗鼓相当的时候，再开辟一条曲线，曲直相融，是实现竞争胜利的法宝。实力不同的媒体，在采用曲直相融的战略时，应该合理分配比例，才能做到事半功倍。[1]

3.蓝海战略

"蓝海战略"出自一本关于企业经营的畅销书，书中把已知的市场称为"红海"，未知的市场称为"蓝海"。"蓝海战略"的中心是：要想战胜竞争者，最好的方法就是不与其竞争，而是开发未曾被占有的市场，其核心为创新。

"蓝海战略"的实质就是抛开已经白热化的"红海"，去开发、创新还无人问津的收视领域，创造新的观众焦点和受众市场。"蓝海战略"实施成功的案例以《百家讲坛》为首，从2001年到2022年，20多年里《百家讲坛》创造了"易中天现象"等，到现在成就了一批学者和文化名人，在全国范围内家喻户晓。《百家讲坛》开辟"蓝海"有以下几点成功经验：一是坚持自主创新的理念；二是挖掘主讲人和中国传统文化两大电视节目资源的成功；三是坚持科学性、教育性、收视率三项指标的评价标准；四是坚持让专家学者为百姓服务的宗旨；五是追求用现代的视角诠释传统文化。

第二节　电视栏目的策划

"栏目"，来源于报纸，是一种版面编辑的形式。电视栏目，就是日常性的节目，是定时定点播出的节目集。一个栏目可以划分为不同的版块，每个版块的节目都相对独立又统一在栏目的宗旨和定位下。随着电视频道的"专业化"，栏目成为媒体频道的主要构成框架，但并非所有的节目都呈栏目化模式，也会有一些特别节目，尤其是大型活动或赛事，以及一些突发事件的报道，还有一些主题晚会、专题片等都是非栏目化的。

电视栏目是日常性节目规整化、成熟化的标志，是日常节目的格式化表现，是电视台节目制作、管理进入正轨的检测标准，所以栏目的成功直接影响到媒体的竞争力与存在发展的大局势，而对栏目的策划、管理等一系列操作都成为如今竞争大潮中稳步航行的指南针。

一、电视栏目化的必然性

随着媒体的多样化、电视媒体的多元化营销模式的成功运行，电视受众对电视节目的质量和数量的需求都在大幅度上升，对电视制作的迅速、及时的要求导致电

1　于聚义.电视传媒运营管理［M］.北京：中国传媒大学出版社，2010：102.

视生产愈向规模化、工业化发展。使电视节目栏目化，使节目内容、方向、长度、时段固定，既便于生产，也为形成稳定的受众群、塑造品牌形象提供了快捷方便的方法。

首先，电视媒体从当初的教化、宣传工具，发展为如今具有服务意识的、影响力最广的传媒形式，其功能越来越强大，竞争也越来越激烈。受众市场是各媒体争夺的对象，而栏目化是细分受众市场的直接产物。使电视节目固定，是保证固定受众群的最有效方法，所以栏目的策划与设计要充分尊重观众的收视心理与收视习惯，才能使栏目在"服务意识"的前提下运营成品牌栏目，才能获得经济效益。

其次，电视节目的栏目化给媒体的管理带来最大的便利。固定的时段容易形成制作与播出的规律，且栏目的"制片人负责制"也成为人事管理的清晰而有效的模式，"栏目组"成为电视台内部的基本构成单位，促进了栏目之间的交流与竞争，利于节目质量的保障和提高。

但是，栏目化并不是没有缺点的。从好莱坞的产品集成化生产开始，就注定了属于艺术范畴的电影在艺术创作上受到限制。某些艺术性较强的电视节目同样也受到了栏目化的约束，需要编导和制作人员积极调整节目，按栏目要求进行制作和播出。

栏目化是目前电视媒体发展大形势下的要求，是媒体自身生存与发展的必经之路，媒体人会充分发挥栏目化的优势来减少不利影响。

二、电视栏目策划的基本内容

（一）栏目的宗旨

每一个电视栏目都有其宗旨，并靠日常节目来体现。宗旨是栏目的旗帜，要旗帜鲜明地将栏目打造成个性化的品牌栏目。

栏目的宗旨包括目的和目标两个方面。目的是指栏目要达成的社会效果和社会效益，目标是栏目近期和远期要实现目的而设计和制订的具体效果。如果宗旨不明确，会直接导致栏目的生存危机。

中央电视台的《社会经纬》栏目是在国家开展"二五"普法之初推出的，宗旨是普法宣传，曾有过收视率名列前茅的表现。但随着《焦点访谈》《东方时空》《新闻调查》等栏目的出现，大量触及司法案件和社会伦理的题材受到观众的青睐，又加上《社会经纬》的播出时段不固定，导致收视率下滑，《社会经纬》几近失去生存的空间。《社会经纬》栏目组及时进行调整，重新制订了栏目宗旨，为"在庭审中讲述故事，在冲突中普及法律"。新版的栏目将法庭审理的形形色色的案件作为报道的线索和依托，充分调动庭内、庭外时空和演播室三个要素，从多个版块组合的杂志型节目变为每期讲述一个故事的样式，紧紧围绕审判活动展示社会背景，挖掘当事人的内心世界，以生动的故事、精辟的分析展现在屏幕上。经过不断地更新调整，现在《社会经纬》被《法治在线》栏目取代。

（二）栏目的个性化定位

栏目的宗旨确定后，根据宗旨确定栏目的定位。栏目定位一般包括两个方面，一个是内容的定位，一个是受众的定位。

内容的定位体现了栏目宗旨。例如，《1860新闻眼》栏目是江苏卫视打造出的全国首个"情感"定位的新闻联播栏目。它成功地融入民生、情感两个基本要素，从平民的视角，努力挖掘新闻中的情感元素，通过人物的喜怒哀乐，与观众形成情感共鸣。节目强调以人载事，以情动人，对新闻事件注入人文关怀，为观众提供一个"通情达理"的舆论平台。

一直以来，新闻秉承的是客观、公正、准确的原则，但是随着"以人为本"的理念成为主流，强化新闻的情感因素成为吸引观众的新焦点，为广大受众所关注。《1860新闻眼》栏目能掌握社会文化动态，敢于创新，及时有力地出击，在"以人文视角关注百姓生活，以细腻情感激发观众共鸣"的宗旨指导下，首创"情感新闻"新模式，成为极具特色的个性化定位成功的典范。

随着节目形态的不断更新和受众需求的变化，江苏卫视不断根据实际情况确定个性化的栏目，2009年将《1860新闻眼》改版为《新闻夜宴》。这是江苏广电总台新闻中心自办的一档针对最新发生的、有影响、有争议性的新闻事件展开群口点评的"新新闻评论"节目。该节目改变了以往"新闻评论"的传统做法，每期邀请不少于两个嘉宾到演播室，通过他们与主持人、首席记者之间的观点交锋，对新闻本身进行多层次、多角度的剖析，极具栏目个性。

从受众定位来看，细分观众市场是决定性因素。观众对媒体的选择权、对节目的选择权直接影响到栏目的对象定位。如果栏目没有针对性，无法拥有固定的观众群，就像没有根基的大树，无论有多高，都会湮没在媒体竞争的大潮中，受众定位决定节目的总体设计。

杨澜在专著《大女生》中写道："在过去，女性这两个字似乎总与'小'字联系在一起，譬如'身材娇小、力气弱小、小鸟依人'等，但在今天，女性多了很多可能，她们可以理直气壮地用第一人称来讲述自己的故事。"江苏卫视于2022年1月开播的《你好！大女生》所呈现的正是这样一群女性，她们拥有大格局和大视野、有独立的价值和思想、始终保持着学习和成长的姿态，更能够大胆做自己、大步走四方。

栏目的定位突出"特色"和"个性化"以保障独特的风格，避免雷同、效仿，才能使栏目充满盎然的生机，才能增强生命力。这是中国电视发展的要求，也是广大受众的需求。

（三）栏目的选题原则

栏目的打造不仅需要正确的宗旨和定位，还要有好的选题。选题的深刻性和可挖掘性都成为栏目正常运行的保障。

首先，栏目选题必须是观众关注的社会问题或者是与生活相关的某一领域的专业问题，只要是与观众联系紧密的，都可以作为选题。

其次，选题必须是深刻的，具有丰富的内涵，可以从多角度、多方面去挖掘其本质。对于单个节目，选题可以单独考虑，但对于一个栏目，选题的筛选和挖掘必须是成批量的。目前栏目的选题基本上遵循着"有主题、成系列"的原则，在一定的时间内同一主题、不同角度地连续推出，在一段时间里造成持续的轰动效果。

栏目的选题要遵照宗旨和定位的指导来进行，所有的选题内容都要符合栏目的定位。不同的栏目虽然涉及的领域相同，但由于宗旨和定位的不同，选题也不尽相同。例如，央视电影频道的《首映》栏目，从报道电视节目制作动态角度来确定选题，而《光影星播客》则要从题材的价值、导演的艺术追求、演员的表演风格等角度来确定选题，这都是由宗旨和定位来决定的。

《新闻调查》片头

中央电视台《新闻调查》栏目作为一个新闻的深度报道栏目，栏目的宗旨定为"发挥传媒的社会守望功能，发现社会生活中隐性的或被人们漠视的危机，制作一些题材重大、受众关注度高的节目，起到社会预警作用，扮演环境监测者的角色"。而相对应的栏目内容定位为"竭尽所能，让事实浮出水面"。

借助中央电视台的优势，《新闻调查》有着无法比拟的选题优势，其选题的原则为注重研究新问题，探索新表达，以记者调查采访的形式，探寻事实真相，追求理性，平衡和深入，为促进和推动社会和谐进步发挥着作用。

（四）栏目主持人的挑选

主持人是一个栏目的象征，是栏目与观众的桥梁和纽带，是节目演播阶段的核心与控制者。栏目的定位应与主持人的特点和风格相协调，成为一个整体，才能开发主持人的潜力，树立栏目形象。

栏目选择主持人可以遵循名人效应，利用主持人的影响带动栏目的发展，也可以选择最适合栏目的主持人，根据栏目的定位及性质而有所不同。如果选择失误，有时候会造成不可弥补的遗憾。《等着我》请倪萍做主持人，是因为她在综艺节目中的成功带给她固定的观众群，以此想借倪萍的人气打开《等着我》的局面，也同时符合倪萍以情动人的形象，取得良好效果。反观她曾主持央视《文化视点》栏目，想塑造"学者"型主持人形象，但是结果并不像预计的那样美好，观众并不认可倪萍的理性新形象，这个结果说明栏目策划定位出现了失误。

主持人对栏目的成功起着至关重要的作用，所以在选择主持人的时候，要充分了解主持人的能力，对主持人提出任务和要求，并设计相关的内容，使主持人与内容融合为一体，充分发挥其作用。

优秀的主持人应该具备把握栏目指导思想的能力，栏目的宗旨和定位是主持人工作的第一指导思想。这就要求主持人具有高度的责任心，拥有相应的知识结构和性格、情感特点。对主持人的策划首先要做到将主持人塑造为一个真实的形象。董卿的《中华诗词大会》和《朗读者》是知识文化类的栏目，自开播以来深受观众喜爱，这和主持人的形象是分不开的。董卿以优美的文字语言，出口成章的谈吐，极佳的外形和气质，亲切具有感染力的姿态，让我们感受到了主持人的文化底蕴和人文关怀。主持人还应具备演播能力和掌控现场的能力。主持人流利的语言与灵活应变的主持方式、亲切的主持风格，都是主持人能力的直接表现，对观众具有直接的影响力，获得不同的收视效果，也是节目成功的主导因素之一。

主持人是节目的核心，是节目的形象代表。主持人对观众的吸引力不仅表现在对节目的组织调控上，还表现在自身的魅力和条件，比如声音、形象、沟通能力、表达能力等，所以主持人的形象策划对节目起着相当重要的作用。主持人的表情、肢体语言体现主持人的面貌、语速、语调、语气表达主持人的情感态度，化妆与服饰传达主持人的气质，所有这些是否与栏目的总体风格相吻合，都应是策划工作特别重视的内容。美国著名励志类访谈节目主持人奥普拉·温弗瑞以她独特的、温和的、细腻的人个魅力，将节目的女性定位与独立、自强、积极、慈爱的主题融会在一起，成为节目的核心。

《阿六头说新闻》是杭州电视台倾力打造的民生新闻栏目，开播伊始就引起了轰动，收视率节节攀升。此栏目在此时间内获得巨大的成功，其原因之一就是主持人独特的"角色化"定位。栏目的两位主持人都是中年男性，长相普通，和杭州大街上中年男性一模一样，最大的特点是亲切。另外，语言诙谐、幽默，让人忍俊不禁，通俗但不庸俗。为了凸显栏目独特的定位，栏目为主持人假定了一个"阿六头"的身份，他是一个消息灵通、伶牙俐齿、富有正义感但有些"背时"的普通市民形象。并在主持节目时采用角色化演绎方式"说新闻"，演播室也布置成说书的场景，背景用的是老式里弄的图像，"阿六头"常常会在演播时唱一段、演一段，偶尔还会拿起茶壶喝一口。[1]

---

1 中国传媒大学广告学院《媒介》杂志社.中国优秀原创电视栏目宝典［M］.北京：中国市场出版社，2008：113.

（五）栏目的形式

栏目的形式分为结构形式和播出形式。结构形式主要指版式或者称为版块设计，目前分为杂志型和通栏型。杂志型又称为版块型，是指栏目由几个版块构成，各版块相对独立，但拥有相同的宗旨和定位，可以是统一主题，也可以是不同的主题，其综合性、丰富性都为观众带来不同的内容欣赏和服务。杂志型栏目是常见的比较传统的形式，如《东方时空》《为您服务》等都属于这种结构。

通栏型是指一期栏目为一个相对完整的节目，栏目围绕一个主题，不再进行版块分割。这样的结构适合故事性、客观性的叙述，针对性、连续性强。《焦点访谈》《法治在线》属于这种结构。通栏型并不是一气呵成，只讲授单一的故事，而是分为不同段落，从不同的角度和视点或者阶段对内容进行逐一展示。例如，北京卫视的《向前一步》节目可分为提出问题、现场辩论、给出结果等几个部分，按顺序呈现，模式相对固定。

栏目的形式不是固定不变的，也可以将通栏型和杂志型综合运用。目前国内有的栏目可以看成一个大栏目，每天的一期相当于一个版块，而每个版块自身的结构又采用通栏式。栏目的周期可以是一周循环，每天一个主题；也可以是一月循环，每周一个主题。凤凰卫视的《完全时尚手册》中就将内容分为"天桥云裳""我的家""科技宽频""经典生活""车元素"五个主题，每天一个，共同构成一个大栏目。这样的栏目形式适合形成规模，每天的节目独立成篇，又统一在一个宗旨中，易于形成影响，有助于形成栏目的品牌效果。

栏目的播出形式分为直播和录播。直播指随着现场事件的发生、发展，进行同步制作和播出的一种电视节目的播出方式。由于直播没有后期制作，节省制作时间，所以这种制作播出的模式具有时效性和真实性，最能发挥电视手段的优势。但是，直播对于现场的技术要求很高，从摄制到播出一气呵成，不允许出错，这对编导和主持及现场的工作人员都提出了严格的要求。并且制作现场的不可控因素很多，一旦失去把握，将是灾难性的。所以除了大事、要事采用直播方式，一般的栏目都采用录播方式。

录播最大的特点就是可以进行后期编辑和二度创作，所以录制现场可以采用分段摄制或者分镜头摄制，安全性较高。录播可以多机位拍摄，使节目的镜头丰富，便于创造节奏和形成节目风格；还可以进行现场的细节推敲和进行后期的修改。相对直播来说，形成节目的时间充裕，使节目质量有所保障，能够保证良好的播出效果。但是，录播后期的工作量较大，提高了节目成本。

（六）栏目的包装

栏目包装直接体现栏目的创造力，是塑造品牌形象、宣传栏目的重要手段。栏目的片头、主题音乐、整体形象、版块间的衔接、主持人、字幕等都要规范统一，彰显个性，风格独具。

首先，栏目名要符合策划的宗旨和风格的要求，不仅要简明扼要，还要表现出栏目的主题方向和类型定位。好的栏目名可以起到统率的作用，具有先声夺人的气势，如《凤凰早班车》《新闻调查》等栏目见其名就可以知道栏目的类型及大致的内容方向。而《综艺大观》的名字是内容范畴广阔、观赏性强、娱乐性强的综艺栏目；《我爱接歌词》非常清晰地把节目类型定位及观众定位呈现出来。而在栏目专业化、个性化发展的前提要求下，那些听起来不知所云的栏目名字，如《大精彩》《大观园》《东西南北中》《惊喜连连》《这会儿不上班》等都不容易直接了解节目的大概内容，容易导致观众的误解。

栏目的片头是栏目包装的重要组成部分，它是栏目整体形象的代表，是节目内容的引导。作为栏目的片头，必须起到强化主题、吸引观众的作用。片头的长度没有严格的限制，可根据节目的规模自行设计，小栏目一般在15秒左右，而大型的节目可适当增长。片头除了形象和声音要素外，还应该有文字标题，这是节目的身份认证，出现的时间应该在5秒以上，取决于观众可以清晰认读的时间。片头是栏目内容的浓缩和形象化的设计，也是栏目内容个性化的突出表现，无论是技术上还是艺术上都有高质量高品质的要求。《焦点访谈》的片头形象是一只机警、犀利、抽象的大眼睛和"大众话题评说，时事追踪报道……"四句脍炙人口的广告语，彰显栏目主旨和内容风格。而栏目的创新性要求片头的创意不仅要与栏目整体风格一致，还要有个性化的表现，对观众具有强烈的吸引力。例如，《阿六头说新闻》作为杭州电视台的原创栏目，受到观众的喜爱，它的片头就定位在趣味性。两个杭州男人一人一句，用地道的杭州话，以特有的高频率和快速度，夸张的表现配合着幅度不小的动作，在20秒内说完了"敖稍，敖稍，不要吵，不要吵，敖稍，敖稍，阿六头来了。市面蛮灵，说法蛮好；听听新鲜，看看味道；九点三十，频道锁牢，阿六头来了……"连呼带喊地将观众招到节目中，这个有乡土特色的片头中的语言，已被杭州人争相模仿。

栏目的片尾一般容易被忽视，其实这也是体现栏目特色的一个窗口，是栏目形象的一个部分。片尾可以对栏目进行回顾，也可以预告下期内容，还可以接着展示其他信息。栏目的类型不同，片尾的处理也不同，但都应该与片头一样体现着栏目的总体构思和风格。《阿六头说新闻》的片尾也别具特色：一首由杭州本地网络歌手用杭州话RAP演绎并配以FLASH动画的《杭州好》。《阿六头说新闻》的片尾曲不断更新，无不洋溢着浓浓的杭州地域气息，从而使每一首片尾曲都成为杭州人传唱的热闹歌曲。

栏目宣传片的任务是让观众了解栏目的主题、内容方向、风格样式，希望提高观众的关注度，树立品牌形象。宣传片长度不限，一般不超过30秒，可以在栏目中多次使用。栏目宣传片本质上与商品的广告有着相同的作用，是为了栏目的推介所做的广告。广告可以根据不同的诉求点进行多种创意，常常形成系列广告。宣传片也可以根据栏目的特点选择不同的诉求点，从不同的角度对栏目进行包装和推广。宣传片也要具备宣传词，用语言清晰地传达栏目的宗旨和奋斗目标。例如，凤凰卫视的《时事直通车》宣传片的宣传词曾为"大事发生的时候，我存在；有中国人的地方，就有我！"表达了栏目整体的工作境界。

栏目的包装内容还有导视片、片花、宣传口号、栏目标志等，不同的栏目根据自身的风格和需要设计不同的包装方案。所有的包装要素都要与栏目的整体形象相协调，符合栏目的定位要求，并突出个性特点，力争做到独到与创新结合，以打造品牌形象为出发点。

三、栏目的运营管理

（一）品牌运营

一个栏目的日常运行一般按照"调研—策划—制作—播出—品牌推广与维护—后续开发"的流程，这是一个形成完整产业链循环的过程。整个过程的进行，都要遵循增加栏目生命力和竞争力的原则，这个原则就是"栏目品牌化"的理念。品牌运营是栏目制作完成后的推广与宣传阶段，包括品牌打造、品牌推广和品牌维护。

首先，努力打造品牌栏目。品牌栏目拥有着大量的受众，具有强大的号召力。根据"马太效应"，栏目所收获的资金、人力、设备方面的高投入只是有效增强实力的物质基础，而黄金时段、广告竞标、相关产品的开发都是品牌效应带来的强者愈强的增值项目。品牌栏目强大的实力和竞争力，是传媒市场中不败的保障。所以，"打造品牌"是任何一个媒体或频道的指导思想。品牌栏目在全力推出高品质节目的同时，要研究市场和环境，拟订发展战略和竞争战略，逐步进行品牌的培育、推广及维护，才能成为拥有高收视率和高质量的栏目。

《垄上行》栏目活动现场

打造品牌要先提高认知度。栏目要有一个鲜明的符号以便让观众迅速牢记并能容易识别。这个符号可以是片头，也可以是主持人，还可以是别致的风格。这就需要栏目策划时认准方向，进行包装时以个性和特色为原则。湖北荆州电视台的原创栏目《垄上行》定位为农村服务类节目。栏目的特色标志符号为主持人王凯和幕后的30位专家。受众不是最先记住了《垄上行》，而是记住了为他们服务的专家，一个电话，专家到场。

打造品牌栏目还要提高忠诚度和公信力。几乎所有的栏目都以服务观众为宗旨，那么栏目为观众服务的质量就需要忠诚度来衡量。栏目信息的可靠性以及对观众的帮助程度都是忠诚度的关键要素。对栏目最有价值的评价应该是"我们相信！"

打造品牌还需要栏目提高美誉度。《垄上行》的三大特点即速度、深度、广度，是它的三大利器。只要农民有需要，主持人和专家就会第一时间上门服务，这就是速度。栏目的中小型活动不断，主题内容丰富多彩，深入人心，这是深度。《垄上行》开发大型农民的盛大节日，现场农民从3万发展到10万，这就是广度。如此三大利器，使《垄上行》扎根在农民心里，其观众群从荆州扩展到江汉平原，从农民到达农资商、政府部门、社会团体及各类市场主体，具有越来越强的品牌号召力。

其次，品牌的推广在目前节目数量倍增、栏目严重同质化的今天，已成为让自己独树一帜、脱颖而出的重要手段。

栏目的推出、发展直到最后的消亡都是符合自然发展规律的，任何事物都有生命周期的制约，但是不断注入新鲜血液的栏目就会保持相对长久旺盛的生命力，这就是运营的效果。品牌推广的方法除了自我宣传外，还应该主动出击，广泛纳入新的元素，与其他媒体进行交流互动，形成媒体多元化的宣传局面。节目类型不同，价值与效益也不同。单一的收视率评价标准已经不能满足现有的传播局面，打造具有影响力的品牌只依赖栏目本身是不够的，媒体整合是多方位多角度联合出击的战略，是多元化传播的要求，多种媒体的互动才能使品牌效应迅速推广。而栏目的策划者同时也要根据栏目的生命阶段，制订出不同的战略，才能有针对性地扬长避短，立于不败之地。

栏目推出后，还需要对品牌进行强化，以增强品牌优势，如举办系列大型活动。大型活动历时长、涉及面广、参与性强，是媒体造势、聚人气、提升品位、结交合作伙伴、与外界沟通交流的最佳途径。使节目活动化，用大型活动成就节目品牌是一个效果非凡的捷径。还可以举办富有创意的文化活动，让众多媒体追随，在增强栏目文化内涵的同时，扩大影响力。

品牌的推广还可以通过延伸品牌效应，构建产业链，开发相关产品。例如，凤凰卫视进行"杂志+图书+音像+标识派生物"的系列开发，为自身创造新闻素材，成为其他媒体宣传传播的对象，这种"借力用力"的招数，可以掌控整个传媒领域，开创新的业绩。

品牌推出后获得成功，但不是一成不变的，没有创新的元素会使品牌的生命力短暂而无力，品牌的维护主要要求栏目不断完善自身，并在品牌相对成熟的阶段根据品牌的风格与个性更换包装，或者推出新的主题内容，适当地更换形象，让观众耳目一新。所以品牌的维护就是不失时机的适当的改造，不仅可以推陈出新还可以创造宣传的新时机，使栏目再度成为焦点。任何节目都会有衰退的时候，适当地撤换品牌代之以新的生命，也不失为一种成功的运营方式。将原来品牌的影响力和受众群移接到新的栏目上，需要做有力的宣传和铺垫，并给予转换及观众接受、适应的时间，成功的嫁接不仅会保持原品牌的口碑，还会把原品牌积蓄的力量全部成功转换，这也是品牌承继的良策。

（二）管理机制

建立有效的栏目管理机制，是节目正常运营的保障，也是决定节目成功的主要原因。打造品牌栏目，实施品牌化经营，必须配以完善的管理机制，这种"品牌机制"不仅可以对人、财、物进行最佳的管理，还可以使媒体成功运行并发展。

明确"服务受众"的管理原则，制订与栏目本身宗旨相一致的管理目标，制订栏目流程各环节的管理条例及监督机制，才能使栏目系统、有序地运行起来。

首先，栏目的建制要规范化。一个栏目会依据不同的类型而制订相应的人事建制，人员规模应该保证节目的正常运转，并能够做到责任到人。一般情况下，栏目采用制片人负责制。制片人负责制是国际上通用的节目管理体制。在这种体制中，制片人既是节目制作的负责人，又是节目的发行人。制片人集节目权、人事权、经费权于一身，对节目的生产和管理有较大的控制权，是节目内容、人员组成和经费运作的把关人。在制片人的领导下，按工种不同设立各部门，导演组、策划组、网络组、制作组等各部门各司其职，有序地开展工作。制片人可以聘请多个编导，分头制作各自的节目，也可以由一个编导作为节目的创作核心，直接统领整个栏目的制作。编导直接对制片人负责。编导往往自报每期节目的选题，也可以由策划组提供选题，之后的采访、拍摄及后期制作都由编导直接组织人员进行工作。这种模式利于编导的创造性和主动性的发挥且能体现出个人风格，并保证节目的完整性。

其次，建立激励机制。激励是任何一个管理系统都需要考虑的、利于自身发展的、充分调动员工积极性的一种管理行为。目前流行的绩效考核理念是人力资源管理的重要环节，即给员工提出相应的工作量和质量要求，并以此决定聘用情况和薪金标准。许多媒体的栏目都采用了收视率与员工报酬挂钩的方式，极大地激励了员工的工作热情，是一种目前广为看好的机制。但是，收视率的制约因素繁多又复杂，常常出现好的节目没有好的收视率，而制作粗糙的节目未必没有收视率的情况，所以编导在制作节目的时候，最先考虑的是收视率的高低，从而抑制了创作的积极性。单纯追求收视率，也是影响节目质量的主要因素。所以对媒体从业人员的考核和奖励机制的制订，应该从长远考虑，将节目的主观评价与收视率相结合才能做到客观公正，真正激发主创人员的工作热情。

第三节　电视节目的选题策划

电视媒体的蓬勃发展，电视受众的日渐成熟，使得电视人逐渐将电视节目的选题策划作为节目制作的重中之重。一个出色的选题，一个优秀的策划，不仅能使电视栏目跃上收视率的排行榜，甚至可能引起电视文化市场的冲击。一个具有远瞻性的成功策划，就能成就一个名牌栏目。

一、电视节目的选题应该考虑外部环境因素

一个选题的确定，应该考虑节目推出时的外部环境，也就是选题要"为时而做"。

市场经济条件下，电视产品是以商品形式传播的，但是电视产品又不同于一般的物质产品：一方面它具有经济效益；另一方面因为它的传播特性，使其具有巨大的影响力，往往在大众中产生强大的精神力量，所以同时又具有社会效益。因此电视节目要坚持正确的舆论导向，尤其要符合国家的政策要求。在选题时，策划人员不仅要了解社会的政治、经济、文化环境，还要把握节目的风格、性质，掌握时代的脉搏，充分体现主旋律和自身的特色。

另外，电视节目的选题要符合社会文化心理和时尚潮流。电视媒体的时效性决定了电视节目应该与时俱进，将最新的文化思潮、艺术思潮和生活方式及审美追求都纳入到节目的选题范围中，让观众感受到时代的脚步，体味"新""快"的时代特点，融入社会的潮流中，享受弄潮儿的风采。这就是选题的"时代性"。电视节目是社会生活在选题中的反映，而具有时代性的电视节目，是鲜活的时代生活在屏幕上的反映。中央电视台早期的《幸运52》《开心辞典》《同一首歌》《非常6+1》，后来的《国家宝藏》《中国诗词大会》《朗读者》《典籍里的中国》等栏目就具有很强的时代感。为突出时代感，很多电视节目把国外的理念照搬过来，但观众无法接受。因为政治、经济、文化的大环境不同，受众的理念不同，追求的生活目标也不同。所以时代性反映的受众生存环境的最新要求，要与其他的环境因素结合起来考虑。

电视节目的选题还要考虑地域环境和民族特色，本土的节目才具有竞争力，因为节目本身具备独特的民族风貌和风土人情，就是节目的最大特色。尤其要注意的是对少数民族的宗教信仰应该给予极大的尊重。国内多个原创栏目的成功都汲取了地域和民族文化的精华，不仅成为当地观众的喜爱栏目，也将受众群扩展到了全国的很多区域。

二、选题应该考虑受众的心理需求和市场需求

电视传媒是一种渗透人们工作、生活各个侧面，并相当普及的大众传播媒体，经过选题策划后摄制完成的电视节目最终要经过观众的检验与评价，评价节目得失

的尺度具象为电视遥控器掌握在观众手中。当今"阳春白雪""小桥流水"的风格都会拥有观众，电视人员要想策划并制作出让观众满意的节目来，就要多站在观众的角度思考。"换位思考"的方法特别有利于同观众进行情感上的交流与沟通，使观众在收看节目时，更容易产生心理上的共鸣。所以在进行节目的选题策划时，一定要同时搞好收视调查，认真细致地了解受众的收视需求，制作出观众真正喜欢的节目来，而不是靠"闭门造车"、凭"想当然"去揣摩受众的心理，不做调查研究的选题策划往往是不切实际的，是难以良好运作的。

节目选题应该以带给观众某一方面的信息要求为原则，满足受众渴望了解的愿望，也就是应该从观众的角度提出问题，并以问题本身为选题内容，以解决问题为节目目标。选题策划可以把一个主题分解为一个个问题，问题解决了，节目的目标就达到了，而观众对这一主题的了解的需求也就满足了。在策划选题时，如果提出的问题越多，解决的问题就越多，带给观众的信息量就越丰富，与观众产生的共鸣就越大。例如，央视栏目《对话》，节目通过和极富传奇色彩的企业家的对话，提出一个个问题，分析形形色色经济现象发生的背景。节目由突发事件、热门人物、热门话题或某一经济现象导入，捕捉鲜活经济事件、探讨新潮理念、演绎故事冲突，着重突出思想的交锋与碰撞。节目的气氛轻松幽默而又单刀直入，处处凸显对话者的智慧，时时展示对话者的风采。

《新闻当事人》有一期的选题是"冰墩墩诞生记"，选题计划走进冰墩墩设计团队广州美术学院教授曹雪的工作室。策划选题时就可以设计观众需要了解的冰墩墩这一"顶流"吉祥物是怎么样诞生的问题：设计总共耗时多久？从设计最初到最后定稿历经了多少版？设计灵感来源于何处？如果准备了50个这样的问题，并且都能一一回答，就说明这个选题具有可行性，可以做并且一定会成功。在把选题问题化的方法上，做得成功的栏目还有《鲁豫有约》。《鲁豫有约》在节目的选题上就紧紧抓住了历史长河中的我们身边的"未解之谜"，来刺激现代观众对问题的解答。例如，有时我们突然会想，庄则栋现在的生活是怎么样的，陈景润的家属现在在哪？陶铸的子女现在如何？因为有了这些问题，才会有回答问题时的精彩与感人。

另一方面，电视运营的商业化使电视节目以产品的形式出现，电视行业也由行政性质跃变为企业性质，所以企业的生存与发展完全取决于占领市场的程度。目前，不仅电视行业，整个传媒领域都在想尽方法占有市场，提高市场份额，以获得发展的机会，所以市场的需求是电视媒体及栏目首先要考虑的因素。而实际上，市场的需求又是观众需求的反应，只有受众的认可才能确立节目的市场地位。

选题应该确立服务观众的宗旨，同时要针对市场制订策略。

三、选题应该与栏目的受众定位及宗旨相结合，突出针对性

节目选题要严格遵照栏目的宗旨，并根据观众定位，选择针对性强的主题。

选题的针对性决定选题的对象，表现在受众方面，就是主体性问题。如果节目主体不清晰，也就是受众群不明确，势必会导致收视率不理想的结果。另外，针对性表现在选题的主题内容上，就是针对一个新闻事件或一个人物的某一方面做宣传，而不是做宽泛的访问。没有侧重性、没有重点、没有突出其中一个角度或者某一方面的选题，就相当于商家对自己的产品进行各个方面的正面宣传，其结果是没有任何效益的。

早期的《东方时空》栏目有一个"东方之子"的版块。这个版块的宗旨意在采访卓有名气的成功人士，曾推出过省长访谈录、高校校长访谈录等选题。但这些选题的针对性很模糊，有人会说，当然是给百姓看的。可是单纯去做一个没有主题的人物访谈是没有对象性的。而王志在2003年的《面对面》节目中采访时任北京市代市长王岐山，对象非常明确，就是北京市民和全国所有关心"非典"的百姓。同样是做采访政府官员的选题，对象的明确与否可以产生截然不同的收视效果，该访谈即便已经过去20年，依然是教科书式的经典访谈节目。

四、选题应该具有持续性和深刻性

选题的成功与否关系到栏目的生死存亡，栏目在进行选题时，是在寻找一条生存之道，其任务之艰巨应该是节目策划需严肃对待的问题。所以对选题细致地进行综合性的评估与调整，是制作出具有创造力、感染力、生命力的节目的前提。一旦选题确定、目标明确后，就应该努力付诸实施，不能随意更改。

电视节目的选题应该具有深刻性，这是相对于没有内涵的简单的主题而言。所谓深刻性，就是指那些具有代表性的现象与话题，能够反映出社会、经济、文化的时代特点，有着深远的渊源，影响到人们的工作与生活。节目平民化的内容定位、个性化的节目包装、独特的主题视角和深刻的内容剖析都是策划选题时所必须考虑的元素，选题策划要把握住题材的切入点。那些与观众生活息息相关又具有深刻含义的话题，永远都是吸引观众的焦点。例如，当下引起社会广泛关注的"扶老"现象与"见死不救"现象，就具有极为深刻的社会意义。人们对由此现象引发的"道德滑坡"和"法律约束"的社会化大讨论给予了极大的关注，也成为各大媒体深刻挖掘的题材。

五、选题要具有创新性

世界的变化是电视节目追随的对象，"新"不仅是市场经济条件下对电视产品的要求，也是受众对电视节目的需求，包括新的表现形式、新的节目内容、新的艺术风格等。具有创新意识的选题策划不仅要满足观众的这种需求，也是制作优秀节目的必备条件。实际上所有的电视媒体在策划时都面临着"求新"的艰难。从某种意义上讲，开先河性质的原创型节目已经很难看到了，但创新的要求和方法却是没有界限的。所以，要想达到"求新"的目的，就必须尝试着从不同的角度去寻求实现。

首先，选题的创新可以来自模仿，但模仿并不是简单的重复，要力求做到有特点、有新意。策划节目的过程也是一个创造的过程，而创造不仅是要发现事物之间的相同之处，更重要的在于发现事物的相异之处。"求新"，就是在有比较、有参照的条件下，既要借鉴总结经验，又要开阔视野、拓展思路，这样就更容易达到"求新"的目的。对模仿的对象认真研究，总结其精华之处，更重要的是要挖掘其缺陷，再有针对性地弥补缺陷，制订出具有更多优势的策划方案，才能将每一次的策划定位在创新的基调上，才能使节目常办常新，选题"活水"不断。

其次，在选题创新的过程中，转换角度和方向，用独特的视角形成个性，也是一种好方法。随着电视传媒在人们生活中越来越重要，以及观众欣赏水平的不断提高和收视思想的不断成熟，诸多因素的作用促使电视行业内部以及与其他门类的传播媒体之间的竞争日趋激烈，往往出现多个媒体争抢同一个选题，导致观众无所选择、强制性观看、重复收视。如果能改变思路，拓宽视野，从不同的视角进行选题的挖掘，带给观众另类的信息和不一样的感受，势必会形成节目的特色。在几年前，当媒体争相报道桥体倒塌、大楼未成先崩的新闻事件全过程时，一家媒体以"豆腐渣工程谁来买单"的独特标题和追究工程质量的视角赢得了受众的青睐。

再如，中央电视台的《致富经》栏目，并没有选择商贾名流作为开发的资源，而是将内容定位在老百姓身边的致富明星的致富故事。栏目的选题严格遵照服务受众的宗旨，追求舒展百姓情怀的目标，与时代和时事相结合，于2006年推出了十大选题，都获得了空前的成功。例如，"中国百姓创业致富年度调查报告""辣椒演义""乡村游启示录""春节经济""唤醒沉睡的财富"等，分别将百姓身边潜在的不同的致富方法和领域，以集娱乐、专业分析、专家推荐、经验交流等多种元素于一身，创造了草根百姓的创业神话。

《致富经》栏目的片头

再次，选题的创新不要"为了创新而创新"。全新的选题在竞争市场上肯定会有不俗的表现，但是很多节目为了吸引更多的眼球或者在节目的形式上试图独创一个新领域而单纯追求创新。这从创新的角度来说是积极的，但是很多创意的选题并没有明确的针对性甚至没有明确的内容定位和观众定位。不能为创新而创新，而应该为确定的主体创意。

例如，《绝对挑战》的栏目定位是服务类栏目，以招聘为主题内容。虽然从短期来看，这个选题比较新颖，但是栏目的整体定位并不清楚。按照栏目的宗旨，《绝对挑战》是给想找工作的人提供服务的，但是在整个中国的大环境下，除了东部几个沿海发达城市和大城市以外，真正敢频繁换工作的人有多少？这个选题在对象的主体性上显得不够明确，最起码它关注的只是白领、金领的招聘，而并不是所有想找工作的人。新的创意必须要与栏目的宗旨和定位完美地结合，形成不可分割的一个有机整体，而不能单纯地为求新而选题。

思考题

1. 电视策划的基本分类方式有哪些？
2. 制订电视媒体策划的战略应考虑哪些方面的因素？
3. 如何理解电视节目选题的创新性原则？
4. 选择一个电视栏目，分析其宗旨、定位及策划设计图。
5. 根据目前生活环境的状况，为下一期《焦点访谈》设计选题。

第三章 电视栏目策划的环境因素

在信息化浪潮席卷传媒市场的今天，媒介空前繁荣，竞争日趋激烈，电视事业为了赢取市场份额，也在不断地摸索适合自己的生存模式。频道专业化、节目栏目化、运营品牌化等竞争生存之道逐渐提上电视事业发展的日程。无论是对一个频道、栏目还是对一个节目而言，创意、定位、生存环境等因素决定着电视事业发展的兴衰成败。如今，如果要开发一档新的电视栏目，就要对影响栏目发展的因素及其栏目的未来发展趋势进行合理的评估，对栏目进行清晰的定位，从而打造内容充实、风格独特、受众喜爱的电视栏目。

第一节 地域化因素

打造品牌栏目，提高电视栏目的原创性，立足于本土，打造个性是电视人务必要考虑的关键因素。影响电视栏目发展的地域化因素主要包括地方独有的文化资源和市场资源。地方独有的文化资源是指包括语言、风俗、收入、气候、饮食、人口统计数据、文化心理、历史渊源等参数在内的各类"文化地理心理属性"的差异，这种差异是本土电视栏目模式创新的根本源泉。本土的市场资源是电视栏目创新的基本平台，在遵从地方文化资源整合规律的基础之上，以本土受众为目标，打开本土节目市场，有序竞争，进而开发出适合本土电视节目市场竞争生态的节目模式，实现电视文化创意产业的价值增值。本土化因素旨在强调，电视栏目要突出地方特色，弘扬地方历史文化底蕴，在打造个性栏目的同时，为当地文化代言，进而拉动区域经济发展。

地方独有的文化资源是"一个地方经过几百甚至上千年的文化积淀而形成的极具乡土气息的变化，有着深厚的文化底蕴和群众基础"。[1]这些文化资源主要包括：

一、地理特性

媒介地理学的研究认为："遵从和顺应地理的特点和习性也是媒介生存与发展的必然选择。"[2]因此，要创新电视栏目，实现个性发展，地域性特征是一个不可忽略的因素。不同的地方地理形貌、饮食习惯和文化符号不同，这就决定了人们心理需求上的差异。正如心理学研究中的"使用与满足"理论所阐述：大众传媒要从受众角度出发，分析他们的媒介接触动机及这些接触满足了他们什么样的需求，这些

---

1 张根宏.个性——电视栏目的生命［J］.云梦学刊，2002（4）：76-77.

2 袁靖华.电视节目模式创意［M］.北京：中国广播电视出版社，2010：76.

需求是否得以满足。如果电视栏目没有恰如其分地把"满足"理论与地域特性进行有机结合，势必会让电视栏目在受众心目中大打折扣。

就我国不同地区的地域文化特色而言，想必都略知一二，北方的豪气之风，南方的阴柔之美，中部的粗犷之气，无不丰富着中国的文化大餐。当地的电视媒体长期在特殊文化环境的熏染下逐渐打造出地方特色。例如，东北地区的电视文艺节目以"二人转"为特色，演绎各类幽默风趣的东北式节目，早期有《本山快乐营》《周周有乐》《明星转起来》《刘老根大舞台》，后来有《二人转总动员》《欢乐集结号》《二人转秀场》《欢乐东北风》等受到东北多数受众的热捧。河南电视台利用当地以"豫剧"为代表的戏曲文化，以"少林功夫"为代表的武术文化，以丰富文物资源为目的的收藏文化，精心打造了《梨园春》《武林风》《华豫之门》三档王牌栏目。这种立足于地方特色谋发展的电视栏目生存模式值得推崇。近几年来，以湖南卫视、浙江卫视为代表的一些省台都在电视栏目本土化上大做文章，着力打造地方品牌栏目，造就了湖南"花鼓"特色，浙江"水乡"特色的栏目格局。此外，一些饮食类节目更需要注重本土化特色的打造，这不仅可满足当地受众对饮食文化的需求，而且更大程度上可拉动饮食经济的发展。

同样是电视栏目，在不同的地区就要充分考虑不同的区域文化需求，根据市场竞争格局，采取差异化竞争策略，这样的电视栏目才能长久立于不败之地。

二、文化语境特性

俗话说："一方水土养一方人。"生活在不同地域的人们，所处的文化语境不同，因此，解读信息的思维模式和方法也不同。正如著名文化研究学者霍尔所指出的那样：受众对信息的解码包括三种方式，即同向性解读（按照传播者的意图解读信息的方式），妥协性解读（在坚持自己对信息解读方式的基础上，对传播者的信息进行协商式的解读），对抗性解读（完全按照自己对信息的解读方式进行解读）。受不同地区地域文化的影响，多数受众会选择第三种信息解读方式，这便要求我们电视栏目的信息传播要与当地的文化语境相吻合，只有这样，电视栏目在当地才会有鲜活的生命力。因此，我们电视栏目的制作，要以此为主基调，这样才会被中国受众所接受；相反，采用国外崇尚自由、奔放豪情的节目基调，电视栏目的收视率可能会让人大跌眼镜。北京电视台的《北京特快》就是从北京普通市民文化心理出发传播经济信息的栏目，赢得了老百姓的厚爱。再如，凤凰卫视的《有报天天读》，杨锦麟以知识分子的文化口吻，凭借幽默的语言、机智的反应对时事政治进行解读，博得了大多数知识分子的喜爱。在这里还需要提及的是，在少数民族自治区，地方台的电视栏目要通过当地方言进行传播，这不仅体现了电视媒体的人文关怀，而且还保护了我国文化的多样性，当前，新疆电视台、青海电视台、内蒙古电视台等栏目的开设，在维护地方文化语境，弘扬地方文化方面做得十分出色。由上所述，电视栏目的制作要与当地的文化语境相契合，在充分了解地方文化心理特性的基础上，进行适度有效的信息传播。

三、市场容量

本土市场是我国电视栏目模式创新的基本立足点，一个成功的电视栏目策划一定要充分考虑如何开发本土市场，如何实现品牌营销之路。开发本土市场就是电视栏目的制作以当地的受众为目标，找准品牌定位，打造节目特色，在迎合受众文化语境的条件下提高收视率，并以此为契机向周边城市和地区延伸，提高节目的声誉和威望。策划一档全新的电视栏目首先要对栏目所处的市场环境进行合理有效的评估，如果当地媒介市场中某类电视节目出现空位，这就是新栏目进驻该市场的良好时机，电视人应该在充分考量影响节目发展的其他因素的前提下，尽快使该类电视栏目入驻当地市场，满足受众需求。在评估市场容量的过程中，如果发现策划的栏目在当地市场基本呈现饱和状态，就可以运用差异化竞争策略，弥补同类节目中空留的市场间隙，通过这种策略，同样可以实现电视栏目在地方市场的成功运作。

众所周知，好多卫视都办过相亲类的电视栏目，如辽宁卫视的《一箭穿心》、浙江卫视的《为爱向前冲》、江苏卫视的《非诚勿扰》、东方卫视的《中国式相亲》。在这些相亲类节目中，备受欢迎的当属《非诚勿扰》，原因在于其首创相亲节目的新模式，具有幽默个性的主持人孟非、个性十足的节目配乐等因素共同打造了相亲类节目的独树一帜，吸引了受众眼球。这就是《非诚勿扰》栏目组在充分评估市场容量的前提下走差异化竞争之路的丰收硕果。因此，对当地市场进行评估是开发一档新的电视栏目不可或缺的环节。

第二节　对受众"市场"的分析

随着电视栏目向着专业化方向发展，对受众市场的分析已经成了电视人不容忽视的一个重要环节。对"受众"市场分析的过程实则就是进行受众定位。受众定位即："立足于媒介市场的细分确定栏目的目标受众。"当今媒介市场，"大众"向"小众"的传播形式已经成为主流，在这种以"受众"为本位的传播时代，受众的职业、年龄、性别、文化层面、收入水平、收视习惯等因素是策划一档电视栏目的决策依据，是实现传播效果的基础。

喻国明教授在《北京电视传播业市场的基本状况及北京电视台的市场操作》的资料中对"安徽卫视现象"的受众分析显示：

1.观众喜欢的电视节目类型

●观众期待度很高的电视节目类型共有5个，按照其重要程度排序，依次是：时事新闻类节目、热点话题访谈类节目、影视剧、现场直播类节目和纪实类节目。

●观众期待度一般的节目类型共有6个，按其重要程度排序，依次是：综艺类节目、益智类节目、生活服务类节目、搞笑娱乐类节目、文化体育类节目和名人访谈类节目。

●观众期待度较低的节目类型共有5个，按其重要程度排序，依次是：调查分析类节目、音乐戏曲类节目、财经资讯类节目、竞技参与类节目和彩票抽奖类节目。

2.吸引观众的节目特质

●对吸引观众非常重要的节目特质共有5个，按照其重要程度排序，依次是：节目内容、节目定位、节目的实用性、节目形式和播出时段。

●对吸引观众比较重要的节目特质只有一个，即主持人的魅力。

●对吸引观众不太重要的节目特质有2个，按重要程度排序，依次是：嘉宾有魅力、节目包装漂亮。

从以上材料对"安徽卫视现象"的分析中折射出当今电视栏目的策划以受众为"本位"的意识占据上风，电视栏目要根据受众的喜好、收视习惯、生活方式等因素来确定节目内容，编排节目形式。因此，受众的"市场"分析，将面临着更加严峻的挑战。

受众"市场"分析就是深入受众市场，进行调查统计，去粗取精，由定量分析到定性研究，从性别、年龄、职业、文化层面等几个方面收集材料，调查取证，然后运用因子分析的方法对受众的不同特征进行统计分析，进而为电视栏目的策划提供可靠依据。在受众"市场"分析的过程中主要考虑如下因素：

一、性别因素

性别因素，实质上就是对受众的性别进行定位，根据市场调查取证，统计分析当地性别比例，描述不同性别的人对节目内容的需求程度，进而依照这些调查分析的参数对节目内容进行定位。例如，以家庭主妇为目标受众的烹饪类栏目，播出时段可以选择茶余饭后的时间，而不能选择家庭主妇们正在市场买菜或者在家里做饭的时间，这样节目才能取得良好的收视效果。再如，一些时装类节目，主要的目标受众群也是女性群体，因为女性不仅是选择自己服装的决策者，还是选择男性服装的决策者，因此，这档电视栏目就要根据当地女性的审美习惯及其经济收入水平进行节目内容及其形式上的定位。四川电视台妇女儿童频道开办了一系列以"美丽、浪漫、阳光"为基调的女性栏目：每天20：30为持家的女性朋友安排的是"快乐生活，智慧持家"的《快乐生活巧管家》，节目以室内聊天的形式，塑造了其乐融融的生活氛围，百姓生活中的小窍门、小问题被真实地搬上荧屏，使广大女性受众在轻松诙谐的氛围中学到持家本领。每天21：00，该频道为年轻女性播出的是展示女性千娇百媚、香气袭人的《闻香识女人》节目，这档节目选择的播出时间恰到好处，为年轻的白领女性提供了收视上的方便。一些电视新闻类、时事资讯类栏目的主要目标受众群是男性观众，这类电视栏目的编排设置应该符合男性受众的收视习惯，以理性、真实、思辨的色彩感染广大男性受众，进而为打造节目特色奠定坚实基础。

二、年龄因素

毋庸置疑，出生在不同年代的人的兴趣爱好、价值观、生活习惯存在着一定的差异，因此，对电视栏目的要求也存在着不同的标准。老年人通常喜欢看戏曲类、养生类节目；中年人喜欢看时事资讯类、影视剧、综艺类节目；青年人对时尚、服装、娱乐类节目更加青睐；儿童喜欢动画片、儿童歌舞等节目。不同年龄段人们的不同需求为我们电视栏目的制作提出了新的课题。电视编导、制片人要根据不同年龄受众的心理需求、生活习惯等策划备受受众推崇的电视栏目，这就是进行受众年龄定位的过程。据了解，著名的美国三大广播电视网〔哥伦比亚广播公司（CBS）、美国广播公司（ABC）、全国广播公司（NBC）〕的权威新闻报道节目分别对其目标受众的年龄层进行了细致划分，通过年龄差异来播报受众喜闻乐见的新闻节目，赢得了观众的热评。中央电视台《夕阳红》栏目的目标受众是老年群体，该栏目一直以老年人的视角关注着社会的发展，以社会的不同视角关注着老人，反映的是老人眼中的世界与世界眼中的老人。正因为其准确的定位，高质量的节目播出内容，《夕阳红》成为老年群众钟爱的一档电视栏目。中央电视台少儿频道从2003年开播以来，主要开办了一些动画类、益智类、综艺类、科普类等少儿栏目，秉持着"引领成长、塑造未来"的栏目定位，丰富了中国儿童的童年生活。以中央电视台为龙头，省市级电视台也相继开办了儿童频道，根据儿童的个性及兴趣打造有特色的电视栏目，并赢得了广大儿童的喜爱。目前，熊大熊二、大耳朵图图等动画形象传遍祖国的大江南北，正是这类儿童类电视栏目深受喜爱的结果。当然，我国儿童类电视栏目在发展过程中还存在着一些问题，如创新机制欠缺、过于追求收视率等，还有待进一步发展和完善。

三、文化和职业因素

"社会上的文化层次大致可分为初级、中低级和具有较高文化素养三个层面。初级文化层面的为少儿观众，中低级层面的观众是电视节目的主体，他们收视节目往往与具有较高文化素养层面的观众交叉，仅在节目的特殊要求方面有所不同。"[1]因此，受众的文化层面也是电视栏目策划过程中不容忽视的一个重要因素。根据处在不同文化层面的受众群体所从事的不同职业确定节目内容和形式的过程，就是受众文化职业因素定位的过程。

---

1 刘桂林，陈万利，刘斌.电视新闻栏目定位与运作实录〔M〕.北京：中国广播电视出版社，2005：76.

荆州电视台《垄上行》栏目标识

近年来，荆州电视台的《垄上行》栏目受到了广大农民的热捧，该栏目本着为农民解决各种实际问题的宗旨，与各项农村科技、卫生、法律以及其他社会服务紧密结合在一起，以农民为服务对象，走进田间地头与农民对话，填补了省市级电视台对农民节目的空白。"据不完全统计，四五年以来，《垄上行》栏目组先后接到农民观众来信2万多封，热线电话7万多个；2004年3月，栏目组开通手机短信互动平台，这以后的两年多时间里，接到观众短信30多万条。栏目组开办的'王凯热线'和'庄稼医院'小版块最受农民观众欢迎。李海昌台长谈道，每逢春秋季《垄上行》举办大型文艺活动时，很多农民朋友甚至凌晨一两点就从百里之外开着手扶拖拉机或骑车甚至步行连夜赶来。"[1]《垄上行》栏目的成功之处就在于找到了与农民群众的接近点，定位准确，内容充盈。以下是来自《湖北日报》的一则消息：

　　本报讯　中国权威媒体行业杂志《市场观察·媒介》近日在北京发布了"2006年中国原创电视栏目20佳"名单，荆州电视台《垄上行》作为原创科教类栏目上榜。这是我省唯一上榜栏目，也是全国地市级电视台唯一上榜栏目。

《垄上行》电视栏目的生存模式值得电视栏目策划人推崇与考究，从这个案例中也不难看出，一档电视栏目的成功策划、文化职业因素的定位至关重要。

受众"市场"分析的过程不仅要考虑到上述因素，而且还包括受众的收视习惯、兴趣爱好等因素，在这里笔者就不再赘述。受众分析的过程是一个复杂的过程，它涵盖了受众分类的可行性和稳定性，蕴含了一些变化因素。因此，实际操作起来还有一定的困难。但是，受众"市场"分析又是电视栏目策划不可或缺的一个重要环节，所以，电视人要在明确受众定位的前提下，提高节目市场运营的可操作性，通过节目质量、风格等途径走品牌化经营之道。

第三节　电视节目的发展趋势

2019年1月25日，中共中央政治局在人民日报社就全媒体时代和媒体融合发展举行第十二次集体学习。中共中央总书记习近平主持学习并发表重要讲话。他指出：要坚持一体化发展方向，加快从相加阶段迈向相融阶段，通过流程优化、平台

1　陆地.《垄上行》成功因素解析［EB/OL］.

再造，实现各种媒介资源、生产要素有效整合，实现信息内容、技术应用、平台终端、管理手段共融互通，催化融合质变，放大一体效能，打造一批具有强大影响力、竞争力的新型主流媒体。[1]本章以我国电视新闻类节目和综艺节目的发展趋势为主要内容，从电视与新媒体的逐步融合谈起，论述了我国新闻节目的频道化竞争、民生新闻的普及、现场直播的优势和节目本土化的趋势，同时综合我国现有的综艺节目形式，阐述了我国最受关注的新型娱乐模式——脱口秀节目、栏目剧节目、婚恋节目和娱乐节目。

一、新闻节目发展趋势

（一）与新媒体逐步融合，实现信息资源共享

"近年来，新媒体的出现不仅改变了原有的传媒环境，还整合了传统媒体的格局。一个报纸、广播、电视、互联网、手机等'多媒体融合并存'的新的媒体格局初步形成。"[2]在现在的媒体格局中，电视不仅承担着舆论宣传、上情下达的使命，在政府、人民群众之间起到沟通和桥梁的作用，还承担着整合新媒体宣传资源的任务，在媒体改革浪潮中起到模范带头作用。电视新闻在播报内容方面，融合了互联网上的信息，特别是一些地方媒体，在播报新闻的同时，会穿插一些来自网络的视频或者图片，以增加新闻节目的趣味性和新鲜度，满足受众的心理。在新闻播报模式上，电视新闻吸取了互联网随时发布新闻的经验，许多电视台都在屏幕下进行新闻的滚动播出，使得新闻快速有效地进行传播。

同时电视也注重与新媒体的合作，开发网络电视、手机电视、公交移动电视等，这样大大加速了当今信息的传播，方便了人们的生活。例如，中央电视台利用互联网平台，创建中央电视台国际网站，受众不仅可以通过电视来获取信息，还可以通过网络浏览新闻、发表评论、看视频直播等，增加了受众和电视媒体之间的互动。

（二）以频道为核心的竞争趋势日渐激烈

随着电视产业化的脚步逐渐加快，以频道为核心的竞争日渐激烈。各地电视台着手打造新闻频道，如中央电视台第13套、凤凰资讯台等，24小时实时报道新闻。在打造新闻频道的同时也推出了多种形式的新闻节目，如新闻播报类节目、评论类节目、时事资讯类等，使得节目形式异彩纷呈。分析众多成功的案例，我们可以发现各个频道推出的节目都是通过整体的精心设置、编排、策划的。在内容和角度上，做到全方位、多角度、多层面地挖掘和报道事件本身，最终以品牌频道的优势争夺收视率。

在信息爆炸的时代，新闻频道欲在电视新闻领域独占鳌头，就势必要建立规范

1　习近平：加快推动媒体融合发展 构建全媒体传播格局［J］.求是，2019（6）.
2　郑保卫.论当前我国新闻学研究中的几个理论热点问题［J］.社会科学战线，2011（5）：125-131.

化的节目策划和节目运作机制，保证信息的高质量和高水准，使传播效果达到最高标准。"加强编辑部的功能，以适应节目大量制作播出的日常运转需求，同时还要积极开展国内、国际节目的交流与合作，丰富节目内容和形式；在节目经营方面，树立产业经营理念，引进品牌战略思想，实施名牌节目、栏目经营战略，建立完善的成本核算制度与节目营销机制。"[1]

（三）民生新闻逐渐普及

在现代社会中，民生和民主、民权相互倚重。而民生之本意味着人们由原来以生产、生活资料为追求的生活逐渐上升为对生活形态、文化模式、市民精神等既有物质的追求。受众开始争取自身的话语权，"民生"与大众传播媒介的结合就变得势在必行，于是，"民生新闻"就日益普及起来。

民生新闻是以民本思想为基点，以平民视角、民生内容、民本取向、人文叙事为表现形式，以"民生、民情、民意"为主要关注点，以城市百姓"身边事、麻烦事、稀奇事、关心事"为主要报道题材的新闻类型。民生新闻是从群众日常生活中采制而来的新闻，它通过记者现场调查、跟踪报道、嵌入式体验等灵活多样的方法采编制作，报道群众生活的点点滴滴，注重新闻的实用价值、娱乐价值、情感价值的电视新闻。在形式上，民生新闻充分利用先进的传播手段，提高新闻的时效性和互动性，拉近电视与观众的距离。

辽宁电视台都市频道打造的《新北方》是电视民生新闻类节目中较为优秀的节目，它是辽沈地区电视民生新闻第一品牌，拥有1000万人的固定收视群体。以"致力民生、新闻力量"为品牌定位，备受辽沈地区观众好评。《新北方》较传统的民生新闻有所不同，该节目建立了最广泛最有效的信息反应系统，提倡全民办新闻的新观念，广开言路，构建民生论坛，主动与新闻媒体融合，让每一个观众都有机会成为"报道者"。同时，《新北方》也采用开放式的直播形式，为观众呈现零时差现场。并在直播过程中不间断地与观众进行多层次的互动交流，使每一位观众都是《新北方》的一员。

（四）直播报道成为趋势

当有重大事件或是重大灾难时，我国电视新闻多采用最能体现时效性的直播方式，将演播厅与现场联系起来，主持人随时连线现场记者，随时进行最新、突发性事件的报道，使事件的报道与事件发展本身同步，使受众可以通过现场直播更多地了解事件的发展，体现电视新闻的真实性和即时性。在有重大新闻事件或重大灾难发生时，电视新闻直播可以在演播室现场开通热线电话、手机短信和微博等互动平台，随时播报观众提供的信息或者观众提出的问题，并给予回复。采用现场直播的报道形式，不仅大大节约了成本，也集中体现了媒体整体的素质。

1　安欣.电视时事资讯节目发展趋势探析［J］.今传媒，2008（1）：69-70.

在现场直播方面，凤凰卫视可谓是直播报道的佼佼者。凤凰卫视的工作人员都是来自世界各地的资深新闻人，他们有专业并且强大的资讯采编播队伍。它在世界多个城市设立直播站，并购置全港首套新闻综合编播系统设备，以提供国际级的直播内容。凤凰卫视资讯台还与中文台、欧洲台、美洲台三台联动，向全球华人报道当天世界最重要的时事，将前线的场面、现场的实况和最权威的分析评论以动态的方式呈现给广大观众。随着直播报道成为趋势，中央电视台和各地方电视台也逐步提高团队水平，完善自身设备，随时面对现场直播的考验。

（五）本土化方言类节目备受追捧

"近年来，我国媒体改革的步伐逐渐加大，分众传播的理论得到充分的认可，在竞争日趋激烈和残酷的现在，各电视台纷纷推出本土化的节目，其中方言类节目备受追捧，彰显了我国地域文化各异和特色鲜明的特点。方言类电视节目无论是在表现形式、内容选择还是节目形态上都十分贴近生活、贴近群众，展示了本土的风土人情，极具亲和力，它不仅满足了受众的需求，还迎合了受众的心理与喜好。"[1]

目前广东、福建、四川、湖南、浙江等多个省地方台就有不少的方言类节目。当人们熟悉了字正腔圆的普通话节目，方言类电视节目的出现顿时让人有了耳目一新的感觉，立刻吸引了大量本土观众的注意力。重庆卫视的《雾都夜话》是出现较早的方言节目，它用浓郁、地道的四川话演绎百姓故事和凡人生活。在众多方言中，长沙方言可谓风生水起。近年来，随着主持人汪涵、马克的扬名，随着相声演员大兵、奇志的成名，随着笑星周卫星、何晶晶的走红，长沙方言类的节目被演绎得淋漓尽致，受到了观众的好评。

二、综艺节目发展趋势

随着科技的发展，人们的生活节奏也随之加快。巨大的生活压力和快速的生活节奏，使综艺节目成为人们放松身心、调节情绪的首选。仔细分析成功的综艺节目，我们可以发现，我国现有综艺节目有以下几大趋势。

（一）脱口秀成为风尚

"综艺类节目发展初期，'快乐模式'占主导地位，伴以明星化路线，邀请各大影视明星，以游戏为主题，放开去'闹腾'。但是，这种追求浅层次的感官刺激与享受的模式，容易诱发娱乐的庸俗化倾向。"[2]当娱乐渗透到人们生活的每一个角落时，人们就不再想当"沙发上的土豆"了，人们希望在轻松娱乐的氛围中了解更多的资讯，从某些社会现象的背后来挖掘更深层次的价值与意义。于是脱口秀节目受到关注，许多电视台都先后推出此类节目，有的也取得了较好的收视率和较大的社

1 何发胜.方言类电视节目发展趋势及对策研究［J］.新闻天地（下半月刊），2010（10）：22-23.
2 李瑞植.中国电视综艺类节目发展趋势研究［J］.媒体与交流，2004（11）：54-56.

会影响力。由此可见，综艺节目与新闻节目融合，在风趣调侃的气氛中传播信息的模式是被受众所认可与欢迎的。

（二）栏目剧成为电视新宠

当受众厌倦了综艺节目上大牌明星的表演和他们夸张的舞台游戏后，受众更加渴望在电视上看到新型的节目，它不仅能使受众体会到表演的艺术，更能满足他们渴望得到内心愉悦的快感，这使栏目剧成为当下电视综艺节目的新宠。

《欢乐饭米粒儿》是辽宁广播电视台的一款喜剧节目。由演员王振华、李静、孙涛、邵峰、张海燕、赵妮娜、张瑞雪、赵博、朱天福、陈寒柏等为常驻演员。《欢乐饭米粒儿》独创的小品取材于生活又回归于生活的故事情节，让人在爆笑的同时又倍感亲切。全剧贯穿的人物角色、一条微而不断的故事线索、小品的快节奏，密集的包袱点，集各种"碰撞"于一个小家庭中，并随机邀请明星进行客串演出，顶级喜剧阵容，大有看头。该节目每期包含4个小品，每个小品大概15分钟左右，讲述了"饭米粒儿"一家的欢乐故事。该节目打破了单纯"喜剧"的趣味，通过全国级的喜剧人与"饭米粒儿"一家的组合，搭建了一个真实再现家庭生活的大众传播平台，展示出了独树一帜的社会价值——"欢乐一家"。

（三）婚恋交友类节目遍地开花

随着江苏卫视《非诚勿扰》的热播，我国多个电视台推出婚恋交友类节目。虽然同为婚恋节目，但是在内容和形式上，却又有较大差别。例如，《非诚勿扰》以男女双方为主，以多对一的形式，展现现代人的婚恋观。而由李湘主持的《称心如意》则是将准婆婆、准儿媳、准丈母娘和准女婿请到现场，进行"四方会谈"，男女双方带妈妈来相亲，将婚恋生活中可能存在的各种矛盾暴露在舞台上。同时也有一些婚恋节目是以游戏和表演为主，在游戏和表演中展现个人魅力。

近年的婚恋节目有两大趋势，一是经验丰富的主持人掌控现场气氛，二是特邀嘉宾或者专家的专业解答。主持人的掌控力是婚恋节目能否成功的关键所在，而掌控力又是阅历和经验的综合体现。例如，《非诚勿扰》的主持人孟非就曾主持过《南京零距离》《绝对唱响》《名师高徒》等节目。"特邀嘉宾或者专家与主持人相比，他们绝大部分拥有专业的婚恋背景，有些是情感专家，有些是心理专家，也有部分是涉情感的作家，还包括部分娱乐圈人士。而且他们由于相对年长，又有丰富的情感阅历，所以，在情感问题剖析上自然是驾轻就熟，一下就能抓住问题的实质。因而，他们在节目中担当着非常重要的使命，也是节目的重要表现元素。"[1]

（四）娱乐节目受到限制

由于时代的快速发展，人们的生活压力越来越大，此时，人们渴望在电视上看

---

1 宋兴强.电视婚恋节目发展趋势之我见［J］.南方电视学刊，2011（4）：63-64.

到使人身心放松的节目，这样，娱乐节目以前所未有的密度渗透在电视生活的方方面面。打开电视，明星、歌舞、惊叫、痛苦、大笑、玩闹、智力比拼、生存挑战等节目滚滚而来。

广电总局也多次出台"限娱令"，对娱乐节目播出次数和内容进行限制，要求整改。出台"限娱令"是因为当下电视娱乐节目过多，跟风现象严重，内容质量不高，起到不好的舆论作用。面对广电总局的限令，各地方卫视也作了具体的整改。以湖南卫视为例，一方面该频道显示出了高人一筹的预判力，早在一个月前就开始了部分强势节目的时段转移，比如将汪涵的《非常靠谱》调整到零点以后播出等；另一方面，《给力星期天》《舞动奇迹》之类的娱乐节目刚好踩点赶在限娱令前做完下线，更是疑似早已洞悉"会有事儿发生"，因为取而代之的是《帮助微力量》等社会公益类节目，在不声不响之间便已经完成了部分黄金时段去娱乐化的编排改造。另外，《奔跑吧》和《王牌对王牌》是浙江卫视的两档人气最高的娱乐节目，但自从娱乐节目开始占据浙江卫视的前列之后，创作方就针对这一现象进行了一定程度的去娱乐化处理。例如，《奔跑吧》在后期就推出了《奔跑吧·黄河篇》系列，相比于前期的纯娱乐形式，更多了一些文化的摄入。

第四章　电视栏目策划的原则和要素

第一节　电视栏目策划的原则

电视栏目策划有广义和狭义之分：广义的电视栏目策划指的是在一个广阔的范围内，在没有发生范例的情况下，从无到有的思维活动过程，一般指的是频道或节目的开办和设置，频道形象包装以及特大型的电视综合活动。狭义的电视栏目策划是指，在栏目或节目宗旨明确规定的情况下，栏目和节目开拍之前，通过策划者的创造性讨论和编导的精心准备，设计出节目（或栏目）的最优化、最理想的走向，使节目的质量大大提高的活动。[1]由此可见，电视栏目策划工作一般有三种情况："一种是完全策划一个崭新的节目，这类节目的内容、风格、样式等在本频道，甚至其他频道都从来没有出现过。另外一种情况是在保留原有节目名称、功能等的基础上对其风格、样式、服务对象或制作理念等进行重新定位，或修订完善、补充更新等，给人以全新的感觉，此类节目策划又称为'改版'。还有一种情况，是对一个已经处于良性运转中的栏目进行日常维护、选题把脉、形象巩固，以防微杜渐稳固成果，并促进其进一步提升。"[2]可见，对于一个特定的栏目而言，电视节目策划涵盖了"新栏目的创办""栏目改版""日常节目的生产"，涉及了栏目层面的定位、品牌维护、探索新形式，以及节目层面的内容制作、流程设计等。

"策划"概念引入电视制作后，首先运用在文艺节目中的春节联欢晚会和电视中。而电视策划真正开始规范化地在栏目中运作，是从中央电视台的《东方时空开始的。

《东方时空》栏目

1　项伸平.狭义的电视节目策划［J］.浙江广播电视高等专科学校学报，2001（1）：25-30.
2　项伸平.狭义的电视节目策划［J］.浙江广播电视高等专科学校学报，2001（1）：25-30.

《对话》栏目

《实话实说》栏目

电视新闻节目的制片人把节目的策划纳入节目运作系统中，逐步形成和完善了电视节目系统策划的运作机制。后来，许多成功的栏目创办时对"策划"给予了深刻的重视，如《对话》《实话实说》等。作为电视台的基本播出单元和行政组织，电视栏目成为电视台、电视频道的构成单位。名牌电视栏目具有非凡的号召力和影响力，2011年推出的《探索发现》成为全国人民共同关注的话题，引起了一拨又一拨的媒体热潮；《经济半小时》历经15年的电视征程，品牌号召力经久不衰。大量的栏目之间存在竞争，电视台以栏目收视率为重要考核指标，这都让各类栏目的负责人或者制片人十分注重策划以提升栏目的竞争力。

电视策划的终极产品就是电视节目，电视节目同时也是电视策划的终极目标。它直接决定着与观众见面的是什么画面，什么声音，什么文字。可以说电视节目的策划直接决定了最后节目的制作效果和播出效果。

《经济半小时》栏目

《探索发现》栏目

综观上述电视栏目的策划，我们发现，由于电视是一门综合艺术，电视栏目策划的特点除具有策划的共性（"目的性""创新性""预见性""竞争性"）之外还有区别于其他策划的特征，即策划目标的明确性、策划项目的可行性、策划内容的伸缩性和策划过程的动态性。

一、策划目标的明确性

栏目编导或栏目策划者在进行电视栏目的策划构想时，目标应该清晰明确。这包括栏目的宗旨和定位。栏目宗旨和定位是栏目日常播出内容的浓缩体现。换句话说，所有播出的节目都应该符合栏目的宗旨与定位。宗旨和定位是一个栏目的旗帜，旗帜是否鲜明，要靠节目的内容、形态来体现。栏目是否有个性、有特点，要靠宗旨和定位这面旗帜来指引。正确策划和把握好栏目的定位与宗旨是栏目策划进展下去的基础。栏目的宗旨和定位直接关系到栏目的选题范围和观众群，策划栏目的宗旨和定位必须与选题和观众群一起考虑，这样策划的栏目才具有持续发展的可能性，对栏目成功性的把握就越大，栏目的质量也就越有保证。

二、策划项目的可行性

思考是策划的原点，而实施则给予策划以呈现思想的机会，赋予思想以生命。要使策划得以实施，必须让计划具备充分的可操作性。策划人要学会"大胆设想，小心实施"。

在栏目策划的全过程，必须时刻把可行性作为首要标准来随时检验策划的内容和实施成果。包括主题的可行性、形式的可行性以及其他各个策划项目的可行性。此时要考虑内部和外部两个因素：内部指的是电视台的执行力，外部则是指应符合当代社会最基本的价值标准。

三、策划内容的伸缩性

由于主客观条件的限制和制约，我们在策划之初的一些设想有可能难以实现，对于这样的情况，电视编导或策划者要有充分的思想准备，并主动与环境和条件相适应，在主题、原则和艺术底线必须坚持的前提下，其他的都可以商榷、修正或增删。当然，也有可能主客观环境超过我们的预想，能够给我们的栏目提供更为有力的发展条件，作为栏目编导和策划者要积极充分地利用这些有利条件，对策划案进行充实和丰富。

四、策划过程的动态性

电视栏目策划的动态性就是要体现一个"变"字，根据事物发展的需要，做出新的策划。由于我们所处的社会环境、受众的审美需求是处于不断变化之中的，因此，我们的策划方案就不能是一成不变的。尽管有的时候一个栏目的策划案已经完成并且已经进入实质性的操作实施阶段，甚至可能已经取得良好的传播效果，但是这绝不等于未来仍然能够保持良好的发展态势，我们的电视编导和策划者要密切地关注社会环境和受众人群的变化，并以这些变化为依据，适时调整、修正、补充和完善策划方案，以期保持栏目的生命力，延长栏目的生命周期。

第二节　电视栏目的基本要素

许多事情要想办好，都要经过事先的策划。策划的好坏，往往决定着事情的成败。策划运用在电视栏目创作上，包括栏目定位、内容创意、结构形态、外观包装以及运作方式等方面的理念和方案的确定。如何科学地驾驭和把握好栏目策划的重点？如何使更多的栏目向品牌化方向发展？笔者认为应抓住五个方面，即：确定栏目的宗旨和定位、确定栏目的播出时间和时长、确定栏目的标识与包装、确定栏目的形态和结构、确定栏目主持人。只有做到这五个确定，才能较好地表现出自身栏目区别于其他栏目的讯息"形象"，才能建构其栏目必要的"个性化"特征，栏目才能在观众中留下较为深刻的印象。在栏目设计过程中这"五要素"（或称"五个确定"）是至关重要和不可回避的问题。

一、确定栏目的宗旨和定位

栏目定位策划是一个栏目开设的出发点和立足点，它从根本上决定了一个栏目的方向，是栏目赖以存在的基础，是一个栏目区别于其他栏目的根本所在，对于栏目的具体节目内容、结构和形式等有明确化的指导意义。栏目宗旨和定位是栏目日常播出内容的浓缩体现。换句话说，所有播出的节目都应该符合栏目的宗旨与定位。宗旨和定位是一个栏目的旗帜，旗帜是否鲜明，要靠节目的内容、形态来体现。栏目是否有个性、有特点，要靠宗旨和定位这面旗帜来指引。正确策划和把握好栏目的定位与宗旨是栏目策划进行下去的基础，对于栏目的定位与宗旨掌握得越深入，对栏目成功性的把握就越大，栏目的质量也就越有保证。栏目的宗旨和定位直接关系栏目的选题范围和观众群，策划栏目的宗旨和定位必须与选题和观众群一起考虑，这样策划的栏目才具有持续发展的可能性。因此，电视栏目在策划之初，首先要从多方面挖掘栏目宗旨和定位的内涵，不仅有内容定位、对象定位，而且也有时段定位、风格定位等。不管以什么定位，都要求做到两点：一是对栏目设置和意义作出理性的判断，也就是对栏目所播节目的思想内容和受众范围作出科学界定；二是对栏目要树立良好的形象和保持固定观众收视定势的科学把握。

二、确定栏目的结构和形态

栏目的结构与形态的策划既关系着栏目的可视性，又关系着内容选题的广泛性和栏目的持久性。由于栏目具有播出准时、播出量大的特点，因此在策划栏目结构与形态时要注意其开放性与包容性，要用"批量"化和系列化的眼光去确定选题内容以及对制作人员的调度和机器设备的安排，以确保在一个相当长的时期内，不至于因结构与形态的设计而导致选题的枯竭。

三、确定栏目的播出时间和栏目的播出时长

栏目的时长既要根据栏目定位和内容的需要，又要考虑频道全局安排的许可，并非越长越好，也非短一点就好。栏目时长的设计主要是根据栏目所要表现和反映的内容、栏目所能达到的财力和从事创作的人员能力的强弱来确定。一般来说，栏目不宜太长，太长的栏目其内容的采集较为困难，也不符合观众审美的心理；另一方面，栏目也不宜太短，栏目太短，要表现的内容不能展开，不能给予观众足够的

信息容量。播出时段的固定是影响栏目生存和发展的另一个重要因素。栏目只有固定播出时间，才能在观众的心目中留下深刻的印象，形成收视习惯。电视栏目最忌播出非准时化，喜爱这个栏目的观众每周的这个时刻都会锁定频道等待栏目的播出，但如果栏目播出不准时，观众会极其失望，长此以往就会丧失观众群，栏目也很难在观众心目中留下一个美好的形象。从观众反馈的情况看，凡不固定播出的栏目很难给观众留下印象和影响。

在新媒体条件下，栏目的更新也存在一个周期的问题，只有更新的周期相对稳定，才能够养成受众的收视习惯，也才有利于形成栏目的受众黏性，扩大传播效果。

四、确定栏目的包装与标识

栏目的形象是节目内容和栏目标志及包装系统的总和。电视栏目的包装与标识是栏目形象和栏目品牌的重要组成部分，它是栏目策划者和创作者内在精神文化内涵形象的物化形式，这种物化形式是栏目形象和品牌的根基之一。

栏目片头

如果说台标是电视台的"形象广告"的话，那么栏目的片头及标志就是"栏目的产品广告"。它的任务和作用就是要吸引更多的观众关注栏目内容。笔者认为：

（1）栏目的片头应是栏目内容浓缩的形象化设计，片头如同一篇文章的总标题，是对整个栏目内容的概括和提示。这种概括与提示严格控制在一定的时间之内，同时用电视的视听手段加以构思和策划，使观众在识别过程中留下深刻的印象，进而使观众接受整个栏目。

（2）作为栏目片头，必须起到强化主题，吸引观众的作用。片头的画面策划要有视觉的冲击力，力求在一个极短暂的时间内（如15秒或30秒内，如果为了适应新媒体传播，片头时间需要更短、更精致，尽量增大画面信息，最大程度地向观众展现其栏目丰富的"文化"内涵，使其充满张力和美感。

（3）栏目的片头是对整个栏目内容与形式上的整体把握。栏目的策划者在片头设计上不懈努力的主要目的在于，通过片头的设计制作，给整个节目一个内容与形式上的定位，使观众在没有真正接触片子内容之前，首先通过片头对片子内容有个整体了解。片头是节目制作者给观众的"暗示"，片头是片子内容的提前导入。片头能够吸引观众更加注意片子的内容，增强节目的感染力，因而成为电视栏目的重

57

要组成部分。

（4）栏目的片头是栏目策划者的一种追求与情感升华。电视片头是电视特性与高科技融合的结晶，电视与其他传媒的不同主要体现在它的科学技术含量更高，如后期字幕、特技、计算机编辑、三维图形制作系统等。这些高科技手段已经渗透到节目制作的各个环节之中，特别是渗透到电视片头的制作之中。只要是策划者的人脑想到或设计出来了的"创意"，高科技的"电脑"便能够做到形象的表现。栏目的片头是栏目策划达到人脑与"电脑"默契的最佳用武之地之一。

五、确定相对固定的适宜主持人

在某种意义上讲，"主持人是一个栏目的象征"。主持人是一个栏目的形象代表。主持人是栏目演播拍摄阶段的组织者之一，同时也是栏目与观众之间的"桥梁"和"纽带"。主持人在栏目现场主持得合适与否，很大程度上关系到栏目的成败，尤其是在栏目的开创初期主持人起着举足轻重的作用。国外电视界常常把主持人作为提高栏目收视率的关键人物，每当栏目的收视率下降时，往往把更换主持人作为提高收视率的补救对策之一。在对栏目主持人的选择中：一方面要尽可能地调用有名的主持人来主持栏目。一个栏目一旦启用了有名的主持人，名人效应和名主持人广泛的知识面、渊博的学识，会大大提高栏目的知名度，使栏目生辉，增加栏目的权威性和收视率，从而奠定栏目成功的基础。另一方面也可以积极策划、塑造和培养与栏目相适宜的主持人来主持栏目。在20多年的栏目化发展中，从中央电视台到各省电视台都在各自的栏目中培养了许多有名的主持人。在栏目策划过程中确定和塑造与栏目要求相适宜的主持人，是保证栏目成功的又一重要因素。

第三节 电视栏目的核心：故事和观点

经过不断地探索和实践，电视工作者发现电视栏目不但要在形式上引人入胜，更要在内容上抓住观众，如何讲好故事是关键。

《百家讲坛》栏目

故事作为一个电视栏目的核心元素，有效提高了电视栏目的收视率，这已经得到越来越多的电视工作者的认同。

多年来很多电视栏目都在"讲故事"。例如，中央电视台综艺频道的《咏乐汇》，中央十台的《走进科学》《百家讲坛》，中央新闻频道的《新闻60分》《本周》，湖南卫视的《鲁豫有约》《背后的故事》，江西卫视的《天下父母》等，观众一时沉浸在或喜或怒、或哀或乐的故事中。当观众完成了对故事的解读，会从故事中自然而然找到自己的观点和立场，并且会对自己的观点产生交流的欲望。观众观点的交流一旦实现，就使得电视栏目的影响在时间和空间上得到一定的扩展。人们会在茶余饭后谈论时下的焦点事件，或是与大家生活息息相关的生活资讯、民生新闻，或是当下热播的电视连续剧等。这在无形中扩展了电视栏目存在的时空范围。

一、故事

（一）故事的起源

故事的起源可以追溯到人类诞生之时。人类的历史有多长，故事的历史就有多长，故事作为最古老的娱乐形式一直伴随人类走到今天。毛姆说："听故事的愿望在人类身上，同财产观念一样，是根深蒂固的。自有历史以来，人们就围坐在篝火旁或市井处听讲故事。"

在中国，听故事成为历代大众最喜爱的娱乐形式。从汉代的俳优、唐代的传奇到宋代勾栏瓦肆的说书艺人，再发展到元、明、清三代"高台教化"的曲艺形式，直至今天的电影、电视艺术形式，虽然不同时代有其独具特色的艺术形式，但讲故事的核心没有变。故事的观念已深深地植入人们的脑海中。何为故事？《辞海》中这样诠释：一是旧事；二是文学体裁的一种，侧重于事件过程的描述，强调情节的生动性和连贯性，较适合口头讲述。根据《辞海》的定义，故事指的是叙事文学作品中一系列为表现人物性格和展示主题服务的有因果联系的生活事件，由于它循序发展，环环相扣，成为有吸引力的情节，所以又称"故事情节"。从这个定义来看，把握故事应当从把握情节入手，根据情节的发展来了解故事的全貌。从这一点来看，由于电视具有记录本性，完全可以"讲故事"，可以将"故事情节"完完整整地展现在观众面前，使观众从中解读故事全貌。在叙事学中，按照里蒙·凯南的定义："故事是指从作品本文的特定排列中抽取出来并按时间顺序重新构造的一些被叙述的事件，包括这些事件的参与者。"故事是一种十分稳定的结构，是一个抽象的概念。作为一种抽象、一种构造，故事对于读者来说不是直接可读的，只能透过故事所展示出来的情节把握它。由于自身的稳定性，故事可以从一种媒介转移到另一种媒介，从一种语言转换为另一种语言。故事可以通过各种媒介，如口语、广播、报纸、电视、电影、因特网等来进行传播。也就是说同一个故事可以通过不同的媒介来传播，因此，电视作为媒介也可以讲故事。

（二）故事：电视栏目的核心

电视是20世纪人类最伟大的发明之一，而讲故事是人类最古老的娱乐艺术形式，二者的结合，必将产生最具活力的艺术形式。电视理论家科兹洛夫指出，"在当今美国社会里。电视已成为最主要的故事叙述者。大多数的电视节目，如情景喜剧、动作系列片、卡通片、肥皂剧、小型系列片、供电视播放而制作的影片等，都是叙述性文本"，而且"在很大程度上，叙述结构就像是一座大门或一只格栅，即使是非叙述性的电视节目也必须穿其而过"。国内亦有学者指出，现今的中国电视节目弥散出一派浓厚的"故事"氤氲。从新闻类节目寻找新闻背后的故事到广告类节目营造品牌故事，从MTV专职于音乐故事的讲述到电视剧对人生故事的倾情演绎等，"故事"不仅坐上了电视节目创作领域的醒目席位，而且成为其市场化攻略的有效手段。学者于德山直言，电视融图像、声音、文字等叙事媒介为一体，能现场同步地对事件进行记录描述，它已成为"人类目前所掌握的最佳叙事媒介"。

一个电视栏目能否赢得观众的青睐，能否在媒体的竞争中立于不败之地，能否取得最佳的社会效益和经济效益，关键在于电视的叙事能力——能否讲好"故事"。中央电视台著名主持人白岩松说："当今的社会，不是一个故事的时代，而是讲述的时代。"从这句话中我们可以看出，如今故事的讲述形式不是单一的，而是在各种媒体互相竞争、互相交融后，形成了故事讲述形式百花争艳的局面。

1.电视新闻栏目与故事

当代电视新闻节目已不像以前只有一种单纯播报消息的形式，而是高效、快捷地为人们讲述一个个鲜活的新闻故事，更多的是在挖掘新闻背后的故事，把一个立体、鲜活的新闻故事呈现给观众。"电视新闻是一种时空复合艺术，它在纵向的时间流程中叙述新闻。在横向的空间运动中展示关联。电视新闻是对新闻时空元素进行声画复制与拼贴的媒介形态，正是在其叙事时空的流畅性安排中彰显出电视新闻的内在价值。"如今，随着民生新闻在全国的发展，特别是以互联网为依托的新媒体的快速发展和普及，电视新闻正在以其前所未有的亲和力及创造力建构着"新闻为民所用"的全新话语体系。新闻不光是讲述国家大事，也讲述老百姓身边的故事，让每个老百姓都能成为讲述者。何国平在《电视民生新闻文本的叙事学分析》中一语中的地指出："民生新闻的市井原生素材、通俗生动的文本叙述、民生大众的叙事立场使平时'沉默的大多数'——以草根形式存在的受众获得了公共话语权。"由此，"受众有可能由媒介神杖下的'乌合之众'变为具有公共意识的现代公民"。

2.电视娱乐栏目与故事

对于"泛娱乐时代"的电视节目，不少人认为娱乐节目中所包含的故事元素十分有限。但稍加留意，我们不难发现，无论是电视荧屏的电视谈话节目还是综艺类娱乐节目，都与故事有着不解之缘。像《情书》一类的真人秀栏目，其故事的跌宕、悬念的迭起、二元对立的对抗模式及排除式的文本结构等叙事方式使真人秀节目像一部包装精美的好莱坞大片，备受商家的器重与市场的欢迎。但是从整体上来说，电视娱乐节目的叙事特质比较弱。

3.电视剧与故事

电视剧就像置身于家中的一位讲述者，每天为观众诉说或平常或传奇或感人的故事。如今，观看电视剧中的故事已是现代人最具代表性的文化活动。大多数中国人借电视剧来阅读故事、享受故事、消费故事，沉浸在那悲欢离合、家长里短的故事中。著名学者尹鸿指出："电视剧与章回体小说的叙事方式在某些方面有异曲同工之处。"在整个剧情故事遵循"开端—发展—高潮—结局"的经典叙事模式的同时，每一集中又"集首有呼应、集中起高潮、集末留悬念"，而且核心情节的发展结局往往会留到最后一章。

二、观点

（一）观点的形成

人的心理活动、观点就是看待事物所处的不同位置、不同态度或不同立场。对于同一件事情，不同的人持不同的观点，正所谓"横看成岭侧成峰"，个人所处角度和立场不同，对于同一事件就会产生不同的观点。再者，个人的社会经历、教育背景及所处的环境对其观点的形成也有很大的影响。那些社会阅历丰富的人看待事物会更加全面，而有着深厚教育背景的人看待事物则更加深刻。个体所处的环境，尤其是社会环境，包括文化传统、社会风俗等方面，对其看待事物的立场和态度有很大的影响。例如，对于集体与个人的关系，因东西方文化的差异，东方人更注重集体的利益，西方人则更注重彰显个性。

（二）电视受众观点的形成

伯明翰学派文化研究学者斯图亚特·霍尔曾指出，电视文本意义的形成有赖于受众对电视的"解码"，即受众根据各自不同的审美经验对电视作品进行解读与评价。霍尔的说法提醒我们，受众观点的形成与受众收视的心理活动密切相关。霍尔将媒介视为一个开放的文本，受众虽不参与文本内容的生产，却可以参与文本的解读，通过解码参与文本意义的生产。人们所处的社会情境和他们从节目衍生而来的意义之间存在某种互动关系，电视节目生产建构了信息，而观众收看解读产生了意义，不同观众可以作出不同理解。我们从以下实例中可以看出受众观点对电视收视的影响。

中央电视台的春节联欢晚会是受众熟悉的综艺晚会，是在中华民族最重要的传统节日播出的综艺晚会，其影响力之大、节目收视率之高，其他节目难以与之媲美。但是，从单个省份的收视率来看，南方省份的收视率远远低于北方省份。究其原因，是因为春节联欢晚会站在北方观众的立场上，宣扬的多是北方民族的风俗习惯、地域特色及文化传统；而具有南方风情的节目少之又少。北方观众看"春晚"觉得熟悉，符合自己的口味、观点；南方观众看"春晚"觉得陌生，完全不符合自己的观点。这就使得北方观众趋同于春节联欢晚会的观点，南方观众却不太认同。

由此导致南、北方观众对同一台晚会存在巨大的收视率反差。据中国新闻网报道，截至1月31日24时，2022年春晚电视端直播平均收视率达21.93%。新媒体直点播用户触达49.32亿次，相对去年增加明显。首次推出的竖屏看春晚累计观看人次2亿，竖屏用户中30岁以下用户占比超50%，总点赞数3.6亿。海外方面，来自美国、加拿大、法国、意大利、俄罗斯、日本、巴西、澳大利亚、印度、阿联酋、新加坡、南非等170多个国家和地区的600多家媒体对春晚进行同步直播及报道，通过CNTV和CGTN海外社交矩阵收看春晚直播海外受众超过3524万人次，相对去年增加近1658万人次。春晚开始走出国门，被走在国门外的同胞们实时追看，究其原因，其实是源自对祖国的归属感，虽然深处异乡，但春晚的存在就像一个纽带，跨越千山万水连接了相隔甚远的心，增强了民族的凝聚力。

三、故事与观点：电视栏目生产策略

一个电视栏目的好看与否，关键在于其能否讲好故事。叙事策略和叙事技巧的纯熟运用为栏目增色不少。而透过故事所表达的观点，不能与受众的观点形成对抗，这是电视栏目生存的根本。故事与观点作为电视栏目的生产要素应该如何运用，具体来说，有以下几点。

（一）构建成熟的叙事理念

20世纪，电视与故事的结合无疑是故事讲述形式演化历程中最重要的融合。在故事类节目层出不穷的今天，能否讲好故事，是故事类节目成败的关键。因此，电视栏目如何做到事件奇特而又拥有个性鲜明的人物，题材新颖而又具有社会意义，情节曲折而又具有丰富的细节；如何通过人物元素的配置和场景安排来为人物提供故事空间；如何通过叙述视点和叙述结构的安排来控制观众获取信息；如何将线性叙述与非线性描写结合起来形成电视的故事节奏；如何采用电视的视听手段来增加故事的感染力，都是电视栏目叙事中需要仔细斟酌的问题。

1.重故事不唯故事

电视节目讲故事无疑是故事讲述形式演化历程中最重要的融合。从观众的接受心理角度而言，有它存在的合理性。目前，电视栏目讲故事已经成为潮流，故事已经成为电视栏目获得稳定收视率的不二法宝。但是，讲故事毕竟只是一种手段、一种形式，如果不把握好分寸，势必出现"为故事而故事"的趋势。那样，很可能因过分追求离奇情节而导致内容失真，一些故事也可能只停留在为讲述的形式服务而失去讲述的本来意义——没有故事就编故事。比如情景再现，就是在某些事件缺乏视频画面的情况下，传播者为了讲述事件的需要，来模拟当时事件发生的场景。这完全是传播者根据事件虚构出来的画面。如果运用得好，符合事件发生的场景，符合受众的认知，那么就会帮助受众解读故事；如果虚构出来的画面不符合事件发生的场景，违背受众的认知结构，受众就会产生对抗，从而影响节目的收视率。所以，电视栏目应该依靠事件本身编排情节，设置悬念。唯其如此，故事才能讲得既精彩动人，又合情合理。

2.教育性及娱乐性并重，倡导精神层次的更高追求

电视节目讲故事符合大多数观众的喜好，能够调节观众的接受情绪，形成情感互动，以达到情感共鸣，有利于培养观众的忠诚度。从传播学角度看，故事是人类传播活动中一种普遍到几乎无所不在的信息传播方式，甚至可以说，没有故事方式或故事化传播，可能就无从谈起人类的传播。从文化角度看，中国人自古以来就喜欢听故事，故事犹如一面镜子，可以照出彼此的思想。故事化能让受众在别人的故事里去反思自己，从感性认识中上升到理性认识。从叙事学的角度看，故事化叙事显示出的平民意识和平等观念，既给受众一种身临其境的感觉，又让受众容易在心理上产生亲近感。所以，应以教育性和娱乐性并重的态度去引导观众在享受视听乐趣的同时，达到一种形态上的认识和精神上的洗礼。

3.提高故事本身的文化品位

电视是当今最具影响力的文化传播平台，也是最大众化的文化消费渠道。电视节目既要满足广大观众休闲娱乐的精神文化需求，也要在传承、传播、创造文化的同时，引导大众文化的消费取向，构建中华民族的精神家园。好的电视栏目不仅能让观众产生许多感动、感慨、感悟，而且也使观众感受到文化品位的提升，这正是电视人的电视理想，也是许多观众对电视的深深期待。我们总在期待，期待多一些有知识含量、有文化意蕴、有精神厚度的节目丰富荧屏，以提升电视栏目的文化品位。

（二）提出自己的观点

任何电视栏目都要表达一定的观点，并能够被受众认知，这是存在的基础。可以说，电视作为一个讲述者，用故事表达观点，而受众则从故事中提取观点。这是一个双向互动的过程。讲述者将观点"编码"到故事中，而受众则根据自己的社会经历、教育背景及所处的角度立场将观点从故事中"解码"出来，这就导致讲述者与受众的观点不一致。所以，观点的表达很重要，电视栏目需要拥有自己的观点，并且是能被受众接受的观点。

1.观点的表达要明确、有立场

电视栏目要有明确的观点和立场，这是栏目赖以生存的根本条件。在当今的电视栏目中，栏目观点往往寓于故事之中。在讲故事的同时传达制作者的观点和立场，可以有多种方式，如直接表达、迂回式表达。

在改革开放以前，我国电视所有栏目都是围绕社会主义制度和党的宣传策略而进行的，有着鲜明的观点，而且往往是千篇一律。改革开放以来，思想解放了，栏目改革此起彼伏，为争夺收视高地，各种舆论甚嚣尘上。大众文化以其强大的传播力和渗透力铺天盖地而来。形形色色的电视栏目散播着各式各样的内容和观点。有

些甚至提出一些奇谈怪论，只是为了博得受众的关注，真有些"烽火戏诸侯"的味道。电视栏目必须要有一种态度，那就是有责任地传播自己的观点，引导受众进行一定程度的思考并获得一种积极的认识。

2.形成有独特价值和现实意义的观点

我国的电视栏目普遍存在着一种现象，那就是各级栏目信息的传递与循环。一旦某个有权威性的栏目传达出某种观点，其他的栏目则纷纷围绕其观点大作特作文章，无论从内涵还是从外延，尽其所能地加以扩展，而最终是换汤而不换药，一个栏目的精髓也就随着这种附庸式的方式而变得荡然无存。如果说一个栏目未能形成自己具有独特价值和现实意义的观点，那又怎么能使受众形成观点呢？又怎么能够在栏目的激烈竞争中胜出呢？所以，应从认识自身的优势和劣势入手，走出自己的路，这才是发展之道。

3.明确观点，分众传播

如今，一个电视栏目不可能让所有人满意并接受，大众传播的窄播化越来越明显。面对大量的信息，受众通常会选择那些与自己观点相同或相近的内容。因此，给栏目一个明确的定位是确立传播立场的关键。要宣扬什么观点，就确定了栏目的受众群体。因为栏目是为了特定群体量身定做的，栏目观点和受众观点是一致的。只有这样，电视栏目才不会因为面对众口难调的受众而显得无所适从。

思考题

1.电视栏目策划有哪些特点？

2.电视栏目的构成要素有哪些？

3.栏目片头的任务和作用有哪些？

4.主持人在电视栏目中有什么地位和作用？

第五章 电视栏目策划的程序

第一节 受众收视状况的调查和分析

当一个电视频道出现空档需要策划新栏目进行填充时，不能盲目地策划栏目，要根据空档栏目所在时间初步确定栏目类型，比如是文艺类还是新闻类、体育类等。在策划准确的栏目之前，应进行受众收视状况调查，分析在此空档期间大多数受众在收看或希望看哪类节目，放眼本媒体、同业媒体、国内各种媒体甚至国外媒体，从而发现栏目的立足点、前景和最大卖点在哪里。受众收视状况的调查可以给栏目功能定位、目标定位、受众定位等很大帮助，也就是说受众收视的调查是策划的前提和基础，调查的成果要为栏目决策分析所用，它是策划的准备阶段。受众收视状况调查应包含下面几点：

一、确定范围

确定范围即确定被调查者的范围，应对有关调查对象的情况有所了解，以保证确定的调查范围更合理、更具代表性。调查对象的背景资料是指被调查者的自然情况，如年龄、性别、籍贯、住址、文化程度、职业、收入水平、家庭情况、爱好等。

二、确定调查方法

（一）问卷调查法

问卷调查法是用填表格的方法收集一系列客观事实，问卷调查要求能够准确提出问题，选择调查对象，明确调查的目的和任务，提出统计表格和衡量的方法。问卷可以采用多种方法分发到调查对象手中，要对选中的被调查者和分发的表格进行登记，以便在回收问卷时及时归类并进行数量分析。

（二）电话调查法

电话调查法在中心地区比较容易进行，它比面对面的访问更快捷，也更便宜。即使远距离访问，也可以通过服务专线降低费用。它也不受被调查者文化程度的影响。电话调查的不足之处在于：首先很多人讨厌陌生人的电话咨询，问题越深入，厌恶感越强。其次还有日记调查法、个人询问法、研究座谈，等等。

三、调查分析

当通过大量的调查获得大量数据之后，接着要做的工作是对数据进行分析研究，分析研究就是为确定在频道空档中策划什么类型的栏目更合适。分析数据出来以后，就可以初步确定栏目目标定位、受众定位、功能定位了。

《对话》栏目

（一）目标定位

目标定位确定的是栏目的最大卖点和定位的大方向，是对栏目的客观实际和未来发展方向的界定，是栏目定位系统的灵魂。

（二）受众定位

受众定位指的是立足于媒介市场的细分确定栏目的目标受众。栏目的受众定位，实质上是指栏目的内容与受众的偏好相匹配，以此赢得受众，进而培养受众的忠诚度。通过受众调查进行市场细化，结合自身栏目特点确定观众群，才能获得最佳的收视效果和收视率。

（三）功能定位

栏目的功能必须明确，不同的电视栏目应具有不同的功能。例如，中央电视台的《新闻联播》，功能是传递新闻信息，反映舆论和引导舆论，而《对话》的功能就是交流信息与思想。

第二节　对周边媒体同类栏目的分析

对周边媒体同类栏目的分析主要是在确定栏目类型之后进行，其目的就是减少雷同，不办重复栏目，即使栏目宗旨相近，也要做到内容不同，特色鲜明。有利于栏目题材定位，做到人无我有，人有我优，人优我特。

有时电视台为了与其他媒体抢占市场份额，特意用同类节目来分流其他台的受众。出于这样目的，考虑以下问题：一是这类节目收视率当时非常高，这样后来者只要能从前者分流到一些受众就足以支撑该栏目运行。二是寻找对手节目中的"弱点"，策划新招。三是新闻类的节目可以在时段上与前者竞争。

当然，也可以将电视台作为一个竞争主体进行全方位的比较分析，对它的整体形象、文化理念、管理模式、公关行为、栏目构成、片头滚动、主持人风格、广告经营、收视调查、频道竞争等一切方面展开调研思考，把脉诊断，以利于我们自己制订出能够出奇制胜的策略方案。对周边媒体同类栏目的分析可以从以下几个方面进行：

一、栏目的性质

栏目之所以能吸引人，其中重要的一个原因是电视栏目的丰富多彩。打个比方，电视栏目化将电视变成了一本流动的书，栏目就是书的目录。电视栏目是电视节目编排、播出的一种方式，即按照节目宗旨和节目定位将具有共性的节目内容组合在一起，使其有固定的栏目名称、片头和时间长度，并安排在固定的时段内播放。

二、栏目的特征

有固定的栏目名称、固定的播出时间、固定的片头、固定的节目长度、固定或相对固定的节目主持人等，便于观众定期、定时收看，是电视栏目最基本的特征，也是最直观的特征。综合性是电视栏目的另一个显著特征，这种综合性体现在栏目具体内容与表现的形式上。观众高度参与性是栏目的第三个特征，与其他电视节目形态相比，专栏节目最具观众色彩，因为它是一种极为开放的节目形态，许多节目是在观众直接参与下才完成的。

三、栏目的内容

衡量、评价栏目的内容，主要看内容定位是否贴近栏目受众，是否有自身的特点。例如，《东方时空》的栏目定位是鲜明的，各小栏目风格各异，各有侧重，构成一个立体的较全面的"时空报道"。栏目的内容定位表现为栏目的主旨、性质、内容、功能、受众范围、文化品位、民族与地方特色等。评析时可就其中一个侧面着重加以论述。

四、栏目的结构

主要看栏目怎样开栏、怎样发展、怎样结束的逻辑过程。栏目的起承转合是否严密，线索是否清晰，很大程度依赖该栏目编导的能力。

第三节 对栏目形态的创造

栏目形态指的是栏目内容的呈现方式。不同题材类型的栏目，节目会有不同，同类题材的栏目在节目形态上也是有差异的。

娱乐节目目前主要的形态有：以户外竞技为主的《激情大冲关》（河北卫视），以脱口秀综艺类节目为主的《金星秀》（东方卫视），以娱乐游戏为主的《奔跑吧》（浙江卫视），等等。

栏目形态包括创意和策划方案，策划和创意本是一项艰苦的智力劳动，最忌一味地模仿，要突出自己的特点才能争取观众。一般好的栏目创意要做到以下几点：

（1）新奇。创意要给人一种新颖的感觉，有自己的个性，一下子就能吸引观众，给人一种新鲜的感觉。

（2）有理。创意中的有理是指表现的内容在意料之外，又在情理之中，不是怪诞不经，而是合情合理。

（3）切中。有创意的内容要充分体现栏目的主题，突出主题某一方面的特征。一个节目只能有一个主题，创意必须围绕这个主题展开。

从表象上看，电视栏目的形态包括：

（1）栏目主持人。主持人是构成栏目风格的重要因素，它跟栏目的定位相得益彰。有些电视栏目以某一位名主持人为标志而设置，往往根据主持人的学识、风格来选题或设计节目，甚至以主持人的名字来给栏目命名。这就可以评析主持人是如何体现栏目定位、主持人有何特色等内容。

（2）栏目制作。包含下列几方面：

①摄像。看摄像师是否善于运用镜头取景，并掌握镜头的运动规律，是否取得合乎要求的节目素材。

②照明。看照明师是否掌握电视与舞台上照明的不同要求，并按照导演的意图布光，能否使摄像机准确地拍摄到多场景镜头。

③录音。看录音师是否能针对每一种不同性质的节目，恰当地运用录音设施，使录音的效果能艺术地重现真实场景。

④剪辑。看剪辑师画面镜头组接是否合理，各种特技画面是否到位。

⑤合成。看图像、语言、美术、音响、音乐等多种电视元素是否按照一定的章法，组合成一个有机的整体。以上所列的电视元素哪些该强化，哪些要淡化，何时此显彼隐，何时此强彼弱，都要经过合成才能把各种表现要素的作用组织起来，产生整体效果。所以，合成是节目制作的终端，带有定型作用，是最终体现栏目思想性和艺术性的重要工序。在栏目制作上，要特别关注片头片尾部分。看片头是怎样出现的，片尾是怎样结束的，两者的画面构图有何寓意，色调如何，节奏感如何。

第四节　栏目策划书撰写

策划的完成，只是明确了决策，如果要具体实施决策，还必须编制策划文案。策划文案是策划的具体安排，它体现了策划者进行宣传活动的计划性，是栏目与节目的组成部分。文案规定了策划活动整体过程的先后顺序，它是确保策划有效开展的基础。策划文案要体现宣传策划的具体内容，它是宣传策划的书面安排。

策划文案的编写并没有绝对的标准，策划者根据策划对象和策划属性的不同有所侧重。基本框架包括：

1.宗旨

开办该栏目的目的、意义。

2.纲要

将计划浓缩，写成提纲。

3.策划书正文（含以下部分）

（1）栏目定位。

（2）品牌形象。

（3）选题策划。

（4）栏目标志。

（5）栏目片头。

（6）宣传片。

（7）预告片。

（8）栏目背景音乐。

（9）场景设计风格及布局。

（10）主持人形象及风格。

（11）目标观众。

（12）播出时段。

（13）资金投入。

（14）设备。

（15）幕后人员安排。

4.附件

（1）目标观众调研数据。

（2）经费预估图表。

（3）其他各类资料。

策划文案范例：

《中国戏曲》电视栏目策划构想
策划：张巧英
导演：张巧英

一、栏目的定位

1.突出娱乐性。有效利用电视大众传媒的功能，发掘中国戏曲传统的娱乐性特点，并努力使之符合不同层次观众的审美情趣。

2.强调知识性。寓教于乐，在节目的进行中贯穿对滋养中国戏曲的博大精深的中国文化的介绍，同时也通过对有关戏曲知识的传播将观众引入色彩缤纷的中国戏曲世界。

3.加强参与性。与观众进行双向沟通，在节目编排的实施中力求达到观众与主持人之间的互动效果，以增强时代感并满足青年观众的欣赏需求。

二、栏目的内容

1.中国主要传统戏种的介绍。着重介绍我国的"国剧"，如京剧、越剧、豫剧、昆曲等，以及具有代表性的地方戏曲的经典作品。

2.中国戏曲文化和戏曲知识。中国戏曲得以成长的中国文化环境、历史传统、人文景观，以及与中国戏曲有直接关系的知识，如音乐、乐器、道具、舞美、身体语言等。

3.互动式地由部分观众直接参与的节目。

三、栏目的时间

栏目总集数初步定为30集左右，每集的播出时间为50分钟。

四、栏目的结构

1.主持形式：节目由男、女两名主持人主持

（1）女主持人控制节目的进行，承上启下，多向沟通，活跃场面气氛；同时她也是调动现场观众参与节目的关键人物。

（2）男主持人主要辅助女主持人，他谈天说地，评古论今，对节目过程中所涉及的知识性、技术性的内容进行权威性的解释。

（3）特邀嘉宾。每一场节目均邀请4~5名嘉宾到场。他们主要是由各界知名人士、代表该剧种顶级水平的演员、著名票友、剧社领导等组成。

（4）演播厅现场观众。根据不同演播厅的具体情况，在演播厅安排一定数量的听众。

2.观众参与性节目设想

（1）由观众参与的节目，内容以游戏的形式为主，辅以其他形式。

（2）参与和双向交流的形式，分为主持人与各位嘉宾之间的交流和主持人、嘉宾与现场观众交流两种。

（3）设置奖励，与场外观众互动。

（4）参与性节目围绕着中国戏曲的主题展开，形式活泼多样，以引导观众了解、认识相关戏曲中的知识为目的。

（5）参与性节目的具体模式：

①与所介绍戏曲有关的由现场观众直接参与的游戏；

②相关背景知识问答，如历史、唱腔、演员、流行地域等；

③结合实物和大屏幕，如利用不同戏种中所使用的道具、脸谱、服装及大屏幕中播放的场景和资料等，组织由现场观众直接参加游戏式的节目。

互动式游戏形式的初步设想：

A.从不同的戏装中找出合适的戏装并进行正确组合。现场放置衣架，衣架上随意挂放不同种类的戏服，观众按主持人提出的有关戏曲要求，自己选择戏装和道具装扮。

B.戏曲脸谱对号入座。现场放置画有戏曲著名人物或角色的立牌（缺头部），由选出的现场观众根据任务和角色的需要，在现场提供的脸谱当中挑选合适的与立牌进行组合。

C.听音乐辨乐器。现场设置屏风或布幔，其后有该剧种最典型的变奏乐队。在一阵过场之后，乐师分别使用不同的乐器演奏一段乐曲，让现场观众对乐器进行辨认，最后乐队向观众亮相。

D.解释不同戏曲中出现的身体语言。由该剧中的演员现场表演身体语言较丰富的段子，并请观众注意这些动作在戏中的具体含义。然后，该演员重复上述表演，并在做主要动作时做短时间停顿，以便让嘉宾或观众说出该动作在戏中的具体含义。最后由专家或著名演员进行说明。

E.看扮相，猜角色。由儿童演员（为增加轻松活泼的气氛）分别装扮成戏曲中具有代表性的角色鱼贯而入，亮相后退场。然后再分别单独粉墨登场，让观众说出其在哪些戏份中扮演什么角色。

F.特殊道具的功能及使用等。根据不同剧种的具体特点，选择该戏种中具有代表性的某些道具让观众示范具体的表现功能，如京剧中的马鞭（骑马）、木碗（喝酒）等。

3.经典唱腔、唱段的介绍

在节目的进行过程中，由现场嘉宾中该剧种的著名演员和戏曲专家对著名曲目、唱段，以及相关的背景知识和掌故进行知识性的介绍，同时，演员、票友及普通观众还将为观众清唱（或有伴奏）部分具有代表性的唱段。

4.演播现场的置景

（1）打破通常的嘉宾——代表队模式，座位尽量安排得轻松自如和随意。

（2）舞美设计力求简洁、明快，突出中国的文化味、戏曲味；布景随戏中的变化进行细小的变化，以反映出地方特色；在舞台布景方面要巧用戏曲道具，以达到画龙点睛的效果。

（3）主持人采取场地游戏式和固定式相结合。

（4）观众席安排在场下。

5.中国戏曲栏目的名称

（1）中国戏曲百花园

（2）戏曲大观

（3）戏曲之窗

（4）戏曲综艺

（5）点将台

（6）戏曲万花筒

（7）大家说唱戏曲

思考题

1.如何进行受众收视状况调查？

2.对周边媒体同类栏目的分析包括哪些方面？

3.电视栏目的形态包括哪些要素？

4.自拟题目，撰写一篇电视栏目策划书。

第二篇　电视栏目编导

第六章　编导概论

电视编导是电视特有的一项工作和一种职业，它一般是就电视专题栏目、纪录片等纪实类电视作品而言的。电视节目编导是电视纪实作品最主要的创作核心工作，具体是指从现实生活中选取有价值的题材进行策划、采访、制订拍摄提纲、组织拍摄、编辑制作，最后对作品进行把关检查的系统性创作活动，也指从事这项工作的人。

电视栏目编导与电视节目编辑不同。"编辑"指新闻出版机构的组织、审读、编选、加工整理稿件（作品或资料）等工作，是定稿付印前的重要环节，也指从事编辑工作的人员。显然，电视栏目编导工作贯穿栏目创作始终，既要对栏目进行宏观把握，又要对细节进行微观指导和监督，并对栏目的整体负责。电视栏目编辑主要是指电视节目播出前的最后一道工序，即电视节目后期制作，把原始的素材镜头编辑成电视节目所必需的全部工作过程，如撰写文字稿本、整理素材镜头、画面声音剪辑（包括使用特技）、配合语言文稿录音、叠加屏幕文字和图形、编配音响效果和音乐、审查与修改，最后把素材镜头组合编辑成播出带。

电视栏目编辑不是电视节目的原创者。电视栏目编导的工作性质与编辑有明显的区别，编导创作属于原创，而不是加工、完善；其所涉及的工作环节更多，工作量和工作范围等都远比编辑要大。

由上可以看出，两者是整体与某一环节工作的区别。

第一节　电视栏目编导的职业素质要求

一、职业敏感

所谓职业敏感，就是对社会生活中与自己职业相关的事物特别注意，并能及时地发现和把握它们，使其对职业工作产生意义。

作为电视节目的主创者，电视编导必须具有很强的职业敏感，即从职业角度出发，善于观察生活，能敏锐地发现有价值的题材，抓取鲜活的事件、现象和群众关注的热点、焦点问题，从而有益于自己的创作。

职业敏感性的养成主要有三方面：①专业定向注意习惯；②比较丰富的生活经验；③丰富的文化知识修养。

二、知识面广博

由于创作可能涉及各个方面的内容，所以电视编导在某种程度上应该是一个通才，要尽可能地多接触、学习各种知识，提高艺术修养，以便发挥多方面知识互补互促的艺术通感作用，提高创作能力和水平。

三、综合的电视业务能力

编导是电视节目创作集体的核心和领军人物，更是专业方面的总设计、总指挥，这就要求他必须是一个电视专业的通才，即不但具有选材、策划、构思、组织采访拍摄活动的能力，还要了解和熟悉电视创作各个工序的专业特点、相关知识和技能。虽然不一定要样样精通，但若具备一些专业鉴赏力则是十分有益的。

（1）应具有比较深厚的理论知识功底：坚实而系统的基础理论知识是形成高层次应用能力的基础。只有把扎实的专业理论知识与技能结合起来，才能创作出好的作品。

（2）对电视专业知识、技能的了解和掌握：电视是一门综合性的艺术，编导首先要具备较强的电视艺术创作能力，精通和善于运用镜头语言进行艺术表述；其次，还要了解、熟悉创作各环节的专业知识，如采访（前期、后期）、摄像、照明、撰稿、剪辑、音乐、音响、特技、字幕等。

四、宏观与微观的掌控能力

编导是电视栏目、节目的主创者，又是把关人，在很大程度上决定着一个栏目或节目的播出质量和水平，所以他既要有对栏目、节目的宏观把握意识，又必须有对栏目、节目审慎、仔细的具体关注和检查。例如，镜头的使用、解说词与画面的配合、播音错漏、画面声音质量、剪辑主持人背景图像等，甚至字幕的设计都要认真对待。

电视编导指导拍摄

五、政治思想素质

要把握正确的舆论导向、为广大观众提供优秀的电视作品，编导必须有一定的政治头脑、政策理论水平和较高的思想素质、品德修养。其中，政治素质和思想素质要求更高。

（1）政治素质：达到一定的政治思想高度，政治敏锐性强，具有较强的社会责任感和分析能力，使自己的思想意识与主流社会的价值观念和道德标准保持高度一致。

（2）思想素质：强烈的事业心与敬业精神；追求真实、为受众服务的信念；清正廉洁的工作作风。

电视栏目创作

六、美学修养和艺术鉴赏力

电视作品要获得好的传播效果，不能仅仅满足于把内容、信息传播给受众，还要带给受众以美的享受、美的熏陶。因此，编导一方面要努力提高自己的艺术鉴赏力，灵活运用艺术原则；另一方面，要充分发挥艺术想象，使作品内在美和外在美兼具；还要学一点受众心理学，提高作品的传播效果。

七、组织和社交能力

电视创作就其本性来讲，属于同社会、人、环境打交道的工作；而电视节目的生产又是一项集体创作活动，这就需要编导不但要有与外界各方有效沟通的能力，还要具有相当的组织能力和号召力，使各工序协同工作。

第二节　电视栏目编导的地位与作用

编导工作是电视传播工作的一个重要组成部分，必须服从于电视台的根本任务。不过，作为一个独立的工作部门，电视节目编导还担负着特定的任务，在整个节目制作过程中发挥着不可替代的重要作用。

电视编导指导拍摄

一、电视编导的地位

电视节目编导必须通过对题材的确定、构思、拍摄以及对素材的选择、加工，把好的内容组合成优秀的电视节目，奉献给受众。在这一过程中，电视节目编导承担了原创和将其电视化的任务，起着创作、把关与中介的重要作用。

电视编导是电视特有的一项工作和一种职业。在我国，电视编导可以说是随着电视专题片的产生而产生的。随着电视事业的迅速发展，专题类节目逐渐与新闻类节目分野，具有了自己独特而固定的形态。电视编导在这些变化中，名称越来越固定，分工越来越清晰，职责越来越明确，地位也越来越重要。作为电视节目的主创者，电视编导必须具有很强的职业敏感。所谓职业敏感，就是对社会生活中与自己职业相关的事物要特别关注，并能及时地发现和把握它们，使其对职业工作产生意义，即从职业角度出发，对社会生活善于观察，能敏锐地发现有价值的题材，抓取鲜活的事件、现象和群众关注的热点、焦点问题，运用到自己的创作中。电视节目编导"把关人"的重要角色在决定节目质量方面起着举足轻重的作用。把关的含义是极为广泛的，它包括了政治关、事实关、文字关和形式关等各个方面。比如在电视新闻节目中，编辑就是通过对新闻条目的先后排序、对播出时间的选择等，来完成对电视新闻版面的组合。

拍摄采访是电视节目创作中获取影像和声音材料的最重要环节。编导在此过程中具有至关重要的作用：首先，编导要对外联系，落实拍摄地点、时间等具体事项，并尽可能地预测在采访现场可能会出现的意外状况。其次，要对内统筹安排拍摄进程、采访事宜。在拍摄现场还要进行场面调度、安排或指挥拍摄、指导现场采访。发现突发或意外问题要及时决断、处理。再次，有时编导还要身兼摄像、切换导演或主持人等多重角色，这时就要注意兼顾全局，既要从宏观角度控制局面，又要从微观入手，注意每个采访、拍摄细节。编导是电视栏目、节目的主创者，又是把关人，在很大程度上决定着一个栏目或节目的播出质量和水平。在采访过程中，编导首先要把好事实关，即在电视节目的采访中要遵循客观、真实原则。其次要把好政治关，即所采访的内容要遵循新闻原则和党性原则。编导既要有对栏目、节目的宏观把握意识，又必须对栏目和节目进行审慎、仔细的具体关注和检查，如镜头的使用、播音错漏、画面声音质量、主持人或出镜记者的动作细节及背景环境等。[1]

二、电视编导的作用

电视节目的创作是节目策划、构思、实际拍摄、编辑合成，或经过周密的准备直接播出的整个过程。在节目的整个创作过程中，贯穿始终的、最核心的人物是编导。电视编导的重要作用主要体现在节目质量把关与拍摄采访协调方面。

（一）节目质量把关

电视节目编导必须通过对题材的确定、构思、采访、拍摄以及对素材的选择、加工，把好的内容组合成优秀的电视节目，奉献给观众。电视节目编导"把关人"的重要角色在决定节目质量方面起着举足轻重的作用。把关包括政治关、事实关、文字关和形式关等各个方面。比如在电视新闻节目中，编辑就是通过对新闻条目的先后排序、对播出时间的选择等，来完成对电视新闻版面的组合。

（二）拍摄采访协调

编导要对外联系，落实拍摄地点、时间等具体事项，并尽可能地预测在采访现场可能会出现的意外状况。在拍摄现场还要进行场面调度、安排或指挥拍摄、指导现场采访。发现突发或意外问题要及时决断、处理。有时编导还要身兼摄像、切换导演或主持人等多重角色，这时就要注意兼顾全局，既要从宏观角度控制局面，又要从微观入手，注意每个采访、拍摄细节。

三、全面提升电视编导综合素质

（一）思想素质

由于电视受众覆盖面极广，影响力极大，因此，电视编导应该具有较高的理论政策水平，能够把握正确的舆论导向；要与国家的大政方针和人民群众的利益保持一致，具备高度的政治敏锐性和社会责任感；要有透过复杂的社会现象看透事物本质的能力和独到的分析能力，使自己的思想意识与主流社会的价值观念、道德标准保持高度一致。力争使作品具有一定的历史内涵和社会容量，具有较重的分量，并且符合党的方针政策，符合当前社会的需要，符合观众的欣赏要求，而不是盲目地追求"人云亦云，时髦另类"的新奇。

1　李勇.电视编导的职业作用［J］.记者摇篮，2007（7）：76.

（二）业务素质

1.电视节目优劣的判断能力和鉴赏能力

节目中采用的各种艺术形式，必须经过编导精心选择，并按特定的规范组合在一起，从而获得一种新的表现形式。观众最终看到的电视文艺节目，如歌曲、舞蹈、相声、小品、杂技、曲艺等元素，都是经过电视编导二度创作的，所有单独的舞台文艺节目在电视编导的眼中都是半成品，需要运用电视手法进行处理、包装，然后才出现在荧屏上。这就需要电视编导具有敏锐的观察能力和判断能力，能从众多的节目素材中挑选出适合电视表现的内容和作品。

2.组织协调能力

一部电视节目的成败，最关键的是编导的组织和实施。编导在创作一个节目前期，就需要有自己的通盘考虑，必须做到成竹在胸，并使各部门对自己的创作任务清晰、明确。由编导提出的构思和形式规范，要成为各部门创造发挥的前提和准则。进行实地拍摄采访时，作为总指挥和总调度，编导要能组织协调摄制组的创作人员，一点一滴地落实原先的设想，并根据现场情况进行即兴的修正和补充。

3.善于发现细节中的闪光点

电视编导应有敏锐的区别事物特点、发现典型又善于运用典型去塑造细节的能力，只有这样，才能捕捉到电视画面中的闪光点。在编辑节目时，对素材要全部浏览，不要漏掉任何一个可用的素材。对摄像师要有一个熟悉过程，知道他会拍什么，可能会漏掉什么。现在观众都不喜欢会议新闻报道，因为千篇一律，都是会场的画面，再配上解说词，没有特点。针对这个问题，编导要学会提炼会议的主题，抓会议的特点，捕捉到有特色的画面细节。

（三）全局意识

电视是空间艺术，画面具备无可取代的优势。对信息量的传递，画面第一，文字第二，声音第三。在信息量与美感两者之间，如果必须取舍，那么以信息量为上，哪怕画面不美、焦距不实，也比空洞的说教强多了。专题与纪录片的画面处理尽量不要用特技，要在有限的时间里告诉别人你了解的情况，告诉人们真相，当真相因为种种原因不能直言相告时，越接近越好。解说词应符合电视节目的整体风格。以纪录片为例，文字撰写尽量通俗。声音在电视片中可以强调某一个环境或者事件的重要性、特殊性，或者说可以代表编导在这一时刻的意图。现场的音响声比一些词不达意的解说词更能形象、真实地反映问题。音乐也是声音的一部分，只有在必要的时候才能用音乐去表达编辑的意图，否则就是画蛇添足。

总之，电视艺术作为一门综合艺术，在表现形态上体现了多样性，在表现内容上体现了自然性和社会性，在表现形式上体现了塑造性。支撑电视艺术"真的追求""善的精神""美的形态"，最重要的内在力量是电视编导自身所具备的综合素质。

编导是节目制作的核心人物，电视节目的创作是从策划、构思开始，继而实际拍摄、编辑合成，经过周密的准备后进行播出的整个过程。在节目的整个创作过程中贯穿始终的、最核心的人物是编导。电视编导的重要作用主要体现在节目质量把关与拍摄采访协调方面。

第三节　电视栏目编导的具体任务

一、创作前期的任务

前期编导工作包括以下几项基本内容：

（1）选题：作为编导，题材选择正确是成功的一半。一般选题主要基于这几点：第一，时代要求；第二，观众兴趣；第三，本电视机构的经济技术条件；第四，如在栏目中播出，要考虑栏目定位、对象性和栏目基调。

（2）构思、确定拍摄方案：在对所选题材进行了解或前期采访的基础上，编导要对选题作深入的、富有创造性的思考，从而确定主题、表现方式及基本结构，制订拍摄提纲。

（3）拍摄前的准备：拍摄前的准备工作充分与否，直接关系到拍摄能否顺利进行。拍摄前的准备工作主要包括：①筹建电视摄制组，进行合理而严密的分工。②对拍摄对象及场地、环境等的了解、勘察。③拍摄设备、器材的准备。

二、拍摄采访中的任务

电视编导指导拍摄

拍摄采访是电视创作中获取影像和声音材料最重要的环节。编导在此期间一要对外联系，落实拍摄地点、时间等具体事项；二要对内统筹安排拍摄进程、采访事宜；三要在拍摄现场进行场面调度、安排或指挥拍摄、指导现场采访，发现问题，及时决断、处理；四是有时编导身兼摄像、切换导演或主持人，这时要注意兼顾全局。

三、编辑制作后期的任务

后期制作是编导的一项极其重要的工作。在此期间，编导的主要工作是：①对文字稿进行审查、定夺；②向剪辑人员阐明自己的创作构思和要求；③指导电视片的剪辑工作，把握作品画面和声音的表情达意、节奏、风格；④特技、字幕等技术手段的使用；⑤认真全面地把关、检查。

思考题

1.电视栏目编导与电视节目编辑有何区别？

2.电视编导的职业特征是什么？

3.电视编导的职业素养有哪些？

4.阐述电视编导的具体任务。

第七章　电视编导前期工作

俗话说，"巧妇难为无米之炊"。对于生活中的众多事情，前期准备总是起着至关重要的作用。对于电视编导来说，前期的准备工作同样是整个编导流程中最重要的。前期准备充分，可以使中期的摄制和后期的编辑过程轻松顺畅，并且这也是制作出精品的基本保障。反之，如果前期准备含糊不定、漏洞百出甚至一片空白，那么谈制作精品简直就是笑话。没有充分的前期准备，基本上就是作品流产或者不及格的最根本原因。

电视编导的前期工作包括三项基本内容：①选题。②构思、确定拍摄方案。③拍摄前的准备。

第一节　选题

选题的问题是电视编导要制作节目的第一节功课。对于创造性的工作来说，越是在前面的环节就越是重要，越是关系到最后的成败。选题是否精彩，是决定片子是否成功的第一步。甚至有一句话在业界得到广泛的认同，那就是"选对了题材等于成功了一半"。选题包括选择题材和确定主题。

一、选择题材

首先要分清素材和题材这两个不同的概念。

素材是指艺术家在进入创作之前所积累的原始生活材料，它未经选择和处理，是一种处于自然原始的、零星分散的材料。素材是一个比较广泛的范畴，它是题材的来源。

题材，有狭义和广义之分。广义的题材是指电视作品中所表现的所有生活领域；而狭义的题材是指素材经过主题审美理想的审美观照和审美创造后所表现出来的生活图景。具体来说，就是作品中的人物、事件、环境的总括。[1]

事实上，选择什么题材，开始可能只是编导脑海中的一个想法，或者是某些部门的一个任务。想法常常是不确定的、模糊的。随着对题材的不断深挖，不断准备，这个想法会从无到有，从模糊到清晰，从不确定到确定。不管是环境保护的题材、法治的题材，还是进城务工人员的题材等，编导在思考和选择时面临着众多的可能性。一旦真正选择，这可能性就变成了确定性，并且要在下面的工作中让它更加确定和可行。

1　王蕊，李燕临.电视节目摄制与编导［M］.2版.北京：国防工业出版社，2010：51.

目前，关于题材的选择有几大类，比如民生题材、法制题材、时政题材、农业题材、财经题材……这常常是过去新闻界以各条"战线"划分题材的遗风，如今社会生活丰富程度远胜于昔日，国家正在日新月异地发展，关于题材的划分方式也在不断变换，实际上编导也已经拥有了较大的自主权，在题材的选择和把握上也可以较为放开。但一定要考虑到选题的范围和方向上要遵循一定的原则。

二、选题在范围和方向上的一些原则

尽管在选择题材方面，我们的限制越来越少，选择的自由度越来越大，但是还是有一些选题原则是我们应该遵守的。

（一）要真实和贴近生活

电视编导要选择熟悉的、有感受的内容，才能更容易把握题材。同时，真实性应该是编导们奉行的原则。近年来，电视的浮躁风气让有些人为了耸人听闻的新闻而凭空杜撰，任意炒作，违背现实，违背生活，实际上，这样的作品迟早要露出马脚，甚至在播出时就常常受到观众对其可信度的质疑。近几年的某些抗日题材电视剧，如《抗日奇侠》《向着炮火前进》等，出现"飞檐走壁""单脚踢飞麻袋"以及"摆造型上战场"的现象，这类被观众称为"抗日神剧"的节目，一定程度上扭曲了历史事实，影响了观众对历史的感知与认知。

电视编导在选题的时候，切忌道听途说和为了收视率故作耸人听闻，相反要对人物和事件的每一个细节逐一核实，尽量做到客观真实。只有真诚地面对观众，才能真正地打动观众。

（二）要考虑对题材价值的判断

对选题作价值判断是必然的过程。实际上，对于任何一个选题，编导都必须经过价值判断，考虑这个选题是否值得花费时间、精力和投资去做，并把它最终做好。这个判断的方式多样，很多时候还跟编导的知识素养、认识社会能力以及新闻和传播的敏感度有很大关系。这一过程常常能预见电视节目质量的高下。

中央电视台的《焦点访谈》栏目坚持的选题原则是：政府重视、群众关心、普遍存在。"政府重视，解决的是新闻报道的出发点和归宿点问题。""群众关心，解决的是报道的广泛性和贴近性问题。""普遍存在，解决的是新闻报道的典型性问题。"[1]《焦点访谈》在长期的舆论监督报道中没有出现政治偏差，并且受到政府的肯定和观众欢迎，重要的原因就是在选题上自觉、全面、准确地运用了既定的原则。

一般来说，选题除考虑政治性、广泛性等方面之外，还要考虑应该新颖多样、内涵深刻。生活非常丰富，艺术也应该表达出艺术家的独特眼光和别具一格的品位，表达艺术家细微准确的心理感受。从这个角度来说，人与人之间总有差异，艺

1 梁建增."焦点访谈"红皮书［M］.北京：文化艺术出版社，2002：188.

术也就总会有更多的开拓空间。对于年轻的电视艺术来说，可以开拓的空间就更为广阔。相反，目前我们的电视屏幕上，从中央到地方，无论栏目运作方式还是选题方面，出现了严重的"同质化"倾向，"跟风"现象非常严重。这一方面，固然与电视台在市场上的保守和投机想法有关；另一方面，也与一部分导演不去主动思考和寻找，把电视看成个性化完全缺席的"产品"有关。事实上，机械加工的"产品"常常没有精美的手工艺品受人欢迎，更能赢得市场，何况，个性也应该是电视节目生存下去的核心竞争力。电视节目运作时应定位到适合自身的个性与特色，如《百家讲坛》的故事化讲述以及《国家宝藏》以再现化演绎讲述文物的"前世今生"。

同时，选择题材时还要注意题材内容的特征和形态是否符合特定栏目或者节目的要求。在栏目化的今天，选择题材时一定要考虑栏目的定位和观众群体的欣赏习惯。这也是衡量题材价值的一个重要方面。

（三）要考虑观众的特定需求与偏好

电视节目题材的选择需要考虑到大众，尤其是观众的认可，这是编导选择题材的一个关键。

观众对电视节目有多方面的需求，一般来说，有求新、求异、求趣等方面的需求，还可能有一些情感上的共鸣；另一方面，从接受心理方面讲，观众也会有些思维的惯性、定式，这与多年的欣赏习惯、民族的历史文化积淀等有关，还与人群的很多欣赏心理有密切关系。很多观众会对某些特定类型的节目表现出偏爱，同时不同的观众群又会各有所好。

以中国观众来说，我们民族的文化心理跟西方相比，比较重视感情，重视忠义，喜欢情节曲折的故事，喜欢评书一样的悬念等。在欣赏习惯上，这些共同特点是编导选择题材时一定要考虑的。

同时，电视编导在选择题材时还要考虑不同年龄、不同知识结构、不同地域文化、不同民族等方面带来的欣赏趣味不同。在分众文化时代，电视节目有着各自独特的观众群，有些节目的观众群会有交叉，但很难指望节目能真正做到雅俗共赏，老少咸宜。例如，中央广播电视总台春节联欢晚会曾试图做到让十几亿人都喜欢，现在已越来越力不从心了。事实上，在观众选择性很强的今天，不必指望节目辐射过大的观众面，中央电视台的《夕阳红》《金牌丈母娘》《粤菜好师傅》吸引了中老年观众，江苏电视台的《最强大脑》、浙江电视台的《奔跑吧》、湖南电视台的《向往的生活》等一直吸引着青少年观众，它们的成功都在于准确地定位了栏目的观众群，然后在选题上重视特定观众群的需求，满足他们的需要，才能获得忠实观众的长时间喜爱，从而收获品牌和商业上的成功。

（四）要考虑电视艺术的特殊性质

电视艺术作为20世纪产生的一种新的艺术形式，有着不同于其他艺术的特点。这些特点主要是源于电视的技术构成和它作为视听语言的特性。另外，作为大众传媒，电视与文学等艺术形式相比，具有更加广泛的传播性和更加形象生动的传播效果等方面的特点。

从这些方面来考虑，相比于文学、绘画、音乐等传统艺术，电视的选题一方面需要具有更加广泛的大众化色彩，而不是传统艺术更加偏重个性、主观的特点。另一方面，电视作品在选择题材时要充分考虑电视可视可听的特点，注意选择更加具有直观性、流动性，更加适合有视听语言表达的素材来表现。

即便是与电视很近的电影艺术相比，电视在选题上也有很大差异。例如，电视选题要适应家庭观赏方式的随意性和小面积屏幕的表现，同时随着现代人生活节奏的加快和电视技术手段的进步，电视在快节奏、灵活、及时等方面都走在了电影的前面。这些在选题时要有所考虑，尽量发挥电视艺术的优势来表现题材。

三、题材的可行性要求

在目前的传媒环境中，制作电视节目的选题还要考虑到一些可行性。有时候，一个选题可能是好选题，但不一定是合适的选题。

（一）要考虑与国家的宣传方向一致

几乎所有的电视媒体都有多级的监督、审片、评片制度。电视编导的选题一定要符合党和政府的宣传方针、政策、法规。否则不但有可能影响播出，还可能带来不良的影响。一个优秀的编导，应该主动与意识形态相协调，使自己的选题符合意识形态的要求。

（二）要考虑受众意识和收视率

电视节目的选题，还应该考虑到受众的关注程度和社会的影响，并且对收视率有一定的预测。过分看重收视率当然有片面性，但作为具有商业本性的电视，在制作时应该考虑观众的需求和喜欢，从而建立良好的服务意识，也使电视节目能获得更好的社会效益和经济效益。

（三）要考虑选题的时机

电视节目的选题时机也非常重要。什么时候推出什么节目，时机的选择非常关键，因为不同的时间受众会对社会题材有不同的要求。成熟的电视媒体和电视编导常常会抓住一些时机来确定精彩的选题，如北京冬奥会、春节联欢晚会、新中国成立七十周年等。在特定时间里播出相关度很强的节目，会让观众产生更加强烈的关注。

（四）要考虑节目投入和收益的统一

电视制作应该说还是具有商业特性的，所以一般来说，选择题材要考虑到节目投入和收益的统一。一方面，节目要尽量获得很好的收视回报，尤其对于电视栏目来说，投入和回报都是经过仔细推算的。另一方面，在选题时要注意单位的实际资金情况，如果只是一味选择大题材、大投入而不顾实际情况，那样常常难以付诸实施。如果电视节目制作到中期没有了资金的话，就会陷入更难堪的境地。

四、确定主题

主题体现着创作者的创作目的和审美取向。因此，从选题开始，主题就影响着整个节目创作的过程。或者说，对很多节目而言，选题的同时就已经确定了主题。应该说，电视作品和文学作品不同，它更多的是一种商业化、产业化的创作，为观众观看而创作的意图比较强烈，而很少像某些文学作品那样进行个人化书写。因此，在电视作品创作中，主题常常居于统帅地位，并且是作品的灵魂。

由于电视产业化和集体工作的特点，对大部分电视作品来说，前期准备中主题越明确，就越少走弯路，越节约制作成本，中后期的摄制也越顺畅。因此，对于大部分节目来说，成熟的编导会尽早确定主题。

当然也有例外。比如纪录片，尤其是纪实性纪录片的摄制，常常无法事先确定主题。因为事件在发生中充满了偶然性，结局也远非选题或者开始拍摄时可以预料。但是在选题时可以有一个模糊的主旨，大约的倾向或设想。如果在摄制过程中，这个主旨发生了变化，那么，我们当然要适应这一变化，从生活流程中提炼出新的主题。有时候，这个主题的转变过程会让观众充满期待，也让纪录片更加充满魅力。

2017年播出《变形计》第十三季中的一期，由城市到农村交换的主人公凌明乾因一时受不了农村生活与城市生活的巨大差异，情绪失控嚎啕大哭，令摄制组有些不知所措，连忙对其进行安慰。这正是体现了在"生活逻辑"的节目推动下，产生节目编排中预期未料到的情况。中央电视台《东方时空》的《生活空间》曾播出了《一个真实的故事》：海南人洪德高从电视上得知哈尔滨的万晶得了再生障碍性贫血，洪德高热心地把她和她的父母接到海南帮她医病。海南各界人士为万晶捐钱治病，万晶病情有所好转，但是却有谣言说万晶是装病和卢大夫串通来骗取社会救助。而万寿全夫妇也突然认为卢大夫不会治病，是在骗他们的钱。万晶母亲怀疑洪德高接万晶来海口的用心，患者和医生都开始怀疑对方是否在欺骗自己并产生纠纷。一个有美好开头的事情结局却并不美好。万晶一家离开海口，洪德高认为人们不理解他冤枉他，号啕大哭。编导刚进入拍摄时也许还想拍摄一曲"爱的赞歌"，随着事态的发展，生活的复杂性并不服从开始的主题，编导选择了真实纪录，看看生活中到底发生了什么。这种片子中，主题先行就是不合适的。

也有一些节目，主题是多义的。这类主题常常不能明确地确认价值取向，而是表达某种观念，某种心态，某种倾向，甚至是某些哲学思考。电视连续剧《父母爱情》的主题，同样引起大众的讨论，有人认为其中蕴含着多种主题，有对祖辈间爱情的向往、有对社会变迁的反映、有对人生百态滋味的体悟、有对个人在历史洪流中的生存思考等等。事实上，电视剧更像是文学作品，主题的多义也是可以理解的。很多剧作的主题很难用一两句话概括出来。

有些纪录片也一样，侧重于对现实的深刻纪录，在主题上呈现出多义性。比如郭柯的《二十二》《三十二》，一直有着各种各样的解读，片子诞生之后产生的多义性已经远远超过了导演的本意。类似的片子还有很多，在主题方面我们的思路是开放性的，我们也希望看到各种不同方式的出现来丰富电视的可能性。

五、电视创作提炼主题的方法

首先，要善于深入生活，在生活中获取和提炼主题。

电视与文学在提炼主题的观念形态上是一致的，即"人"是永恒的主题。必须深入到生活的海洋中，投入生活，并且以正确的世界观、美学观来提炼素材，才能使主题更加深刻和独特。

其次，要善于从普通的生活中发现生活的本质意义，挖掘出生活的哲理性思考。电视编导在创作中要像作家一样去思考人生，给题材更多的人文关怀，从看似简单的题材中找出人生的真谛。电视作品常常用视听语言进行形象化的思维，但它的主题是不断深入的，甚至在画面和声音背后，电视作品经常采取比喻和象征等手法，哲理性地深刻体现作品的主题。

再次，电视作品常常运用电视艺术手段来有力地表现主题。比如运用蒙太奇手段，运用日益进步的现代化电子传媒手段，利用光影的特殊变化和声音的特殊构成，都可以更加突出地提炼出电视作品的主题。

第二节　前期采访、构思和选景

确定选题之后，就要对选题进行深入的了解和分析，还要对如何更好地利用电视语言表现这个选题进行充分构思。这个过程对于电视编导的前期工作来说是非常重要的。

一、前期采访

如今的电视节目制作中，前期采访越来越被重视。因为电视制作人员意识到，前期采访准备得越充分，就越有利于整体节目的构思和策划，有利于设计出更加细致的方案，在实际摄制中就会更加完备和轻松。

前期采访是指为构思而进行的信息采集活动，它的目的是通过采访，使创作人掌握相关背景资料，对题材中的人物和事件有更深入的把握，并且对人、事件和地点增加更丰富的感性认识，从而使编导人员能更进一步挖掘主题。

前期采访的形式多种多样，包括查阅文献、访问调查和现场勘查等。前期采访不一定带摄像机，其主要目的不是记录，而是探寻更多的事实和真相。

1.查阅文献

很多节目的案头工作都是非常重要的。比如电视栏目《鲁豫有约》，主持人鲁豫在与嘉宾访谈之前着力保持陌生感，但却做了大量的资料整理工作。这样才能做到对嘉宾的历史、现状、爱好、观点等方面了如指掌，从而在访谈时控制话题深入和谈话的进展。对于其他节目来说，前期的文献采访也非常重要。编导们可以去图书馆查阅书籍，在报刊、互联网上搜索，甚至可以寻找昔日的影像资料。需要注意的是，这种查阅，不仅仅是对题材中的人和事，对背景的了解也非常重要。尤其对于一些与历史相关的题材来说，对背景了解得越深，对题材的把握和主题的提炼也就越准确。

电视访谈节目《鲁豫有约》

2.访问调查

访问调查包括在事发当地对知情者的访问，或者对了解主人公的身边人的访问，或者是对有关部门的访问，总之，它是通过访问人的方式了解事情的真相。需要指出的是，访问不仅仅指在现场访问，也包括话语音、微信访谈、移动设备视频化访谈等多种方式。

3.现场勘查

如果有可能，编导组尽量去与题材中的人和事相关的现场进行勘察，这应该是前期采访的一部分。在现场勘测中，了解地形地貌、风土人情等方面的情况对理解题材很有帮助。同时，对一些纪录片和需要现场拍摄的大型节目来说，这一过程还可以为下一步的拍摄做细致的准备工作。有时候甚至需要有一些数据、照片和影像为下一步的拍摄做准备。

4.录像采访

前期采访中也不排除编导组可以携带摄像机进行采访，当然常常是用一些便携的设备，主要用于对相关的人物、现场等方面进行拍摄记录，以供下一步构思和制订拍摄计划使用。

需要指出的是，有一些电视节目常常把前期采访拍摄的画面应用于节目之中，成为节目中增加亮点的部分，如中央电视台的《对话》《面对面》与《开讲啦》等节目，这时候前期采访就更加重要了，在拍摄时也更要注意质量。

二、构思

构思有时也称为初步构思，是编导人员在掌握了丰富的素材和资料之后，进一步理清思路，形成电视节目的初步框架和提纲，确定节目的总体风格。构思是对电视节目在总体上的把握，它在总体思路上决定着下一步要进行的各项工作。构思一般分为确定内容、确定结构、确定风格和确定处理方式。

（一）确定内容

通过选题和前期采访，编导已经获得了大量的素材，此时根据节目和主题的需要对素材进行挑选，选出合适的内容确定为下一步的拍摄对象，这就是确定内容的主要工作。

收集资料时，编导们常常不加甄别地接纳各种材料，甚至还要不遗余力地去寻找未知材料。而在构思阶段，编导要对获得的材料进行甄别，一方面，核实资料的准确性，比如法制类和事件性节目还要考虑到资料的客观性，挖掘正反两方面的材料；另一方面，编导要从海量材料中挑选出对主题更有价值的部分，找出最能被观众喜欢的故事和细节，还要考虑选出的材料是否适合用电视的视听语言来表达。这个过程实际上是很辛苦的，编导常常因为素材太多太活跃而不忍心舍弃，但成熟的编导必须知道，过多的素材和过高的片比不但会给后期带来不必要的麻烦，还会让整个节目的构思思路不清晰。内容确定之后，构思的思路就相对清晰多了。

（二）确定结构

结构就是布局，就是按照主体的表现要求对选出的材料进行组织和安排。结构实际上是节目的叙述思路，是节目总体的框架。在确定结构的时候，要考虑节目的特点和观众的接受习惯，使结构灵活多样而不是晦涩难懂，在结构处理中尽量注意故事叙述不要有遗漏。此外，如果能把事情说明白，就尽量不要太啰唆，浪费节目的信息量。传统的文学艺术和影视艺术为我们提供了可以借鉴的很多结构形式，如顺序式结构、交叉式结构、板块式结构、现代的时空交叉的结构等，到底选择什么样的结构，需要编导依靠自己的修养和思考来确定。

（三）确定风格

确定风格是指要确定电视节目表达的类型特征，是偏重于纪实还是表现的方法，是强调文学性还是强调新闻性，是以曲折的故事来吸引观众还是以真情感人，不同的风格定位决定了内容和结构乃至拍摄方式。对于同一个栏目来说，各期节目的总体风格应该大体一致，形成栏目的风格被观众接受和认可，但同时，每期节目在风格特点上也可以略有变化，从而使节目显得灵活丰富，使观众感到新鲜。

（四）确定处理方式

电视是用视听语言来表现的，在技术上它大量使用电子产品，那么在构思时一定要熟悉电子媒介的特点，从而找出适合节目的风格和内容，适合主题的综合处理方式。如何让声画更加有机地结合，如何利用画面中光、色、线、形等各方面元素展示各种各样的气氛，在摄像时选择怎样的技巧，如何把同期声、音乐、效果声和解说等不同的声音形态加以设计和融合。类似这一方面的问题，需要编导和摄像师、灯光师、美工师、录音师等各方面的工作人员共同商讨确定。

三、选景

题材确定之后，编导的任务就是把题材"视觉化"地展现出来，用镜头来展示想要表达的一切。那么镜头拍摄的环境，也就是场景的选择就显得很重要。在前期采访时，编导组常常有意识地进行选景工作，当然，有时候选景工作也在构思和脚本确定后进行。

所谓场景，指的是"展开剧情单元场次的特定空间环境"[1]，就是影视作品展开的具体空间和环境。场景分内景和外景，在前期采访阶段，编导选择的常常是外景。在选景过程中，不但编导要参与，还要让摄像师、灯光师、美工师和录音师参与，必要时还要让制片人亲自选景，以此计算与获得相应的运作经费。

（一）选景与编导

编导看场景是为了更好地完成构思工作。在选景现场，编导要通过场景丰富完善自己对节目的初步设计，校正自己对题材的原始想象；另一方面，设身处地于特殊环境也有利于编导激发新的创作设想。同时，在看景过程中，各个部门会给编导提供相关的建议，这些建议也会成为编导进行下一步构思的重要前提。

（二）选景与摄像

在选景中，摄像师主要看的是现场的造型特点、拍摄角度和构成拍摄的各种条件。例如，画面的对称性，画面的层次感，可以在何处设置机位，画面可能的构图特点，采取何种拍摄手法，运动镜头空间是否够用等各方面的问题。甚至摄像师还可以随身带一些便携摄像机进行摄像造型的尝试和即兴创作。摄像师的看景感受和设想要及时反馈给编导，从而对编导的构思产生作用。

（三）选景与灯光

摄像机不同于人的眼睛，它对光线的要求非常高，同时适当地运用光影造型，又可以使拍摄产生独特的艺术效果。因此，在拍摄现场，选景时对灯光的考虑很重要。灯光师在选景时，主要考察现场的自然光特点和影响布光的因素。比如现场的自然采光情况，位置如何，随着季节、天气、时间的变化光线会怎样改变，需要布

---

1 编辑委员会.电影艺术词典［M］.北京：中国电影出版社，1986：418.

置怎样的人工光线来改变现场的照度，还要考虑为了节目的总体风格和气氛，应该选择什么样的光源，布光的位置怎样设置等各方面的光线因素。

（四）选景与美工

美工师看景常常是通过勘查现场，产生对场景设计和改造的想法。通常情况下，场景需要进行一定的改造，在综艺娱乐节目中，这种改造很多，如央视的闯关类节目《城市之间》，按照节目需要对拍摄现场进行了大力的改造。即使是在纪录片中，也可以对现场场景进行一定的美化，如贵州导演陆庆屹的纪录片《四个春天》，虽以真实的家庭生活为素材，但在实际拍摄时还会选取相对诗意化的风格，拍摄设计与构图等都贴近原有风格设计，因此整部影片呈现出一种暖色调的质感。

（五）选景与录音

录音室看景的时候，关注的是同期录音的效果。在野外场景里，环境是否嘈杂，风是否很大，是否有过大的混响等方面的因素都会影响到同期录音的效果。录音师在勘察之后，可以对于选取什么样的录音设备心中有数，还可以设计出改造声场的方案，如用地毯、泡沫材料等工具改变声音的反射状态，以获得更加清晰的效果。当然，如果现场的同期录音效果确实很差，也可以考虑后期棚中配音，再跟现场噪声合成的方式。这一切都与选景的结果和与编导的商讨密切相关。

第三节　电视脚本的创作

文本问题是每一个编导在节目创作中都离不开的，只是对文本的处理略有不同。有的编导严格按照从选题构思文本到分镜头脚本的流程来开展工作，有的则直接进入分镜头脚本的写作，有的只写出拍摄大纲，还有的导演的文本创作过程是在大脑里完成的。不管怎么说，如果编导想让自己的节目在摄制中各部门合作得更加默契，使创作有条不紊地进行，让细节上不出现缺憾，那就必须重视电视脚本的创作。

实际上，从选题、确定主题，到前期采访和构思，编导进行了大量的脑力思考工作。那么，在此基础上需要把所有的思考成果细化，再细致入微地用电视化的语言和思维方式把它表达出来，解决拍摄内容和方式方面的问题，这就形成了对拍摄录制具有指导意义的，让各部门的工作有了统一参考的电视脚本。

电视脚本是指导摄像师拍摄的稿本，是电视节目的文字形态表达。对于不同的电视节目，脚本的写法也有所不同。电视脚本的常用类型有拍摄提纲、文字稿本和分镜头脚本。拍摄提纲常常用于新闻片和纪录片的拍摄，文字稿本常常用于艺术片、风光片和教学片的拍摄，分镜头脚本则常常在拍摄内容、对象、环境都可以完全控制和设计的情况下使用，常常用于一些电视剧、电视小品和某些比较精致节目的拍摄。如今电视节目形态日新月异，编导也应该从适合节目类型的角度出发，灵活地选择撰写脚本的方法。

一、拍摄提纲

对于很多新闻片和纪录片来说，在拍摄开始之前对内容和事件的发生还有很多未知性，拍摄与事物发展同步也正是这类片子的魅力所在。编导无法事先为每一个拍摄细节都做好准备，那么在撰写脚本时只能有一个尽量实用的拍摄提纲，作为拍摄时的指导。

拍摄提纲是指对节目所涉及的关键画面、资料、采访对象和采访问题等进行的设计和说明的提纲。它是对拍摄地点、内容和拍摄方式提前做的规划。拍摄提纲一般由画面内容、采访和说明三个部分组成。

画面内容部分主要是列出要采访的关键对象、关键镜头，还可以有编导对摄像的一些特定要求。一般来说，成熟的摄像师会为后期编辑做好很多工作，比如拍摄空镜头、转场镜头、全景镜头、有代表性的镜头、注意景别的搭配等。但是，如果把这些注意的事项落在纸上，事先进行细致的分析，定会让拍摄过程更加流畅，更加丰满，减少后期制作可能留下的遗憾。

采访部分主要说明采访的对象对所采访的主要问题的观点和看法。在某些新闻采访和纪录片的采访中，采访者与采访对象间的默契是非常必要的。现场常常会发生一些意外事件冲击原来的想法，有个采访提纲会使摄制过程不至于偏离太大，也有利于摄像师在采访时随时决定景别和机位等方面的变化。

说明部分则主要指出本段节目要表达的核心内容，让摄像师充分领会编导的意图，在此基础上进行创造性的发挥，产生摄像上的灵感，可以让前期摄制更加完备、完美。

事实上，拍摄提纲没有严格的模式，无论详略，全在于编导和摄像之间的默契，只要能够考虑得更加周全，使拍摄更加有效即可。此类提纲常常由于不可预知的摄制，很难考虑得非常详细，但要尽量把已经知道的和可以推测的写进去。

拍摄提纲范例：

《养老院的故事》纪录片提纲

一、选题：养老院里老人的内心世界

选题由头：中国的老龄化越来越严重，随着"421"（4位老人，一对夫妻，一个孩子）家庭越来越普遍，将有越来越多的老人住进养老院，对老人内心的关怀将成为当今社会的焦点，老人进入养老院成为中国的一个趋势，但老人进入养老院的生活状态是怎么样的呢？

二、拍摄角度

通过对比现在平淡生活与过去的美好回忆，揭示老人在养老院是快乐与孤寂并存，看似井然有序的生活背后，老人们或孤寂或快乐的心灵值得我们关注。同是在一家养老院，有的老人活得有滋有味，他们对自己的生活规划得很好、生活得很

快乐,有的老人整天沉浸在孤独中,觉得自己活得毫无意义,这也是本片思考的独特之处,我们想传达的一个思想是:可能很多老人并不想在养老院生活,他们更希望和儿女们住在一起,由于种种原因不得不来养老院。但是既然已经在养老院生活了,老人们要想开一点,自娱自乐是最重要的,这也是儿女们希望看到的,老有所乐、老有所依也是一个"好社会"的重要标志。影片同时映射出有一天我们也会老去,养老院里其中的一位老人也许就是未来的你我,我们应该用心去对待身边的每一位老人。

三、问题初步设置

(1)谈饮食。

(2)谈儿女。

(3)老人对以后生活的打算。

四、记录形态

突出纪实片的风格,客观平实记述,突出其过程,少评论。注意寻找现场细节来传达所要表达的主题。

五、操作

(1)拍摄:真实地记录。

(2)声音的介入方式:同期声。

(3)编辑:注意镜头的组接和叙述流畅。

拍摄人物一:黄婆婆

黄婆婆是五保户,属于无儿无女类型,没有了老伴,国家每月补贴20元,亲戚给点钱。

【特色】乐观,干净,爱运动,在养老院里的人缘很好,很会说话,有点幽默,懂当今时政。

【内容】在养老院里种了点菜,有时自己开伙煮饭,帮助同寝室的有点痴呆的老人,平常在院子里打牌、聊天、看电视,日子过得清闲但也快乐,就像她所说:"没有负担,过得还行,很自由。"

拍摄人物二:柱婆婆和老爹爹

两人是五保户,无儿无女类型,自己赚钱。

【特色】两人在养老院认识并走在了一起,老爹爹60多岁,如今还在工地打工,年收入1万多元,柱婆婆则洗衣煮饭。

【内容】老爹爹每天9:00—19:00都在工地帮忙做些杂活,婆婆则洗衣做饭,每天自己开伙,天天有肉。在别的老人眼中,婆婆算是个命好的人,找了个好"老板",婆婆自己也说:"我现在很幸福。"

拍摄人物三:张婆婆和柳爹爹

两人都是五保户，无儿无女类型，亲戚不给钱。

【特色】两位老人的生活过得苦些，但也说过得比家里好。

【内容】这两位老人也是在养老院认识并走在一起的。两位老人都80多岁，身体都还健康，有时自己开伙下点面条，日子过得清苦点，但两位老人觉得在养老院里比住在家里好。张婆婆说："这也是没有办法的事，人老了，需要有个人照顾。"柳爹爹则说："老婆婆蛮好的，在一起就是互相照顾，这国家政策好呀，收养我们，有地方住，有白菜吃，总比什么都没有好吧，人活到这岁数了，就应该往开心方面想了，每天活得心情顺畅。"

拍摄思路：以黄婆婆为辅助线引出两对在一起的老人，以他们在日常生活中的小事、趣事、烦心事来体现老人的生活是怎么样的，我们拍摄所要达到的目标是既来之则安之，开开心心过以后的日子。

拍摄重点：黄婆婆善言、开朗的性格，两婆婆运动、娱乐、做饭、洗衣的场景，老爹爹在工地干活的情景，以及两夫妻在一起谈话的场面。还有每星期有大学生来为他们打扫清洁送生活用品。

这个提纲已经比较细致了，如果再对镜头的角度、机位、景别、运动方式等方面做一些更为详细的描述就更好了。

二、文字稿本

撰写文字稿本是电视文案创作最重要的步骤之一，它是用文字来讲述将要拍摄的电视节目的主要内容。文字稿本是一种非常方便实用的脚本形式，由画面内容和文字说明两部分组成。画面内容一般要按顺序列出需要拍摄的对象或场景，文字说明则是对画面内容进行说明、补充和延伸，一般除去同期的采访和后期的主持人串词、评论之外，就是解说词。文字稿本实际上是解说词、同期声与画面的配置方案。需要指出的是，文字稿本并不是所有电视节目都适合使用的，它一般应用于教学片、资料片、宣教片、政论片和一些文化专题片、风光片。因为这种文字稿本的形式常常是以文字稿为主的电视片，而真正的电视片和电视节目显然应该以画面为主，以文字或者声音来配合影像展示的，所以这种文字稿本的方式是有悖于影像和声音在电视片中的比例和作用的。同时，20世纪50年代以来的宣传片、专题片摄制方法常常是以解说词为主，用画面配合解说词，这种片子大量依赖于文字稿本，因此电视节目风格沉闷枯燥。今天我们来看文字稿本，先要了解电视节目中视觉影像的第一性，同时也应该接受各种不同体裁节目的不同表达方式，在一些特定节目中可以使用文字稿本的脚本形式。文字稿本有两种常见的写作方式：对应式和穿插式。

1.对应式

对应式稿本一般采用画面和解说左右分开、一一对应的方式，很多人为了方便，采取了表格的方式，如科教片《金小蜂与红铃虫》的开头：

画　面	解说词
青菜地，蝴蝶飞来飞去	在自然界到处都可以看到形形色色的昆虫
蜜蜂在花上采蜜	
青虫在吃菜叶	这些昆虫，大部分靠吃各种植物维持生活
粘虫在咬大麦	
螳螂捕住一条虫	可是也有一些昆虫喜欢吃肉
螳螂在吃虫	
蚂蚁咬虫腿	它们有的直接拿别的昆虫作食料
瓢虫在吃蚜虫	
小茧蜂在产卵	有的用别的昆虫的肉体来繁殖它的后代
小茧蜂幼虫从青虫身上钻出	
一条青虫身上钻出许多小茧蜂	昆虫吃昆虫，这是自然界常见的现象。这部影片将介绍科学工作者怎样利用昆虫间的互相吃食来防治农业害虫。
片名：金小蜂与红铃虫	

2.穿插式

穿插式稿本把画面内容和解说词穿插在一起写，这样便于叙述的流畅性，实际上前后也是大体上对应的。如专题片《轮椅上的五个梦》：

湖南省湘阴县地处南洞庭湖滨，地汇湘资两水，临近省会长沙。山川秀美，物阜民丰。古称"楚南首治"，今为"湘北粮仓"，是一个美丽富饶的地方。

（湘阴县名胜古迹图片：湘阴文庙、湘阴状元桥、湘阴八景之一远浦归帆、二妃墓原址、湖南天台宗最早古刹法华古寺等；配以轻松、优美的佛教音乐。）

在这块神奇的土地上，近代以来孕育出一批全国为之瞩目的人物，其中有收复新疆的中华民族英雄左宗棠；中国首任驻英、法公使郭嵩焘；中华佛教总会会长释敬安（八指头陀）；在缅甸使日寇闻风丧胆的"东方蒙哥马利"李鸿将军；毛泽东称之为"工业先导，功在中华"的近代化学工业之父范旭东，连续担任近代中国五届政府教育总长的范源濂兄弟；中华人民共和国第9烈士陈毅安；中国著名作家杨沫和电影演员白杨姐妹……他们在中国人民心中留下了一座座永恒的丰碑。

（镜头推出左宗棠、郭嵩焘、释敬安、李鸿、范源濂、范旭东、白杨、杨沫等人图片。）

一个名字就是湘阴一段辉煌的历史，一段故事就是千百年湘阴女儿拼搏奋斗的精神。

在改革开放的新时代，古城湘阴又涌现出一位可歌可泣的优秀人物——全国残疾人十佳自立自强模范、残疾人教育家杨慧丽女士。

（镜头缓缓推出杨慧丽坐轮椅车的录像）

三、分镜头脚本

在探讨分镜头脚本之前，先要知道什么是镜头。镜头在影视中有两种含义，一种是指电影摄影机、放映机用以生成影像的光学部件，由多片透镜组成。各种不同的镜头，各有不同的造型特点，它们在摄影造型上的应用构成光学表现手段；第二种含义是指从开机拍摄到停止拍摄所拍下来的一段连续的画面。在影视创作上，一般指的是后一种概念。

镜头是组成整部影片的基本单位。若干个镜头构成一个段落或场面，若干个段落或场面构成一部影片。因此，镜头也是构成视觉语言的基本单位。它是叙事和表意的基础。在影视作品的前期拍摄中，镜头是指摄像机从启动到静止这期间不间断摄取的一段画面的总和；在后期编辑时，镜头是两个剪辑点间的一组画面。

正是由于镜头是影视作品的基本单位，所以我们在制作影视节目时，常常使用分镜头脚本，用文字形式对每一个镜头进行描述，进而表现出整个节目，也就是我们常说的分镜头脚本。

分镜头脚本就是以镜头为单位，对电视节目的视听形象进行准确描述的稿本，它规定了每个镜头的景别、运动方式、时间长度、场景之间的转换方式、镜头之间的组接方式，并且对解说、音乐、音响、字幕等方面进行了设计。跟以场景或者拍摄对象为单位的拍摄提纲和文字稿本相比，分镜头脚本更加详细准确，对摄制过程更加具有指导意义，是最实用的脚本方式。下面是分镜头脚本的一种格式：

镜　号	机　号	景　别	技　巧	时　间	画面内容	解说词	音　乐	效　果	备　注

（1）镜号：每个镜头按顺序编的号。一部作品由成百上千个镜头组成，每个镜头都按顺序编号，是为了便于拍摄和后期编辑。在这里，镜头的顺序基本上就是编辑后成品的镜头顺序。

（2）机号：摄制现场所用摄像机的编号。电视节目现场拍摄时，往往2~3台摄像机同时进行工作，机号则代表这一镜头是由哪一台摄像机拍摄的。前后两个镜头分别用两台以上摄像机拍摄时，可以在现场马上通过特技机将两个镜头进行现场编辑，也可以回到编辑室进行后期组接。如果是单机拍摄，机号没有具体意义。

（3）景别：有远景、全景、中景、近景、特写等，它代表在不同距离观看被拍摄的对象。能根据教学内容要求反映对象的整体或突出局部。关于景别的不同作用，有一些大体的说法。

极远景：极端遥远的镜头景观，人物小如蚂蚁。

远景：深远的镜头景观，人物在画面中只占有很小位置。广义的远景基于景距的不同，又可分为大远景、远景、小远景（一般为半远景）三个层次。

大全景：包含整个拍摄主体及周遭大环境的画面，通常用来作影视作品的环境介绍，因此被叫作最广的镜头。

全景：摄取人物全身或较小场景全貌的影视画面，相当于话剧、歌舞剧场"舞台框"内的景观。在全景中可以看清人物动作和所处的环境。

小全景：演员"顶天立地"，处于比全景小得多，又保持相对完整的规格。

中景：俗称"七分像"，指摄取人物小腿以上部分的镜头，或用来拍摄与此相当的场景的镜头，是表演性场面的常用景别。

半身景：俗称"半身像"，指从腰部到头的景致，也称为"中近景"。

近景：指摄取胸部以上的影视画面，有时也用于表现景物的某一局部。

特写：指摄影、摄像机在很近距离内摄取对象。通常以人体肩部以上的头像为取景参照，突出强调人体的某个局部，或相应的物件细节、景物细节等。

大特写：又称"细部特写"，指突出头像的局部，或身体、物体的某一细部，如眉毛、眼睛、枪栓、扳机等。

（4）技巧：电视技巧包括摄像机拍摄时镜头的运动技巧，如推、拉、摇、移、跟等；以及镜头画面的组合技巧，如分割画面和监控画面等；还有镜头之间的组接技巧，如切换、淡入淡出、叠化、圈入、圈出等。一般在分镜头稿本中，在技巧栏只是标明镜头之间的组接技巧。以下是一些运动镜头的表现特点。

推：即推拍、推镜头，指被摄体不动，由拍摄机器做向前的运动拍摄，取景范围由大变小，分快推、慢推、猛推，与变焦距推拍存在本质的区别。

拉：被摄体不动，由拍摄机器做向后的拉摄运动，取景范围由小变大，也可分为慢拉、快拉、猛拉。

摇：指摄影、摄像机位置不动，机身依托于三脚架上的底盘做上下、左右、旋转等运动，使观众如同站在原地环顾、打量周围的人或事物。

移：又称移动拍摄。从广义上说，运动拍摄的各种方式都为移动拍摄。但在通常的意义上，移动拍摄专指把摄影机、摄像机安放在运载工具上，沿水平面在移动中拍摄对象。移拍与摇拍结合可以形成摇移拍摄方式。

跟：指跟踪拍摄。有跟移、跟摇、跟推、跟拉、跟升、跟降等，即将跟摄与拉、摇、移、升、降等20多种拍摄方法结合在一起，同时进行。总之，跟拍的手法灵活多样，它使观众的眼睛始终盯牢在被跟摄人体、物体上。

升：上升摄影、摄像。

降：下降摄影、摄像。

（5）时间：指镜头画面的时间，表示该镜头的长短，一般时间是以秒去标明。

（6）画面内容：用文字阐述所拍摄的具体画面。为了阐述方便，推、拉、摇、移、跟等拍摄技巧也在这一栏中与具体画面结合在一起加以说明。有时也包括画面的组合技巧，如画面是由分割两部分合成，或在画面上键控出某种图像等。

（7）解说词：凭分镜头画面的内容，以文字底稿的解说为根据，把它写得越发具体、抽象。对应一组镜头的解说词，它必须与画面密切配合。但又要注意，电视不是看图说话，并且画面编辑要成组，所以不要强制让解说词和画面每个词一一对应。

（8）音乐：使用什么音乐，注明音乐的内容及起止位置。

（9）效果：也称为音效，它是用来创造画面设身处地的实在感，如现场的环境声、雷声、雨声、动物喊声。

（10）备注：是编导的特殊记事栏。可以写下拍摄地点、特殊要求和注意事项等。

下面以"有时候文明只需要你一个转身"（30秒）广告的分镜头脚本作为范例：

文明公益广告分镜头脚本（时长30秒）

镜号	画面内容	景别	摄法技巧	时间	机位	解说词	音效	备注
地点：城关步行街								
1	滚动的易拉罐	特写	固定镜头	2s	正前方		易拉罐滚动声	
2	在垃圾桶边的易拉罐没有丢进入口	中景	从易拉罐特写拉到垃圾桶与易拉罐，突出两者关系	2s	正前方		易拉罐滚动声	
3	在步行街川流不息的人群里没有人注意到这个丢弃的易拉罐	全景	以垃圾桶和易拉罐做前景	4s	镜头平放地上		喧闹街道声	
地点：沿河西路								
4	水龙头哗哗流水	特写	固定镜头	1s	仰拍		水声	
5	身处街道边的水龙头没有人管	中景	从水柱特写慢拉至街道，水龙头为前景，同时变焦，虚化前景	4s	正前方		街上嘈杂声	
地点：一中下的自行车停车处								
6	翻倒的自行车车轮在转	特写	固定镜头	1s	镜头平放地上	文明不需要你走多远的路	车轮空转声	
7	有很多人拿车但没有扶	中景	摇镜头，从平拍到俯拍	3s	侧面		人声	
地点：城关步行街（从这里开始添加轻快音乐）								

镜号	画面内容	景别	摄法技巧	时间	机位	解说词	音效	备注
8	有路人靠近捡起易拉罐	中景	固定镜头	1s	仰拍	文明不需要你花多长的时间		
9	投放至垃圾桶	特写	移镜头	2s	仰拍			
地点：沿河西路								
10	水停了	特写	固定镜头	2s	正前方			
11	关水龙头的人离开	中景	还在滴水的龙头做前景	2s	正前方			
地点：一中下的自行车停车处								
12	自行车被两个小朋友扶起	特写	摇镜头，从车到小孩的脸	3s	仰拍	文明不需要你耗费多大的力量		
结尾：黑场字幕淡出——有时候文明只需要你一个转身								

分镜头脚本的作用主要表现在：一是前期拍摄的脚本；二是后期制作的依据；三是长度和经费预算的参考。它好比建筑上的蓝图，是摄影师进行拍摄，剪辑师进行后期制作的依据，也是演员和所有创作人员领会导演意图、理解剧本内容和进行再创作的蓝本。

第四节　拍摄计划和编导阐释

在分镜头脚本出来之后，实际上电视节目已经在纸上用文字预演了一遍，下面要做的是如何把它变成实实在在的影音节目。这时候要制订拍摄计划，就是对何时、何地、拍摄什么镜头、有哪些人参加、需要什么设备等进行计划，并且清晰地列出。它常常在时间上以天为单位，以分镜头脚本为蓝本，对拍摄的准备工作进行统一管理和规划。拍摄计划制订之后，会下达到摄制组的每一个制作部门，每个部门再根据自己的任务和特点，对拍摄计划进行细化，进一步明确具体任务和时间，进行细致的准备。同时制片组还要依据拍摄计划进行人力、财力、设备和后勤保障的估算和筹集，以保障节目能按时并保质保量地完成。

一、拍摄方案

（一）分析脚本

分镜头脚本形成之后，还不是可以拿来就拍摄的蓝本。因为它是以镜头为单位的，如果用它的顺序来拍摄的话，很多场景会在不同的时间重复拍摄，尤其涉及很多季节不同的镜头，会耽误许多时间，如某剧是反映十几年变迁的，完全可以将不是同一年的夏季镜头一起拍摄，冬季镜头一起拍摄，以免浪费时间。这就要根据拍摄的方便，对脚本主要是对场景进行重新划分，可以节省大量拍摄时间和财力。当然有些导演愿意按照剧情发展的时间顺序来拍摄，追求演员的心理发展与影片相符，那另当别论。

（二）拍摄方案

分析脚本之后，可以拿出以拍摄场景为单位的新的拍摄方案。这个方案不但包括拍摄顺序，还包括大体的拍摄时间、拍摄周期、参加人员和后勤保障。方案要考虑设备到位的情况，演员和制作人员的时间安排，还要考虑场地的租用时间，甚至要考虑当地的气候条件。

二、选择电视制作方式

在电视业近百年的发展历程中，人们不断采用新技术，改进电视节目的生产方式。目前数字技术、卫星直播技术都被广泛运用于电视制作领域，形成了多种电视节目制作方式。

（一）ENG方式

ENG，即电子新闻采集"（Electronic News Gathering）。这种方式是人们经常采用的，指使用便携式的摄像、录像设备来采集电视新闻。最简单的采集设备就是一台摄像机和一条编辑线。在ENG制作方式中，一般在使用便携式摄录机时用肩扛等方式，需要时再加上一名记者就可以构成一个流动新闻采访组，可以方便灵活地深入街头巷尾、村庄山区进行实地拍摄采访。

ENG方式由于非常机动灵活，也被其他节目采集素材时大量采用，如在专题节目、纪录片和电视剧的拍摄中。因此，ENG制作方式也是一种基本的电视节目制作方式。事实上，在技术上，便携式摄像机和ENG方式的出现解放了新闻节目和纪录片的拍摄方式。它使得单机的便携式拍摄成为可能，并且本机拾音效果的增强使记录现场声成为可能，这一切使新闻和纪录片节目的摄制在客观纪实的方向上有了长足的发展。

近年来，在电视新闻直播中还常常使用SNG方式（Satellite News Gathering），即卫星新闻采集方式，是指利用可移动运载转播车，安装地面卫星发射站装置传送现场拍摄制作新闻节目，被认为是ENG方式的发展形态。其装备包括摄录像和编辑设备、小型卫星地面发射站、电视转播车等。在现场新闻采访的同时，只需接通线路、调整天线，就能将视频信号和音频信号直接连上发射到通信卫星，再由地面电视台通过天线和其他设备接收从卫星下连的信号，实现即时播出。SNG方式的新闻时效快、传播距离远、范围广，在所有的制作方式中具有最为突出的传播优势。

SNG（卫星新闻采集）

2002年1月1日，江苏电视台城市频道开播的民生新闻节目《南京零距离》，就是以SNG为电视新闻直播报道的主要制作手段，成为南京地区收视率最高的电视新闻节目。为了保证每晚6点播出时有大量的实时新闻现场出现，这个栏目每天下午3点左右会根据之前搜集的新闻线索派出几路SNG小组，在南京市区"巡逻"（他们自己的说法是"扫街"）。每个小组负责几片街区，一旦自己负责的区域有突发新闻，能在最短的时间之内赶到，拍摄制作新闻节目，并在节目播出时与演播室进行SNG连线，完成对突发事件的直播报道。[1]近年来，随着技术的迭代发展，新技术为电视节目的生产提供了新的可能。随着4G、5G无线网络的覆盖，电视新闻直播将变得更为高效与便捷，4G、5G技术将成为SNG的补充。

（二）EFP方式

EFP，即电子现场制作（Electronic Field Production）。它是以一整套设备连结为一个拍摄和编辑系统，进行现场拍摄和现场编辑的节目生产方式。EFP也是电视技术迅速发展的产物，它是一种适用于"野外"（准确地说是演播室之外）作业的电视节目生产方式。它必须具备的技术条件是一整套设备系统，包括两台以上的摄像机，一台以上的视频信号（图像）切换台，一个音响操作台及其他辅助设备（灯光、话筒、录像机运载工具等）。

电视车

1　崔林.电视新闻直播报道：现场的叙事［M］.北京：中国传媒大学出版社，2012.

EFP方式常常要用到电视车。电视车里集中了电视制作的各种设备，摄录、切换、音响和通信设备一应俱全，还有一定的照明设备以及足够长的电缆线，有时还使用发电装置和对摄制的信号进行微波或者卫星传送的设备，保证直播的完成。制作时，电视车是制作的核心，导演和切换人员在车内进行节目的现场切换和整体部署。

利用EFP方式，可以在事件发生的演出现场、竞赛现场制作电视节目，进行现场直播或录播。如果电视节目是在事件发展的同时播出，我们称之为现场直播；如果电视节目是在事件发生、发展的同时进行录制后再播出，我们称之为现场录像、实况转播。

不论是现场直播还是现场录像，摄录过程与事件发生发展同步进行，因此，现场感非常强烈。这是EFP方式最突出的优点，每一个成熟的电视台都将EFP制作视为必须具备的能力。EFP也可称为"即时制作方式"，又由于EFP需多台摄像机拍摄，所以也同"多机摄录、即时编辑"的概念相通。这种方式是在不同机位画面的切换中完成蒙太奇编辑。它是一种广泛应用于新闻事件、文艺和体育等类节目的制作方式，如情景喜剧《家有儿女》，新闻事件、奥运会开幕式和新中国成立七十周年阅兵式，以及大量的体育节目都是采用EFP方式制作的。

（三）ESP方式

ESP，亦即"电子演播室制作（Electronic Studio Production）"。电子演播室制作主要是指演播室录像制作。

电子演播室制作

由于演播室在设计和建造时充分考虑到了节目录制、播出的技术要求，它具有高保真的音响效果，完备的灯光照明系统和自动化调光系统，布景中心，录制设备和控制设备等。ESP使用质量最好的固定式摄像系统，如高清晰度、数字化的广播级摄像系统，摄像机的体积和重量不受某些条件的限制，并可架设于有移动轮的液压支撑设备上，使摄像机的操作移动平稳可靠；应用特技功能较多的高级多功能型特技切换系统；等等。因此，ESP制作方式技术质量高、特技手段丰富，是一种较为理想的制作方式。文艺、娱乐性节目以及大量的新闻、专题节目都是在演播室里录制的，有些节目用演播室录制的节目与用ENG方式拍摄的外景素材相结合，使节目更加精彩活跃。

ESP方式既可以先拍摄录制，后编辑配音，也可以多机同时拍摄，在导演切换台上即时切换播出。ESP方式综合了ENG和EFP方式两者的优点，手段灵活，可用于各类节目的制作，已成为电视台大、中、小型各类自办节目的主要制作手段。但是，由于ESP常需要搭景、排练，演播室因此而被占用一定时间，所以加强对演播室的科学管理，改进电视布景、道具的搭置工艺，提高导播和摄录效率，缩短演播室制作周期，是一个至关重要的问题。

这些制作方式各有所长，关键是正确选择你要创作的节目适合哪种方式，还要考虑你的节目组能不能驾驭这种方式，你的资金、人力和设备适不适合这种方式。也就是说，在考虑艺术表现的同时，也要考虑摄制工作的可行性。

三、筹建摄制组和导演阐释

（一）筹建电视摄制组，进行合理而严密的分工

很多时候，在选题之前已经有初步的小组人员了，小组的人员随着前期准备各个阶段的延伸，也会不断地扩大。到了进入摄制计划的阶段，摄制组应该是完整地建立了，这里边应该包括制片人、编剧、导演（或编导）、助理导演、现场导演、编辑、技术导演、切换员、视频工程师、音频工程师、摄像师、灯光师、场记、美工师、道具师、化妆师等各个工种。当然，对于一些剧情片、娱乐节目，还要考虑演员的选择，其他节目也常常要考虑选择适合节目的主持人。对于电视栏目来说，主持人常常是固定的，那就要在节目风格上与主持人协调。此外，在财务管理、饮食、车辆等后勤保障上也必须重视。能让大家和谐有效地一起工作，通过合作创造出精品节目是制片人和编导的重要任务。

（二）对拍摄对象及场地、环境等方面的了解、勘察

对于在摄影棚、演播室里录制的节目，编导要对它能达到的效果有所把握，以便最大程度地达到节目的艺术效果。对于外景拍摄的节目，编导要对现场环境进行实地勘察，对光线、声音（甚至包括噪声）以及拍摄期间的天气情况有精确的了解，对于可能遇到的困难和解决方案有合理的预测。对于新闻片和纪录片的拍摄准备，常常无法对拍摄环境准确预知，那就要为各种恶劣情况作好充分准备，有迎战艰苦环境的心理准备。

（三）拍摄设备、器材的准备

设备的准备，先要根据选择的制作方式来确定。不同的制作方式对于摄像、录像、灯光、音响和切换等方面设备的选择是不一样的。同时，还要让技术导演和视频工程师、音频工程师、灯光师和摄像师等人对设备的各种辅助材料如三脚架、摇臂、灯具和话筒的支架、各种连接线的准备做到精益求精，有备无患。对于电视节

目来说，技术的保障是一个及格线，一台节目现场再好，如果在技术上出现微小的纰漏，也会在荧屏上前功尽弃。对于电视栏目来说，还要考虑到每期栏目总体风格的一致性，在灯光、音响和摄像机的选择上注意统一和连续性。

（四）导演阐述

在一些大型节目或者电视剧中，常常用到源自电影界的导演阐述。它是导演用以向全体主创人员阐明自己对即将摄制的电视作品的艺术构思的说明，目的在于让摄制组统一思想认识。一般包括认识、分析、构思和要求等方面。

认识，是导演对作品的主题、思想、时代背景等方面的认识和说明。分析，是导演对作品的内容、角色的性格、情节的发展等方面的理解和分析。构思，是导演对作品结构和内容、风格、表达方式等方面的整体阐述，这是导演阐述最重要的部分，它是未来作品的基调。要求，是导演在前面认识、分析和构思的基础上，对演员表演，以及对摄像、灯光、录音、美工等各部门的具体要求或提示。导演阐述不要求有统一的内容与格式，各个导演风格不同，导演阐述的结构和侧重也各不相同。

思考题

1.选题在范围和方向上有哪些原则？

2.前期采访有哪些主要形式？

3.构思有哪些主要内容？

4.电视制作方式按照制作环境可以分为哪几种？

5.EFP方式常用于什么节目？有什么特点？举出相关应用案例。

6.ENG方式常用于什么节目？有什么特点？

7.导演阐述一般有哪些主要内容？

材料分析题

学校要表彰优秀教师李老师，该教师从教30年，工作兢兢业业，送走了一批又一批学生，很多学生都成长为今天的栋梁之才，有些学生常回来看望她。同时，李老师在教学和科研上也取得了很大的成绩。如今李老师要退休了，电视台要制作一期节目展示李老师一生对教育事业的贡献和情怀。作为这一节目的编导，你准备怎样设计这一节目？写出在前期准备阶段的构思方案。

第八章　电视编导中期工作

如果节目筹备的前期工作准备得比较充分，那么在中期的工作就会比较顺利。简单地说，主要是依据拍摄计划和电视脚本进行现场的拍摄和录制。在拍摄过程中，摄制人员各司其职，注意协调，同时注意设备的准备，尤其是技术保障。此外，还要注意在拍摄过程中做好场记。

拍摄采访是电视创作中获取影像和声音材料最重要的环节。编导在此期间一要对外联系，落实拍摄地点、时间等具体事项；二要对内统筹安排拍摄进程、采访事宜；三要在拍摄现场进行场面调度、安排或指挥拍摄、指导现场采访，发现问题，及时决断处理；四是有时需编导身兼摄像、切换导演或主持人，这时要注意兼顾全局。

第一节　中期工作流程与重点

在制作节目的中期，编导要负责通过指导和协调来拍摄作品。对编导来说，这一阶段的工作重点是场面调度。应该说编导在这一阶段的工作是承上启下的，它是把前期的计划一一付诸实施，把文字的脚本变成切实的视音频素材。另一方面，这一阶段的工作如果做得不扎实，后期的工作就难以开展。

一、中期工作流程

中期工作的中心当然是拍摄作品。拍摄过程是一部电视作品最关键的环节，在这个环节，编导的总体驾驭能力、影像创造力、组织能力以及细致和毅力都会直接影响作品的水平。

如果是剧情节目，如电视剧、文艺节目或者娱乐节目，则编导中期工作大体上的流程是这样的。

（1）组织各部门人员到位，调试和检查所需设备。

（2）组织演员走台走戏，准备好之后彩排。

（3）根据彩排作最后调整。

（4）进入实拍。

如果是新闻、纪录片等纪实节目，一般先要检查设备和人员的准备，然后根据拍摄计划进行实拍。

需要特别强调的是，关于设备的准备和技术的保障。一个电视人，尤其是电视编导，必须清楚地知道：对于电视节目来说，现场如何火爆、感人，气氛如何协调或者热烈，都不重要，真正重要的是你能不能让这种气氛和效果传达出去，能不能让终端的电视机展示这种气氛和效果，并让观众真切地感受到。在这个过程中，技术保障和设备的准备是关键。一方面，编导应该懂得如何通过二维的电视屏幕更好地展现三维的大千世界；另一方面，编导还必须与技术人员紧密协作，一丝不苟，让每个环节都不出纰漏，以保障中期摄制的成功。

编导在现场的工作，在广泛意义上称作"场面调度"，我们将在下一节专门讲述。

二、编导下达指令和协调

编导在拍摄现场的工作中，主要靠对各部门工作人员下达指令来完成场面调度。在大多数拍摄过程中，编导是在监视器前，一边看着拍摄的质量，一边对各部门下达新的指令。

（一）下达指令的方式

在影视作品的摄制中，编导下达指令一般用口语发出，常常是行话或者约定俗成的语言。例如，即将开始称为"预备"，开始录制称为"开始"，停止或者中途暂停称为"停"，这些比较简单。有时特殊情况还要使用手势或者提示板来通知。

在大型多机切换的电子现场节目制作和电子演播室节目制作时，口令会略微复杂一些。在调度摄像机时，常常要说"几号机干什么"，对各个摄像师的工作进行指挥，而在进行现场切换时，需要下达"切"的口令，有时还需要简短陈述特技方式。

（二）下达指令的要求

编导在现场工作的时候，下达口令应该准确清晰、简练平和，这是拍摄工作和谐流畅的需要。

（1）准确。编导表达自己的想法和指令要准确。尤其在直播节目中，指令表达要十分准确快速，不可犹豫。否则，现场工作人员将无所适从，出现混乱。

（2）清晰。编导下达的指令要清晰明确，不可含糊。否则，摄制人员在执行时会出现错误。

（3）简练。下达指令要简练是说编导在拍摄现场不要啰唆，表达意思时应力求简练，便于工作人员记忆和执行。

（4）平和。在摄制现场下达口令时，编导要保持平和的情绪。拍摄现场很紧张，大家都一丝不苟、谨小慎微，防止出错，同时因为气氛紧张，大家会对不良情绪非常敏感，并且不良情绪会传染每个人。作为摄制指挥者的编导如果不能控制自己的情绪，就会把不良情绪传染给现场的每个人，而带着情绪工作常常容易出错，甚至造成团队之间的不协调而影响工作。所以，编导发布口令时保持情绪平和非常重要。

作为一个编导，在拍摄现场发布口令时，既要有优秀的判断力和果断的执行能力，还要有强大的表达能力和在现场保持良好心态的意志力。总而言之，在拍摄现场，编导要具有指挥各方面工作人员各司其职而又协调一致的能力，以完成前期制订的拍摄任务。

第二节　场面调度

场面调度，意为"摆在适当的位置"或"放在场景中"。起初这个词只适用于舞台剧方面，指导演对演员在舞台上表演活动的位置变化所做的处理，是舞台排练和演出的重要表现手段，也是导演为了把剧本的思想内容、故事情节、人物性格、环境气氛，以及节奏等通过自己的艺术构思，运用场面调度方法，传达给观众的一种独特的语言。场面调度是创造影视形象的一种特殊表现手段，指演员调度和摄影机调度的统一处理，被引用到电影艺术创作中来，其内容和性质与舞台上的不同，还涉及摄影机调度（或称镜头调度）。

由于电影和戏剧在艺术处理上具有某些共同性，"场面调度"一词也被引用到电影创作中，但其含义却有很大的变化和区别。在电影中，"场面调度"是指导演对画框内事物的安排。因为电视和电影具有相似的性质，所以它也适用于电视的创作。

构思和运用影视场面调度，需以脚本提供的剧情和人物性格、人物关系为依据。导演、演员、摄影师等需在剧本提供的人物动作、场景视觉角度等基础上，结合实际拍摄条件，进行场面调度的设计。利用场面调度，可以在银幕上刻画人物性格，体现人物的思想感情，也可以表现人物之间的关系，渲染场面气氛，交代时间间隔和空间距离。场面调度对电影形象的造型处理也起着重要作用。

场面调度与电影叙事作用是相互的。电影叙事为场面调度提供了依据，叙事中的人物性格、人物的心理活动、人物之间的矛盾纠葛以及人物与环境的关系都为场面调度提供了契机。另一方面，正是凭借出色的场面调度，人物的性格才得以揭示，一个场景中多个人物之间微妙的关系才能出现，人物隐秘的内心世界才能被观众所感知，甚至叙事中难得的环境渲染、气氛营造、哲理思想和美学意境的传达等都可以通过合适的场面调度体现出来。

一、人物调度

电视的人物调度比电影的演员调度更加丰富一些，因为还有对主持人、嘉宾以及现场观众等人物进行调度的问题。但总体上说，电视的人物调度是从电影的演员调度演化而来的。

演员调度，就是编导通过安排演员和主持人、嘉宾等人的运动轨迹、所处位置的变动以及演员与演员之间交流时的动态和静态变化等，形成画面的不同造型，不同景别，展现人物之间，人物与环境之间的位置关系和变化，进而揭示人物关系和情绪的变化。下面的表述中，我们以剧情类的演员调度为例。至于主持人和嘉宾的调度问题，可以以此类推。但是，在直播节目中，因为制作和播出同步，出现问题无法改正或弥补，在人物调度上需要更加准确和谨慎。

在很多剧情类节目和一些文学类、艺术类的电视散文、电视舞蹈和音乐电视等节目中，演员调度的特点会体现得更加鲜明一些。

导演选用演员调度形式的着眼点，不只在于保持演员和他所处环境的空间关系在构图上完美，更主要在于反映人物性格，遵循人物在特定情境下必然要进行的动作逻辑。他常常要考虑人物以怎样的方式从哪个地方出场，出场人物与环境关系；多个人物出场时各自的主次、相互关系的调度；人物的行动空间及在该空间的行动路线的调度。这些直接关系到构图造型及光影的处理，不是无目的地走动或停顿，而是有其内在的逻辑性、目的性的一个表现过程。

演员调度主要包括情绪调度和动作调度。

1.情绪调度

影视节目中，拍摄顺序和播出顺序未必相同，所以导演要找到每一段落的情绪基调，引导演员调整心理情绪，尽快准确地进入角色，这就是情绪调度。

（1）情绪基调。情绪基调是一场戏或者一个段落的情绪重点，是这一段落想要表达的某种情绪。对于影视剧、电视散文、电视小说、电视诗歌、电视舞蹈、音乐电视和综艺节目以及某些纪录片中的"情景再现"段落来说，演员很好地把握情绪基调很重要。总体的情绪基调往往体现着作品的主题思想和风格。它是编导引导演员和主持人表演的依据，甚至常常是整个节目场景布置和摄像机调度的基础。

中央广播电视总台春节联欢晚会的总体基调是喜庆、祥和、温暖、热闹和希望，这是由中国传统文化决定的总体基调，2017年春晚晚会中，特别设立《致敬老红军》环节，主持人采访亲身经历过战争的老红军战士，以此追忆过往艰苦岁月，从而更好地面向未来、砥砺前行。

在综艺节目中，主持人是重要的表演者，他要对整个节目过程充分驾驭，所以主持人是情绪基调的贯彻者。那么在拍摄之前，编导要通过对主持人个性化风格的了解来细化情绪基调，并且与主持人仔细沟通，以便主持人能更加准确地掌握情绪基调，驾驭整台节目。

（2）如何调度情绪。不同的编导调动演员和主持人情绪的方法不尽相同。有的给演员讲故事，有的进行小品排演，这些方法可以归纳为"通感启发法"，它让演员通过相似的感受来启发演员的思维，从而调动演员的情绪，生动地进行表演。

在表演的研究上，人类已经有类似斯坦尼斯拉夫斯基体系和布莱希特体系等系统的研究。而编导要注意的，一方面是熟悉角色中的演员情绪，另一方面是熟悉演员的心理状态和性格，还要掌握如何与每位演员沟通。

同时，在安排拍戏顺序时也要考虑到演员的习惯和那一段落的内容、时间和场景。在综艺类节目中，如果不是直播节目，可能会分段录制节目，气氛不一定很连贯，这时对主持人调动情绪的要求就更高了。

2.动作调度

（1）动作调度的定义。动作调度，一般指对演员位置、对白、动势、动作和运动轨迹的调度。其中演员位置包括演出地点、静态的姿态线条、与周围环境或人物构成的造型特点，对白包括语速、声调、语气，动势包括面朝的方向、眼神的方向，动作包括一切动作，无论是剧烈运动还是眨眼呼吸之类的小动作。

在动作调度中，要设法让演员知道"做什么""怎么做""为什么做"，才能让演员的动作更加准确到位，达到预定的效果。

在拍摄现场，动作调度中要注意视线的匹配、动作的匹配、情绪的匹配和服装、化妆、道具的匹配。可能的话，应该用彩排来进行动作调度的尝试，从而增加动作调度的准确性。

（2）动作调度的功用。动作调度首先是要表达和必须表达该动作潜藏的情绪内因。

其次，动作调度具有交代人物和环境之间关系的作用。

再次，动作调度常常形成某种造型的存在和被打破。

最后，动作调度能够对屏幕第三维空间的塑造发挥一定功效。

（3）动作调度的形式。有一些常用的调度方式可给大家借鉴。

横向调度：演员从镜头画面的左方或右方作横向运动。

纵向调度：演员正向或背向镜头运动。

斜向调度：演员向镜头的斜角方向作正向或背向运动。

向上或向下调度：演员从镜头画面上方或下方作反方向运动。

斜向上或斜向下调度：演员在镜头画面中向斜角方向作上升或下降运动。

环形调度：演员在镜头前面作环形运动或围绕镜头位置作环形运动。

无规则调度：演员在镜头前面作自由运动。

二、镜头调度

（一）概念

镜头调度是指编导用摄像机机位、运动和焦点的变化，获得不同角度、不同视距、不同景别、不同景深、不同构图的镜头画面，用以展示多层次的电视空间，同时从不同侧面表现人物关系和环境气氛的变化。

摄影机调度的运动形式有推、拉、摇、跟、移、升、降。以镜头位置分，有正拍、反拍、侧拍等形式；以镜头角度分，有平拍、仰拍、俯拍、升降拍及旋转拍等形式；以景别来分，有远、全、中、近、特等不同景别。

摄像机的运动方式是镜头调度的重要部分。

推——焦距由大到小接近被摄体，画面由大景别向小景别变化的过程，相当于人的眼神对某一点的集中。

拉——与推相反的过程。拉镜头常常表现人或物与环境的关系，有时由于镜头最终拉出内容的未知性，它能产生意想不到的效果。

摇——有丰富的内容捕捉，上下左右摇、半圆摇或360度旋转都是可以的。它意味着注意力的转移。

移——摄像机本身发生位移而不是光轴的变化，如同一个人边走边看的效果。

跟——营造的是一种强烈的真实感。纪录片拍摄曾流传跟随跟随再跟随的说法，现在的许多纪实类作品都常常出现跟镜头。

升降——指摄像机做上下运动拍摄，一般用特定的工具来完成。

各种不同景别在镜头调度中也有着不同的作用。

（1）远景：它是从很远的距离来描述一片广大面积，主要是为了给观众一个范围巨大的背景或一个场面的总体印象，因此远景通常不具备介绍功能，主要是为事件展开创造气氛：

①创造情绪。

②用在片子、段落的开头和结尾：用在开头为后边叙事做安排，可以将观众放进一个适当的气势和氛围中，也为故事情节展开和角色介绍提供一个适当的背景，着眼于气势抓人；用在结尾，在于发挥故事余韵，给观众一个回味的时间和空间。

③用摇增加趣味：远景画面可以用摇摄来增加一种趣味，或者在行进中展示更多的背景。

④组接时远景画面要留有足够的时间：无论交代环境，还是渲染气氛，都要留出足够激起观众情绪的时间，但是由于屏幕大小限制，表现一种深刻内涵和气势，远景画面不太胜任。

（2）全景：它描述的是动作所涉及的整个面积，全景是一种最基本的介绍景别。

①用来表现事件发生的场所，是整部片子的"定位镜头"。

②担负着节奏转换功能。

③全景是各构图元素的基准：除了是位置，人物间的关系定位镜头；也是光线、影调、色彩、人物方向场景中的物品位置的基准。

（3）中景：膝盖以上或者腰部以下的一种景别，与全景相比，中景将空间和整体降到次要地位，它重视情节和动作，画面空间很小，人物的外沿轮廓也不全，其注重的是人与人、人与物之间的交流。所以这种景别是叙事性很强的一种景别，一些重要的动作，人物间的关系，大都要中景、近景来交代，是电视最适合的景别，因此中近景镜头在作品中占有的比例比较大。

（4）近景：胸部以上，常用来表现物体的局部特征或人物面部表情的景别。其以质地、表情为表现对象，在表现上更接近主体，更能对对象进行仔细表现，具有较好的视觉效果。由于此景别介于中景和特写之间，没有明显个性，很多人不把其单列出来。当其注重表现的是交流场景，将其归结为中景，具有中景的特性。当其注重对对象的质地、眼神进行表现时，将其归为特写，具有特写的特性。

（5）特写：肩部以上画面，用来表现某些细小的局部，用特写拍摄的内容本身具有一种强调和突出的意味，观众一看到这种景别就会产生一种预期心理，自然而然要探究其用意，所以这种景别一般有以下功能：

①用特写来表现问题核心所在。例如，一个翻炒特写，把炒菜这一过程中最具代表性、关键性的动作展示出来，并且还简化了整个炒菜的过程。

②特写易激发观众的联想和思索，常有象征性和寓意性。因此，它可以超越时空进入人的另一个领域——"精神世界"，具有强烈的主观感情色彩，可以将人们的细微表情和特定的瞬间心理活动、表情等传达给观众。

③常用来细腻地刻画人物性格，表现人物情绪，有时也用来表现某物的细部特征，有一种强调暗示作用。

从以上作用看，特写是镜头语言刻画人物、描写细节的独特手段，在影视中起重要作用，是点睛之笔，运用得较少，但是给观众心理视觉上强烈的感染力，它跟其他景别配合使用就形成了长短、强弱、远近的变化，形成了一种蒙太奇节奏。

（二）镜头调度的依据

视点是镜头调度的依据。

影视艺术不同于舞台艺术，关键就在于影视艺术中加上了镜头调度，形成了与舞台艺术完全不同的视点。舞台艺术的视点是多重的，而影视艺术的视点需要用摄像机的镜头来体现。实际上，在拍摄现场我们看到的一切是展现给我们的眼睛的，而对于编导来说，更重要的是通过镜头展示给电视观众的是什么样，而在这个过程中，镜头调度起到了关键的作用。

与舞台艺术相比，影视艺术是单一视点，具有多变视角、集合呈现的特点，这是镜头调度产生的效果。

影视艺术的单一视点，指的是在同一时间内，只能通过一个镜头来呈现观察到的事物（某些屏幕分割特技产生的效果除外）。观众在同一时间只能通过单一的视点来观赏影视节目，被动地接受编导安排的镜头顺序。

但同时，视角又是多变的，所以这个单一视角也会让观众感到非常丰富。尤其在今天的多视角、多机位电视节目中，当这些多变的视角和景别集合呈现的时候，会看到比现场观看更加细致、更加奇妙的景象。

（三）镜头调度的目的

通常状况下，镜头调度有以下目的：

（1）展示环境。

（2）展示人物之间以及人物与环境之间的位置关系。

（3）表现人物动态，强调人物动作。

（4）引导观众视线，让观众把注意力集中在编导希望强调的事物上。

（5）营造节奏感，使声画语言更加流畅，富有动感，并利于形成某种情绪。

综合来说，镜头调度的目的是强化内容，渲染情绪。

（四）镜头调度需要考虑的因素

1.总角度主镜头

总角度又称主要角度，是指为了保证景物空间关系的统一和正确表达场面调度所确定的全景拍摄角度。主镜头一方面指拍摄总角度的全景镜头；另一方面指在一个完整的镜头段落中承担实质性含义的镜头，它是镜头段落完整的保障。

无论什么节目，在拍摄时先要考虑总角度主镜头，就是要拍摄一个总括全场的全景，这个全景要能够全面地表现场面中的人、景、物，以及他们的位置关系。

2.运动的方向感

由于屏幕主体运动与现实生活中的运动不一样，它具有一定的假定性，它是以屏幕四框为参照，当拍摄角度不同时，主体呈现在屏幕上的运动形态就不一样，现实生活中的多种运动形态表现在屏幕上一般具有三种情况：横向运动、垂直运动、环形运动。

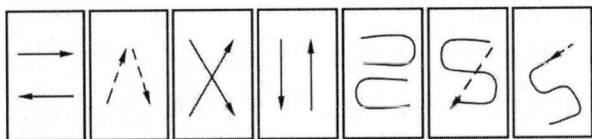
屏幕上的运动方向

横向运动：主体在屏幕上自左向右或者自右向左地运动，整个运动过程中总方向不变，要么自左向右，要么自右向左。当然，这里的横向并不一定是水平的方向，也可以是横向的斜线。

环形运动：一般由相反方向的横向斜线组成，它的运动方向是一种相反的变化，先是自左向右，然后变为自右向左或反之。

垂直运动：一种上下运动，主体对着摄像机的方向而来或者背着摄像机的方向而去，这个时候运动方向是中性的，运动轨迹是自上而下的线。

不同屏幕运动方向的镜头相接，表现不同实际运动的含义，如不变的屏幕运动方向所描述的是主体运动只有一个方向，或由左至右，或由右向左，显示主体在向前推进；而相反的运动所描述的则是一个人或一匹马一去一回，或在两个主体必须显示出他们彼此正向着对方移动，两者是一种相反方向的运动；而垂直的运动方向是描述主体朝着摄像机而来或背着摄像机而去的运动，它是一种中性的运动，没有太明显的动向，在剪接时它可以与任何方向移动的场景交切。因此我们一般可以把屏幕上的运动方向（镜头表现的运动方向）分为不变的、相向的和中性的三种。

3.镜头连接后所表现的运动方向

（1）不变的屏幕运动方向。屏幕上一个特定的运动方向设定以后，就应该在这个设定的运动模式里保持下去，以达到一种明确的方向感。

在这种情况下，主体的运动只有一个方向，屏幕中可以是一个人在走，一匹马在跑，或一架飞机在飞，这样的一系列镜头中的主体应该是朝着同一个方向移动的，用来表示它在向前推进，如果中间有一个镜头突然改变了，与屏幕中原来行进的方向相反，观众就会认为移动着的主体是突然又莫名其妙地在转过来要回到出发地去。这就会使观众在理解上发生困难。那么，怎样的两个镜头连接后才能有效地表现出不变的运动方向？

这要遵循屏幕上一个特定的运动方向经过设定之后，就应该在这个运动的模式里保持下去，以达到一种明确的方向感。表现一个运动体一直沿着一个方向行进——这一点在相连的两个画面中主体在进出画面时，行动方向也得保持一致。比如一架飞机在前一个画面中是往右飞出画面的，那么在下一个画面中应该是从左边进来，这就可以保持视觉上的连贯和运动方向上的一致性。否则观众会觉得飞机在飞行方向上发生了180度的变化，从而引起观众在方向上的混乱。

当镜头需要表达在一个运动体内的事情，比如卡车、公交车或者火车内部的情况时，要特别注意。表现火车自身的移动时，就一定得显示出它在朝着一个不变的方向移动。有时根据叙事的需要，要从运动着的火车的外部画面切换到火车里的画面。为了过渡间的视觉流畅，也得注意用摄像机在铁路的同一侧拍下的画面，以保证运动方向的一致感。在火车内部的事件的拍摄则可以从多角度去表现。但是内部方向如果夹杂车窗外的方向，要注意方向性。如果没任何过渡突然切入一个与窗外景色移动方向相反的运动画面，就会给观众火车突然开回去的印象，这就打破了运动方向的设定。解决的办法是，如果加入一个此人转头的动作，再切入此景色，人们就知道是表现此人对面的人与景物，人们知道此时车一直在向一个方向移动。

（2）相反的屏幕运动方向——相反的运动是表示运动的物体向相反的方向或相对方向行进，这时，可以表示同一个主体的一去一回，也可以表示两个主体彼此正向着对方运动或者背向对方运动。如果是同一运动主体的一来一回的描述，比如是从家里出发去商店，又从商店回到家里，在表现这种一来一回的运动方向时，应该事先设计好来回时的方向是相反的。这个时候如果画面中有一个明显的标志性参照物，比如电话亭，观众看起来会更加一目了然。这样就不需顾及摄影角度和景别，观众自然就能辨明方向。相反方向的屏幕运动，在剪接时一般可用交替的模式来叙述移动着的双方将相遇并发生冲突，如果两个主体是正赶着去约会的一对情人，男女双方行进的方向在屏幕上就应该表现为刚好相对。有时还可以利用这种相反方向运动的对抗来设立悬念，营造一种冲突的气氛或加强叙述上的戏剧性感染效果。

例如，1995版电视剧《神雕侠侣》中杨过找小龙女一段戏，在一个集市的街头，上一个镜头杨过与伙伴从街市右边向左走去，下一个镜头是小龙女在街市的另一头从右向左走，看着这两个镜头观众自然想到这次杨过一定可以找到小龙女了。利用这样的镜头做出一种悬念，如此这般做几次切换，这种悬念更加强了，但是当他们同处于同一个镜头时，小龙女面向观众在一个摊位买东西，而杨过他们在小龙女身后擦肩而过。

当然要增强一种戏剧高潮的紧张气氛，除了运用相向的屏幕运动以外，还需要从景别的变化和剪接率的加快来辅助。

（3）垂直的屏幕运动方向——垂直的屏幕运动是一种中性的运动方向，它是表示运动着的主体向着摄像机或背着摄像机的方向运动。

为了很好地说明这个问题，首先介绍几个特殊镜头：迎面镜头、跟尾镜头、跟踪镜头。

迎面镜头——主体从画面一边入画朝向镜头走来，变成一个中性方向镜头，这样的镜头就叫迎面镜头，它是无方向性的。

跟尾镜头——主体从画面一边入画背向镜头离去，变成一个中性方向镜头，这样的镜头就叫跟尾镜头。它也是无方向性的。

跟踪镜头——其实就是不同方向的跟镜头，当摄像机直接在主体前方或者后面移动，这种镜头不在景格中有出、入画，这样的镜头就是前跟、后跟镜头（是无方向性的）。当摄像机在主体的一侧或者3/4位置处拍摄（又叫四分之三镜头——骑轴一侧180度的3/4）时，这样的镜头主体就有了方向性了。另外，跟踪镜头也有出画、入画，但是主体是从摄像机的上方（如摄像机从国旗下穿过）或下方（如摄像机在高架桥上向下拍摄）出入画；或者一群人朝着摄像机移动，分开来并从景格的两边出镜，或者从景格的两边入镜，合在一起并一直背着摄像机而去，这样的画面运动方向都是中性的。

这是屏幕上表现的运动方向，只有三种，所以在屏幕上要表现一种方向的运动，先判断好上一个镜头的屏幕运动状态，然后要知道自己要表现的运动方向是什么，然后按照匹配原则连接镜头。

影视工作人员必须清楚屏幕上运动的方向性与实际生活的方向是不一样的。实际生活中人们可以从任何一个角度去观察一个物体的运动，而且很容易弄清运动的方向，这是因为在现实中观察物体的运动时，我们很快就能把运动物放在一个环境中作参照。这样便可轻易地把握物体运动的总方向，另外当我们自己从运动物体的一侧转换到另一侧去观察时，我们已意识到视点的变更，也就有了心理准备。更重要的是我们在观察物体的运动时是不间断的。运动物体在时间和空间上都是连续的，这种连续就可以保证在我们的思维中与物体运动中是连续的，也好辨别方向。但是屏幕上物体的运动总是被切断，在电视的镜头语言中反映的物体运动是通过片段结合连接的方法来实现的。因此屏幕上物体的运动在空间上有种跳跃性，加上观众会怀疑摄像机镜头的观点可能在省略的片段中转换了，这样就会严重干扰观众对屏幕上运动方向性的认识。

我们知道，如果摄像机的机位不同，拍摄下来的同一物体的同一运动方向是不同的，如果是放在物体运动的两侧去拍摄，那么在屏幕上看到的是完全相反的方向。

这种现象如果在剪辑时不注意，把不同侧面拍摄的画面直接组接到一起，就表现不出一个不变的方向了，使观众搞不清主体到底是向哪个方向运动，就会出现屏幕上主体运动方向上的混乱。为了避免出现这种混乱，设定并保持屏幕上方向的一个办法，就是遵守镜头调度180度总角规则或者轴线规则。运动轴线是贯穿于主体运动的一条假想线。在拍摄主体的运动时必须把摄影的位置选定在这条线的同一侧。如果越过这条线就会引起动作方向的混乱。比如在转播足球赛时，摄制组总是把摄像机都安置在球场的同一侧。不但在拍摄时要保障轴线原则，在电视的后期编辑时，运动轴线这条无形的线也是一条很重要的线，只有编辑人员头脑里有了这根线，才能保证向观众提供主体运动的正确方向，才能将同一场景中拍摄的不同镜头按设定的屏幕方向剪接在一起。

如果出现了跳轴错误的拍摄，一般可以考虑以下解决办法：

①借助运动的动作变化改变轴线。在两个相反方向运动的镜头中间，插入一个有运动转变动作或人物转身动作的镜头，用动势把轴线变过来。

②插入中性运动镜头。在两个相反方向运动的镜头中间，插入一个有纵深感运动的镜头。中性运动镜头没有明显的方向性，可减弱相反运动的冲突感。

③借助人物的视线。比如在车上看外面的景物从左至右划过画面，插入坐车人转头从左往右看的镜头，随人物视线变成景物从右至左划过画面的镜头。以人物视线作契机，使相反运动有了逻辑联系。

④特写镜头插入。在两个相反运动方向的镜头中间，插入一个局部的特写或反映镜头的特写来暂时分散人的注意，减弱相反运动的冲突感。这是一种很常用的办法。

⑤全景再次交代视点。在一些速度不很快的运动物体改变轴线时，可以从近景跳到大全景，等运动方向已改变过来后，再跳到小景别。这是纪录片剪辑的有效方法之一。

（4）静态的屏幕方向——视线的匹配。屏幕上的静止相对于人物动作的动态来说是一种相对静止的状态。这时候虽然在动作上没有明确的方向性，然而在上下画面的关系中它还是有着逻辑上的方向性，这个方向性主要表现在人物视线的方向上，所以静态的屏幕方向就是屏幕上的视线方向。画面中主体的静态方向的安排上同画面中主体运动方向一样仍很重要。因为人的视线与他的运动方向有密切的关系，只有在主体运动状态和静止状态都保持一种设定方向的连续性时，方能保证他们的方向和视线在连接画面时才配合得起来。

①什么是视线匹配。视线匹配指的是剪接时画面中人物的视线方向要合乎一定

的逻辑关系。由于画框对空间的分割作用，物体和人物在屏幕上表现出明显的方向性。为了保持正常的逻辑关系，画面中视线的方向应符合人的心理感受。如表现人物交流关系的对话、对视等应使两幅画面中人物的视线保持相对的方向，如表现视线的方向一致，应使画面中人物的视线向同一方向看。视线的作用是使人的画面和人的画面、人的画面和物的画面联系起来，物（景物或物体）常常作为人物视线的结果表现一种对应关系。

例如，甲、乙两个人坐在对面说话，上一个镜头甲看着屏幕右方说话，下一个镜头就应该是乙看着屏幕左方说话，这样给人的感觉是两个人面对面说话，从而使两个人建立了联系。

有时是人与物建立联系，车厢内两个人说话，其中一个人一转头看车窗外，下一个镜头就是车窗外的景物，这样人与景物就建立了联系。

在剪辑时视线往往是剪接的一个重要依据，视线的落点往往被选作剪接点，人看哪里，哪里的景色就该是下个镜头的画面。

②剪接时应该如何做才能保证视线匹配。为了保证视线匹配，一定要遵循关系轴线规则。静态的屏幕方向，因为没有明显的运动方向，主要是视线方向，所以，以人们的视线建立起了一条关系轴线。关系轴线在拍摄和编辑时都很重要，是我们前期拍摄时的依据，以此关系轴线为准不越轴拍摄，所有的画面在后期编辑时都可以组接在一起，不会发生视线混乱的情况。

应用时注意以下五点：

①屏幕上的主体——一个、两个或更多的人，在一个配合的剪接的每一边，都要注视着相同的方向，这才能保持视线的方向一致性。

②在连接着的配合画面中，摄像机的视点和镜头里人物的视线，都必须保持在轴线的同一边上，如果不是保持在同一侧将是越轴镜头。

③两个人对视时的个人特写要保持各自所设置视向的一致性。

④当有运动时，各表一人时要注意，人物运动是中性，与屏幕外人物发生关系有出画入画时，出画入画一定在摄像机光轴与运动轴线间进行。

⑤三人或更多人时，为了位置和视线的匹配，就要特别考虑视线的方向要正确，适当出现两人镜头或者全景，不要让观众对三个人的位置关系产生混淆。

4.景深

景深是指在摄影机镜头或其他成像器前，沿着镜头轴线，成清晰影像的景物范围。在聚焦完成后，在焦点前后的范围内都能形成清晰的像，这一前一后的距离范围便叫作景深。在镜头前方（调焦点的前、后）有一段一定长度的空间，当被摄物体位于这段空间内时，其在底片上的成像恰位于焦点前后这两个弥散圆之间。被摄体所在的这段空间的长度，就叫景深。换言之，在这段空间内的被摄体，其呈现在底片上的影像模糊度，都在弥散圆的限定范围内，这段空间的长度就是景深。

光圈、镜头及拍摄物的距离是影响景深的重要因素。光圈越大景深越小，光圈越小景深越大；镜头焦距越长景深越小，反之景深越大；主体越近景深越小，主体越远景深越大。

利用景深的作用，可以虚化背景，突出主题，也可以展现镜头中人物的相互关系，还可以利用长镜头中景深的变化来制造情节发展，创造"镜头内部的蒙太奇"。

三、场景调度

（一）场景调度及其功用

场景指的是影视中事件发生的环境。包括实景、人工景以及二者的结合。场景调度，就是为了实现编导的意图和摄制的需要，在拍摄中通过改变环境的布局、灯光、色彩等方面进行的调度。

场景调度的功用在于配合内容，营造气氛。影视是综合艺术，让更多的制作手段进入到场面调度中来，能更好地营造出需要的气氛，为情节发展和内容展开服务。

（二）场景调度主要方式

1.转换场景地

转换场景地就是转场，场景地从一个转到另一个。如果是分切镜头，正常转换拍摄即可；如果是长镜头，那么需要在镜头内部实现场面调度，不仅是人物和镜头的调度，在场景设计上，也要做好各种准备。

改编自《十二怒汉》的影片《十二公民》中绝大部分场景都是在一间屋内、一方桌前，十二名陪审员讨论嫌疑人是否有罪。在讨论之中，有人摇摆、有人坚持自己的观点，也有人为讨论的意义感到不解而暴躁。影片虽场景简单，但同样极具魅力，同样精彩。

2.转换场景的背景

转换场景的背景主要指在一个场景内，背景布局随内容的需要发生变化，在当前的影视作品中应用很多，如在电视歌舞综艺类节目中，用电子技术手段实现背景的转换。

3.光线色彩的转换

这是一种比较普遍的场景调度。在使用中不易掌握，光影变化和色彩变化会使演出更加绚烂，但如果处理不当，也很容易让节目光线色彩变得凌乱，影响摄制效果。

4.借景

借景指为了满足内容的需要，把本不属于内容的场景借用到拍摄中的方式。比如，要让某些镜头在藏北高原发生，又不能前往拍摄，有时会采用借景的方式。后期使用色键等方式可以使效果逼真。

5.借位置

有时候，不能在原有场景的位置中进行拍摄，就需要借位置。比如，拍一个人在靠墙的桌子边面对墙壁学习，想拍一个正面很难，那么需要把桌子移开，在其他地方拍摄正面镜头，这属于借位置。

第三节　场记

一、概念

场记是影片拍摄阶段的一项工作内容，也指担任这一工作的专职人员，其主要任务是将现场拍摄的每个镜头的详细情况，如镜头号码、拍摄方法、镜头长度、演员的动作和对白、音响效果、布景、道具、服装、化妆等各方面的细节和数据详细、精确地记入场记单。由于一部影片是分割成若干场景和数百个镜头进行拍摄的，拍摄时不能按镜头顺序进行，因此，场记所作的记录有助于影片各镜头之间的衔接，为导演的继续拍摄以及补拍、剪辑、配音、洗印提供准确的数据和资料。场记最重要的任务就是协助导演合理规划镜头，防止穿帮、越轴等失误出现。影片完成后，这些记录还可供制作完成台本之用。

二、内容和格式

（一）内容

场记在电影、电视剧中有很重要的作用。一般场记必须准备三样东西：场记板、场记单、剧本。

场记板是在每个镜头开拍时需要打板用的。在板子上记录摄像机将要拍摄的集数、场数、镜数，然后被摄像机拍摄。

场记单有一定的格式，先写上集数、场数、镜数、条数，再写上拍摄的内容，最后记录时间码，并且要对导演满意的条数做记录。

剧本是对现场的记录，导演对画面的要求，像如何分镜、镜别等，以及细节之类的，如演员在这场戏穿什么衣服、什么鞋子，需要与哪一场戏连戏等。在电视作品中，很多时候这是指前期形成的脚本。

场记要时时在导演身边，及时记录导演所说的。关于场记的工作内容还有一些补充：一方面，是对拍摄的每一个镜头和导演及主要创作人员的艺术处理进行详细的记录。另一方面，对景号、镜号、拍摄内容、拍摄方法、镜头长度、演员的对话、服装、道具进行核对记录，保证被分割的若干场景和众多的镜头顺利拍摄，为后期剪辑、配音等提供数据和材料。

（二）格式

场记单的主要内容包括"场景、镜号、内容、内容文字说明、道具、内外、气氛、主演、景别、次数、效果、备注"等，最后落款执行内容"年、月、日"以及执行者内容"签名"。

场记单的格式不是所有节目都一致，有时根据节目的特点，还会在格式上有所调整。以下是一个场记单的范例。

导演：　　　　摄影：　　　　备用：　　　　场记：　　　　设备：

节目名称：							
磁带号：		时　码	画　面	景　别	技　巧	声　音	备　注
序　号	场　景						
拍摄镜头序号	拍摄地点和日期	镜头的起止时码	拍摄的内容	远、全、中、近、特	推、拉、摇、移等	同期声，包括同期声音效果	关于拍摄情况的特别说明

三、作用

可能大家会发现，场记的内容和格式与前期的分镜头脚本非常相像。它们的不同在于，分镜头脚本是按照节目播出时镜头的先后顺序来描述，而场记是按照拍摄时的先后顺序来描述。大体上，拍摄的顺序应该跟前期的拍摄计划一致，实际上在拍摄过程中，又常常会因为各种情况打破计划，那么场记的存在就显得尤为重要。因此，即便是小片子，素材并不多，做场记也是很重要的，因为编导和编辑对素材的记忆不会比落在纸上的场记更准确、更细致。因为时间关系，场记也可以略微简单些，但没有场记，就一定会吃苦头。场记的重要性体现在以下几个方面：

（1）有了场记，剧组可以拿它与前期制订的脚本进行对比检查，看看有没有错拍或者漏拍的镜头。

（2）场记也给编导的场面调度一些提示，编导可以通过场记本了解到已经拍摄的具体情况，了解到镜头调度、场景变化的情况，从而对此前的拍摄有切实的把握，也对下一步拍摄有良好的心理准备。

（3）对于后期编辑来说，场记显得尤为重要。清晰详尽的场记，可以使后期编辑在寻找素材、挑选素材方面节约大量时间，还能够更加准确地找到需要的素材。对素材熟悉的程度决定了编辑的质量，那么一份细致的场记，就是后期编辑最全面、最准确和最快捷的索引。

简而言之，在中期的拍摄录制阶段，编导应该带动指挥整个剧组，做到如下几点：

①依据拍摄计划和电视脚本进行现场拍摄和录制，注意场面调度。

②摄制人员各司其职，注意协调。

③注意设备的准备，尤其是技术保障。

④做好场记，哪怕小片子场记简单，也应该做。

思考题

1.制作节目中期工作的流程是怎样的？

2.在中期的拍摄录制阶段，编导应该带动指挥整个剧组做到哪几点？

3.编导在现场工作的时候，下达口令有哪些要求？

4.演员调度的主要内容是什么？

5.远景有什么作用？

6.特写有什么作用？

7.如果出现了跳轴错误的拍摄，一般可以考虑哪些解决办法？

8.什么是场记？有什么作用？

第九章　电视编导后期工作

后期编辑制作是编导的一项极其重要的工作。在此期间，编导的主要工作是：

（1）对文字稿进行审查、定夺。

（2）向剪辑人员阐明自己的创作构思和要求。

（3）指导电视片的剪辑工作，把握作品画面和声音的表情达意、节奏、风格。

（4）特技、字幕等技术手段的使用。

（5）认真全面地把关、检查。

第一节　后期工作流程与重点

后期制作是节目制作中关键的一环，也是形成一个节目最终的视觉效果、节奏感以及观众感受的最后步骤，包括画面和声音的编辑、音乐的创作、收集并制作音响效果和现场环境音响、对口型配音、制作片头和片尾字幕及其他字幕、录制音乐、混录声音、加入字幕和图表等过程，从而把一堆原始的素材镜头制作成一部完美的电视节目。后期制作的流程主要分为以下几个步骤。

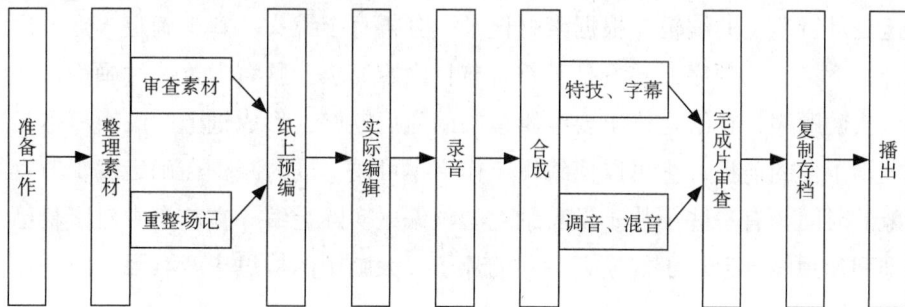

电视摄制后期工作流程图

一、准备工作

后期编辑的准备工作包括对编辑设备的准备和对编辑所需各种材料的准备。例如，要找好素材，预定好编辑室的编辑时间，如果是线性编辑，要准备好编辑台和录放机并做好必要的连接，还要准备好制作字幕特技等方面的设备。如果是非线性编辑，则要准备好编辑使用的电脑，要把素材采集到电脑中，并且得保证电脑中有足够的空间供编辑使用，还要保证编辑软件能正常使用。

二、整理素材

如果场记不理想，就要在开始编辑之前先看素材，做场记。列镜头的时候应该注明录像带编号、场次序号、拍摄次数，以时间码记下每一个镜头的入点、出点位置以及镜头内容的简单描述，如果编辑时使用非线性编辑系统，还可以按照需要的每个镜头的时间码依次录入系统。

（一）审查素材

检查素材内容是否满意，是否充足，镜头画面有无"穿帮"，焦点彩色是否清楚，镜头画面是否平、稳、准、匀，画面色彩是否偏色，是否为拍摄所要求的色调效果，曝光情况如何。有时为了达到某些艺术效果，要手动控制光圈。检查声音是否有杂音，背景声是否太杂。检查素材的录制质量，可以观察正常重放的素材画面，如果图像出现左右晃动、上下跳动、画面上有黑道或白道、雪花干扰等现象，则这段素材画面质量较差，不宜用于编辑使用。

（二）重整场记

为了在实际编辑时迅速找到所需画面，提高工作效率，可以在初始拍摄提纲上作注释，也可以单用一张纸来记录素材镜头内容，包括镜头号。一般前期拍摄时，每一个镜头前要打板，板上写上镜头号和拍的次数，使编辑可以轻易地分辨出每个镜头的开始和结束，以及所拍的遍数。进行编辑时，最浪费时间的事情常常是在大量的素材中寻找所需的画面。所以，重新整理场记是很必要的。

三、纸上预编

这是进行笔头的编辑，根据素材记录，分析每个镜头，基本确定入点、出点，再安排一下镜头的顺序，看看是否符合节目内容要求，脑海中过一过画面。按照场记中镜头的顺序，在纸上排出要编辑镜头的先后顺序，形成纸上的编辑稿本。这是进行编辑工作的前提，它可以使编辑工作有本可循，同时减少在确定编辑节目结构时犹豫的时间。有一些小片子没有纸上的预编，实际上编导在脑海中对素材已经进行了排列和预编，但对于规模大一些的片子，大脑中的构思毕竟有限，还是提倡进行纸上预编。

四、实际编辑

（一）粗编

粗编指对素材进行筛选，剪接成一部完整而流畅的节目。它是纸上预编方案在实际上的落实。这时主要按照原定顺序对镜头进行前后排列，使挑选出的素材能组成一个大致流畅的片子。

（二）精编

精编使节目更加流畅、精致。可以在原版素材上进行，直接制成原版节目带，也可以把经过粗剪的节目带重新剪接之后再复制成副版节目带。在非线性编辑中，因为每一步都是虚拟编辑，所以在粗编基础上进行精编就更加方便。

在实际的编辑过程中，专业编辑人员对粗剪和精剪的区分通常并不严格，如经常在粗剪时就做好特技转场和声音混录，而这些一般都属于精剪过程。尤其在非线性编辑过程中，因为非线性编辑有特技、字幕和合成等方面的功能，编辑人员常常根据自己的习惯调整先后顺序。

五、录音

画面和声音的编辑顺序根据节目内容的不同和编辑习惯的不同，可以先编辑画面，后配音、配乐；也可以先配音，再编画面、配乐。制作声音包括选择什么样的音乐、音响效果和环境音响，画面的关系是怎样的，还要做最后的混录工作，注意长短和节奏以及镜头的连贯性。要求根据节目内容需要来挑选镜头，按创作意图决定镜头顺序，确定镜头的长短和节奏以创造出预期的效果。

六、合成

合成的工作包括画面和声音的精致合成、声音的调制和混合，也包括特技和字幕的制作。对于电视栏目来说，同一栏目的节目在合成和包装上常常力求风格统一，在字幕、特技等方面要保持栏目总体的一致。

七、成片的审查

对成片的审查是电视台节目制作的重要一环。事实上，审片的要求是否严格常常是能否出精品的关键。只有不断审查出节目的缺点，甚至撤掉一些粗制滥造的节目，才能让以后节目的制作更加精益求精，从而保障节目的质量。对于电视栏目来说，栏目的总体质量与审查息息相关。

在审查过程中，审片人不仅要从政治上和节目文稿上把关，还要对节目中镜头的摄制，编辑的流畅，结构的严谨，画面的信息量和准确度，声音的使用，乃至特技和字幕的运用等方面进行细致的审查，把每个小问题都明确地告知编导，以利于节目的改进。

八、复制存档

在审查完成之后，节目就可以播出了。一般来说，完成的节目要复制存档，有的复制到录像带存档，还有的在硬盘或者光盘中存档。

第二节　线性编辑与非线性编辑

随着计算机技术、计算机网络技术和多媒体技术的发展，非线性编辑成为电视节目后期编辑制作的重要方式，而传统线性编辑在实际工作中仍然得到广泛使用。非线性编辑和线性编辑各有所长，应取长补短。

一、线性编辑

传统的线性编辑主要是指电视节目编辑是在编辑机上进行的，编辑机一般由一台放像机和一台录像机组成，编辑人员在放像机上重放磁带上早已录好的节目素材并选择一段合适的素材打点，把它记录到录像机中的磁带上，然后再在放像机上找下一个镜头打点、记录，这样反复地工作，一直到把所有合适的素材按照节目的要求全部按顺序记录下来。由于磁带记录的画面是按顺序的，所以无法在已录好的画面之间插入一个镜头，也无法在删除一个镜头之后使画面能自动接好。如果要插入、替换或删除镜头，就必须把这之后的画面全部重新录制一遍，在替换画面或声音时，新的画面和声音必须与原来的长度相同。

传统的线性编辑经过多年发展，技术已相当成熟，硬件的稳定性也很高，制作过程简便迅速并且直观。对于很多短小精悍的，尤其是时效性很强的节目，如突发事件的报道、紧急插播的新闻等节目要求的是时效性、现场的真实感，不用进行过多的编辑制作，这时就体现出线性编辑的优势了，线性编辑可用最快的速度对节目素材进行简单而必要的编辑后迅速播出。

但另一方面，线性编辑也有很多限制。比如在节目长度上不能随时变化，并且难以加入特技和字幕等手段，如今对于大部分节目来说，线性编辑在使用上越来越少了。

二、非线性编辑

非线性编辑是相对于线性编辑而言的，非线性编辑具有信号处理数字化、编辑方式非线性和素材随机存取三大特点。按其记录载体和对载体的操作方式可以分为机械非线性编辑、电子非线性编辑和数字非线性编辑，我们现在一般所指的非线性编辑是数字非线性编辑，它是以计算机及其大容量随机存取记录技术为基础的影视节目非线性编辑方式。非线性编辑系统将通过采集卡采集的视频信号经过数字量化压缩以后存储在计算机的硬盘上，在计算机的软硬件环境中完成素材的编辑、合成、特技处理和配音等工作。在完成整个编辑过程之后，可以通过相关的硬件设备将视频录制到磁带上，或直接保存为视音频文件等。

非线性编辑具有很多优点：节省时间，录像、编辑、特技、动画、字幕、声音等各种功能一次完成，十分灵活、方便；节目信号基本无损失，维护工作量小，维护成本低；可以充分发挥编辑制作技术人员的创造力和想象力，可实现较复杂的编辑功能和多层效果，同时它的开放性好，便于联网，易于升级，发展前景广阔。

非线性编辑是计算机进入到电视编辑领域产生的重大变化，由于它本质上是一种虚拟编辑，所以在编辑时可以任意尝试，不必担心出现错误。非线性编辑系统处理过程是数字化的，无论对录入的素材怎样进行反复编辑和修改，无论进行多少层画面合成，都不会引起图像质量下降，不会增加噪声和各种非线性失真，这克服了模拟编辑系统的缺点，有效提高了视频节目质量。非线性编辑系统可根据预先采集的视音频内容从素材库中选择素材，并可加入各种特技效果，编辑操作简单，提高了制作效率。所以，尽管非线性编辑系统还存在机器容易死机，文件可能损坏等计算机带来的问题，但还是受到电视编辑领域的广泛青睐。

目前，线性编辑和非线性编辑仍是电视节目后期制作中广泛使用的两种编辑方式，这两种编辑方式各有优缺点，编辑技术人员应该将这两种方式结合起来，扬长避短，使它们在电视节目制作中发挥重要的作用。非线性编辑节省了电视节目制作的时间，提高了编辑的准确性，充分发挥了现代科学技术对电视节目制作的积极影响，其发展趋势良好。

第三节 画面编辑

影视的画面编辑有相对于其他艺术形式的独特之处，那就是它创造了蒙太奇这种特殊的表意方式，尤其在画面编辑方面，蒙太奇形成了自己一整套的表意方式。

一、蒙太奇和它的特点

蒙太奇（法语：Montage）是音译的外来语，原为建筑学术语，意为构成、装配，在影视中意为组接。最早被延伸到电影艺术中，后来逐渐在视觉艺术等衍生领域被广为运用。蒙太奇是影视艺术在表达方式上的突破，也是影视艺术最重要的语言方式。

蒙太奇给人类带来了前所未有的视觉感受。在西欧、美国和苏联，电影艺术家和理论家们对蒙太奇这种新型语言方式进行了深度的实践和探索，摸索出了它的一些规律和特点。运用蒙太奇也是影视画面编辑的基础。

经过电影艺术家和理论家的实验探索，他们发现，当单个画面表意时，具有单一性的特点，比如"杯子"，用语言文字表达具有多义性，而用画面表达画面是单义的，指的是这一个杯子，想要表现"各种杯子"就得拍很多。同时，单一画面在解释上具有随机性，一个具体画面可以有多种解释，而在画面组接起来的时候，就有了一些不同的表现。

1.几个镜头组成段落表意，不能单独表意

电影理论家库里肖夫曾做了一个很有趣的实验。他从某一部影片中选了俄国著名演员莫兹尤辛的几个特写镜头，都是静止的没有任何表情的特写，亦即静止不动的特写，然后把这些完全相同的特写与其他影片的小片段连接成三个组合。在第一个组合中，莫兹尤辛的特写后面紧接着是一张桌上摆了一盘汤的镜头。这个镜头显然表现出来：莫兹尤辛是在看着这盘汤。第二个组合是，使莫兹尤辛面部的镜头与棺材里面躺着女尸的镜头紧紧相连。第三个组合是这个特写后面紧接着是一个小女孩在玩一个滑稽的玩具狗熊。当把这三种不同的组合放映给观众看时，效果是非常惊人的：观众对艺术家的表演大为赞赏，他们从那盘忘在桌上没喝的汤，看出了莫兹尤辛沉思的心情；他们看到他看着女尸时那副沉重悲伤的面孔，也跟着异常感动；而看到他在观察女孩玩耍时的那种轻松愉快的微笑时，他们也跟着高兴起来。

这个实验说明，单个镜头具有多义性，而两个看似不相干的画面组接在一起，却能使观众在心理上把它们联系起来，从而表示出新的含义。

2.镜头组接的排列顺序对镜头语言的意义表达有重要影响

库里肖夫还做过另一个实验，假如有三个这样的片段：一个是一张微笑的脸，另一个是一张惊恐的脸，第三个片段是对着一个人瞄准的手枪。现在尝试把这三个片段按照两种不同的次序连接起来。首先表现微笑的脸，其次是手枪，最后是那张惊恐的脸；而第二次却把惊恐的脸首先表现出来，其次是手枪，最后才是微笑的脸。从第一种排列的次序中，观众得到的印象是：那个人是一个懦夫；在第二个例子中，那个人就成为一条好汉了。

这个实验说明，镜头的先后排列顺序会严重影响到这一组镜头表达的意义。

3.镜头组接会产生新的含义

苏联电影理论家爱森斯坦发现，把两个取自不同时间和地点的镜头与原来的时空连续性相剥离，用一定的方式进行对列组接，就会产生出新的表象，可创造出未经剪辑的影片的镜头中非固有的概念。爱森斯坦通过两个不同镜头的有意组接，试图形成超越两个镜头的第三重含义，也就是两个镜头的特意组接产生"1+1>2"的新意。

事实上，人眼具有不断追寻新的图像的生理本能。影视是用声画记录形象和重现运动的，而蒙太奇的运用正确地重现了我们通常观看事物时不断追寻新目标的方式，重现了我们在现实环境里随注意力的转移而依次接触视像的内心过程。

4.镜头语言可以自由地处理时空，创造出影视语言独特的时空结构

据说，1920年，库里肖夫曾把下面一些场面连接起来：

A.一个青年男子从左向右走来。

B.一个青年女子从右向左走来。

C.他们相遇了，握手。青年男子用手指点着。

D.一幢有宽阔台阶的白色大建筑物。

E.两个人走向台阶。

这样连接起来的片段在观众眼中变成了一个不间断的行动：两个青年在路上碰见了，男子请女子到附近一幢房子去。实际上，每一个片段都是在不同地点拍摄的。结果，虽然这些片段是在不同的地方拍摄的，可是在观众看来却是一个整体。

蒙太奇在时间、空间等很多方面都会产生新的含义，通过不同镜头的组合产生魔术般的全新含义，这也是影视艺术的魅力所在。

二、叙事蒙太奇

（一）叙事蒙太奇的含义

叙事蒙太奇是以交代情节、展示事件为主旨的一种蒙太奇类型。它是在剪辑中依据情节发展的时间顺序、逻辑顺序及因果关系来分切组合镜头、场面和段落，表现动作的连贯，推动情节的发展，并引导观众理解剧情。通过表现运动中的人与事物来获得一种叙述功能，因此又称其为"外部描写性蒙太奇"。这是最基本，也是最常用的影视叙述方法。

叙事剪辑（叙事蒙太奇）的内在依据是生活所固有的内在的规律性，就是生活的逻辑。

例如，一个学生起床到盥洗室洗脸刷牙，他得首先从床上坐起，穿衣下床，然后到盥洗室刷牙洗脸，这就是生活中的自然规律。人不能从床上坐起就在床上开始刷牙洗脸，然后再穿衣，这就不符合自然规律，也就是不符合生活的逻辑，所以剪辑最根本、最基础的依据就是生活的逻辑。

生活的逻辑主要包括两个方面：连续性、联系性。在空间表现上，要给观众空间的统一感。在时间表现上，要以一个特定场景中一个完整的动作的线性表现，作为时间连续性的表现。同时在联系性上，要表现出与其他事物之间存在着某种逻辑上的联系。

（二）叙事剪辑的几种结构方式

一般来说，镜头叙事的基本模式有以下三种：

1.前进式（顺序式、平铺直叙式）

前进式即叙述由远到近，镜头景别由大到小的叙事方式。这种方式是根据人们了解事物的心理重点和观察事物的视觉重点，将观众注意力逐渐从环境引向重点、兴趣点，展开一个动作或事件过程。

这是一种符合人们感知事物习惯的平铺直叙的表述句型，因为我们对于事物的观察、体验通常都是遵循从外到内、由表及里、由远到近，循序渐进的一般规律。

对于动作连续来说，前进式的方式是先用全景建立动作的总体形态，再用中、近景来强调动作的细节和它实际的价值；对于事件来说，先用全景建立总体的环境概貌，再用中、近景把注意力引向具体物体，突出细节。

这样的叙事方式使观众能够清楚地了解事实和事件的发展，如一条关于交通堵塞的新闻：

A.远景，雪景中环线公路上远远望去如长龙般的车队；

B.全景，车辆在极缓慢地挪动；

C.中景，有辆车停在路中，警察正在疏导；

D.近景，地面积雪，打滑的车轮；

E.近景，小心翼翼的驾驶员。

这几个镜头先从总体形象上直接展示了大规模交通堵塞的新闻事实，然后，逐步递进地显示了车辆行驶缓慢，行车事故增多，交通警察在各主要路口指挥的现场状况。近景镜头进一步说明了交通滞缓的原因，整个报道的画面语言非常清楚，有点有面。前进式是叙事剪辑中最常见的也是表现最直接的句型。

2.后退式（悬念式、先声夺人式）

叙述由近到远，景别由小到大的叙事方式。这是一种比前进式叙述更容易吸引人的变异方式，视觉刺激较强，悬念性强。

从剪辑形式看，一般用小景别强调兴趣点、精彩点或者最富有吸引力的部分，造成先声夺人的效果。比如：

A.特写，一只脚踢起足球；

B.中景，一个队员倒踢飞来的足球；

C.全景，一个队员带球过人；

D.全景，对方队员倒地铲球，球飞出界外。

在这里，踢球特写具有很强的动态性，采用后退式，可以以有力的开始镜头将观众带入叙事氛围中，这一手段在电视片、广告片的编辑中被经常使用。

3.片段组合式（省略式）

选取一个完整运动过程中的几个主要片段把它们组接在一起，每个片段只是事件发展中一个代表性和相关性的动作高潮。通过这些高潮段落的组合，建立起一个完整事件过程印象。这在报道领导人访问的新闻中经常出现：

A.飞机降落；

B.领导人走下飞机招手示意；

C.迎接者；

D.领导人同前来欢迎的人握手。

在这里，每个片段都是欢迎领导人来访这件事情，具有代表性和相关性的动作高潮，通过这些高潮部分的组合，观众建立起完整事件过程的印象。

片段组合式叙述并不侧重景别表现的意义，而是强调突出必备内容，省略不必要的中间过程，这是一种简洁的叙事方式。在电视创作中，很多时候，很难采用分镜头拍摄，利用动作片段叙事也是比较常见的。在叙事剪辑中，首先应该确立这样的观念：

A.作为基础叙事形式，蒙太奇句型并不简单地意味着镜头景别变化，而应被视为一种叙述思路；

B.叙事的剪辑通常是建立在一个甚至几个简单句型基础上的复合形式。

三、表现的剪辑

如果说叙事的剪辑侧重强调事件发展的连续性和动作的连贯性，那么，表现的剪辑则体现出了更多的创造性和想象力。它的目的不在于叙述情节，而是用一种作用于视觉的象征性的情绪表意方法，直接深入事物的深层，去表现一种比人们所看到的表面现象更深刻、更富有哲理的意义。

（一）定义

表现剪辑以镜头对列为基础，通过镜头组合在形式或内容上的相互对照、不断叠加，产生单个镜头所不具有的更丰富的含义，以表达某种情绪，激发观众联想。

（二）主要特点和功能

（1）特点。

①不是为了单纯叙事，而是为了在叙事中表达某种主观的思想、主题和情绪；

②镜头组合的逻辑依据是画面形象思维的意义，而不是连续的时空关系；

③镜头在对列中产生对比、积累和隐喻等方面的效果；

④它的意义产生靠观众联想来完成。

（2）表现蒙太奇的功能在于创造思想、创造节奏、创造隐喻、创造悬念和创造情绪效果。

（三）表现蒙太奇结构形式

1.对比剪辑

对比剪辑是通过镜头（或场面、段落）之间在内容、形式上的反差造成强烈的对比，产生相互强调、相互冲突的作用，从而表达创作者的某种寓意或强化所表现的内容、情绪和思想。

世间万物充满了矛盾与差异，各种复杂的对比关系构织于一起互相衬托地显现着，如高山与动植物形成庞大与渺小的对比，街道的建筑物与来往车辆形成静止与运动的对比，还有悠闲自在的老人与匆匆奔忙的上班族、现代化的通信工具与古老的烽火台、中国乡俗婚礼上的洋新娘等，不胜枚举。

影片《辛德勒的名单》中的色调为黑白色调，但影片临近结束时，出现一段彩色画面，一位穿红衣服的女孩在黑白色调的影片中格外显眼。影片以这种对比的方式，显示对侵略者侵略行为的谴责以及对和平的向往。对比剪辑的效果还体现在利用画面结构的对比造成的视觉震惊感上，尤其是在为突出某个形象或烘托场面气氛、加强动态效果的段落剪辑中。比如，运动场上的如潮人海与场上运动员（多与少），比赛中近景、观众特写与运动场的大全景（大与小）、关键时刻的紧张与成功时的欢呼（动与静），这些内容交叉对比可以很好地渲染比赛场面。

对比使双方明显地展示各自的特性，形式上的对比增强了视觉的张力，内容上的对比性对形象的组合更是一种有力的揭示手段，而能够敏锐地发现对比形象，巧妙借用形象对列，深化主题，反映了编辑者的思维功力。

例如，影片《祝福》中有一处对比鲜明的片段，鲁四老爷一家在过年时放鞭炮，极为热闹。而镜头画面一转，祥林嫂孤苦伶仃一个人在雪天蹒跚，最终倒在了路上。通过这种对比性的形象，影片表现出祥林嫂悲惨的命运，反映出封建社会的世态炎凉之感以及反封建的故事主题。

2.平行剪辑

平行剪辑是指在一个蒙太奇段落中，把两条以上不同时空、同时异地或者同时同地不同主体的线索并列发展，相辅相成，统一于一个共同的主题或情节。它强调几条线索之间的逻辑关联。当两条具有明显冲突性因素的线索交替组接在一起时，便发展为交叉蒙太奇，它强调线索表现上的同时性和频繁的交替切换。

影片《星际穿越》中便存在平行剪辑的手法，对在宇宙行星与地球发生的事情同时进行剪辑，以此推动剧情的发展，并突出亲情的主题。

在电影中，平行的剪辑常常用于表现同时发生的两件事情的关联，在电视中，直播形式的运用使平行蒙太奇得到了更加广泛的运用，如大型直播节目的分会场，主持人和记者的连线等，这也使平行蒙太奇的形式有了很大的拓展。

3.积累剪辑

积累剪辑是将一些内容性质、景别、运动方式等大致相似的镜头组接在一起，通过不断叠加的积累效应，树立一个主题或者渲染一种情绪，因此，积累蒙太奇也被称为主题蒙太奇。

在电视中，我们经常可以看到一些在时间、空间上没有任何联系的同类性质的镜头被组接在一起，它不是为了描述一个具体事件，而是表达某种共同的意味。比如，雪化了，草绿了，花开了，鸟叫了，姑娘穿上了春装，孩子们奔跑在公园里，观众从这一组镜头组合中自然得出一个印象：春天来了。

在采用积累剪辑时，要注意以下几个方面：

①同类镜头组接。同类镜头主要是指内容意义相同的镜头，也指景别、运动方式等形式因素大致相同的镜头。这种剪辑方式的目的是要为一组镜头确立一个主题或情绪，这个主题和情绪就是选择镜头的逻辑起点，要选择那些最能表达主题意思、最符合主题情绪的镜头；在镜头形式上，尽可能采用同景别或者同运动方式的镜头组接，这样才有利于视觉效果的不断加强、心理情绪的不断积累。

比如，2022年北京冬奥会的主题推广曲短片《一起向未来》中，剪辑105名音乐人、电影人在相似空间下进行类似演唱的片段，以此表达对冬奥会来临的喜悦与期盼之感。如果穿插入其他场景或画面，则整个短片的表现效果会失色许多。

②镜头成组运用，确保镜头数量的积累长度。积累剪辑的镜头是一系列没有动作连续性或者特定时空关联的镜头，它是通过相似性含义在数量上的积累来产生作

用的。一般来说，要充分表达某一种情绪或明确建立一个主题，仅有两三个镜头是不够的，因为镜头量少就会缺乏情绪延伸、主题显现的时间和力度，所以，在积累剪辑中，要仔细体会镜头数量是否已积累起相应的长度，当然，积累过度也可能适得其反，造成重复单调。在前述例子的16个镜头中，镜头6、镜头7的构成方式出现了变化，段落结尾处也在持续的音乐中转化出笑声，这些局部的变化是从剪辑节奏考虑的，有变化但幅度不大，这样既保持了段落情绪、内容风格的统一，又避免了长时间相似积累造成的视觉疲劳。

③典型形象组合。对于大多数以阐明主题为出发点的电视创作来说，运用自由的积累剪辑可以深化电视片的艺术感染力，但是，这种感染力的力度仍然取决于创作者的思维，取决于编导对具体形象的选择与提炼。纪录片大师伊文斯把这种手法称为"移情剪辑"，也有人称之为"概括的剪辑"，无论移情还是概括，都需要借用最典型的形象组合。

4.隐喻剪辑

隐喻剪辑是通过镜头对列或者交替，将具有某种"相似性"特征的不同事物进行类比，含蓄而形象地表达作者的某种寓意或事件的某种情绪色彩，从而深化并丰富事件形象的剪辑方法。

这是一种采用文学比兴手法的方法，是用一种形象说明引出另一个形象的意义的手法。爱森斯坦在《罢工》中提到，利用屠宰场的场面比喻法西斯草菅人命的暴行。这种隐喻力求自然贴切，使大众都可以理解，否则独创的大家不理解的比喻，属于失败的剪辑。

5.象征剪辑

象征剪辑是指通过镜头间的对列，让形象本身的意义隐去，同时经过观众的联想和想象产生另外一种新的引申意义。这是借助某一视觉形象的引申意义来创造新的内涵，追求形象表达的简约和形象之间联系的跳跃性的表现手法。与比喻不同的是，比喻是两个画面对比产生意义，而象征是通过画面本身的引申意义来表现思想。

在象征剪辑中，对于视觉形象引申意义的理解通常源于共通的文化语境，如用黄河来象征中国古老文明，用黄土高坡来象征中国农民，用皇冠象征权利，用初升的太阳象征希望，用劲风中的小草象征坚韧的品格。一旦这些象征性镜头在画面组合形成的相应语境中出现，人们很快便能根据前后镜头的内容，结合视觉形象的象征意义加以解读。

第四节　场面的转换

场面转换在影视作品中有两重意思。场面的转换首先是蒙太奇镜头段落的转换。除此以外，场面的转换还可以指叙事结构中一段相对完整的情节发展的阶段性转换。在文字语言中，如果说蒙太奇段落组成的场面是一句话的话，那么情节段落就是一个自然段。情节的段落是由若干组段落镜头组成的场面。场面、段落的转换有其依据，它们的划分也有其依据。

一、场面转换、划分的依据

（一）场面转换的视觉心理依据

对观众来说，场面转换的视觉心理要求是心理的隔断性和视觉的连续性。就是要使观众有较明确的段落感觉，知道下面该开始另一段内容了，这样才不至于使观众看不出头绪。有时上下内容之间有较直接的联系，这时就像文章中的"句号"，虽然上下两组镜头的内容有差别，但不应该有明显的意义上的隔离，这时就应利用画面的相似性、内容的逻辑性、动作的连贯性来减弱内容的断裂感。而在叙事段落间的转换或者有较明显差别的蒙太奇段落转换时，则应在加强心理隔断性的同时，减弱视觉的连续性，也就是形成"另起一段"的效果，利用定格、突变、两极镜头等方法，造成明显的段落感。

（二）场面划分的依据

一组镜头的段落一般是在同一时空中完成的，因此时间和地点就是场面划分的很好的依据，当然有时候在同一时空中也可能有好几组镜头段落，也就有好几个场面。而情节段落则是按情节发展结构的起承转合等内在节奏来划分的。下面讲一下几种划分的依据。

1.时间的转换：在时间中断处

电视节目中的拍摄场面，如果在时间上有明显的省略或中断，我们就可依据时间的中断来划分场面。蒙太奇组接中的时间与真实的时间是不同的，它往往是对真实时间的一种压缩。在镜头语言的叙述中，时间的转换一般是很快的，这其间转换的时间中断处，就可以是场面的转换处。

2.空间的转换

叙事的场景中，经常要作空间转换，一般每组镜头段落都是在不同的空间里拍摄的，如脚本里内景、外景、教室、湖边等，节目的布景也随场面的不同而随时更换。因此，空间的变更就可以作为场面的划分处以免引起观众在理解上的混乱。

3.情节的转换

一部电视片的情节结构是由内在线索发展成的，一般来说都有开始、发展、转折、高潮、结束的过程。这些情节的每一个阶段，都形成一个个情节的段落，这是情节发展中的阶段性的转折，我们可以依据这点来做情节段落的划分。

场面和段落是电视片基本的结构形式，片子里内容的结构层次依据段落来表现。因此段落的划分首先是叙述内在逻辑上的要求，同时它也是叙述外在节奏上的要求。

二、转场的方法

转场的方法是多种多样的，但依据手法不同分为两类：一是用特技手段作转场，一是用镜头自然过渡作转场，前者我们称为特技转场，后者则称为无特技转场。

（一）特技转场的方法

利用特技的技巧使两个场面连在一起，它的特点是，既容易造成视觉的连贯，又容易造成段落的分割。在电子计算机进入到影视的编辑领域之后，特技的使用越来越广泛了，也越来越精彩了。场面转换常用的特技手法有以下几种：

1."淡出""淡入"，或称"渐隐""渐显"

"淡出""淡入"也有快慢、长短之分，这要根据剧情的需要选择。有些场合不仅可以慢慢地"淡出""淡入"，甚至还可能在中间加上一段黑画面。过多使用会使影片结构松散、拖沓，不够凝练，使观众产生厌倦感，因此要慎用。

2."化"又称"叠化""溶"

"化"常常用于时间的转换，表示时间的消逝或者用于表现梦幻、想象、回忆等插叙、回叙场合，有时还用于表现景物变幻莫测、琳琅满目、目不暇接。

3.划像

划像，一般用在两个内容意义差别较大的段落转换时。

4.定格

定格是前一段的结尾画面作静态处理，使人产生瞬间的视觉停顿，接着出现下一个画面，这比较适合不同主题段落间的转换。

5.翻页

翻页是指第一个画面像翻书一样翻过去，第二个画面随之显露出来。

6.正负像互换

正负像互换是来自照相上的一种模拟特技。电影中靠洗印处理，而电视上靠色彩分离的技术，有种木刻的效果。这种方法适用于人物专题片。负像是种异常现象，有种影像颠倒黑白之感，可以用于丑化暴君，也可以用于一个人的不同时代处境。例如，电影《亡命天涯》中，同样也有正负像的互换的运用。

7.变焦点

利用变焦点来使形象模糊，从而使观众的注意力集中到焦点突出的形象上，达到不变换镜头就可改变构图和景物的目的。在这种技巧中，往往是两个主体一前一后，在景深中互为陪衬，达到前虚后实或前实后虚的效果。它也可以使整个画面由实而虚或由虚而实，从而达到转场的目的。

使用特技转场，一般适合用在较大的转换上。实际上，运用特技对于节目的真实感是有伤害的，并且会使得编辑有更加强烈的主观性，因此，在纪实类的电视节目中，特技应谨慎使用。

（二）无特技转场的方法

1.无特技转场

无特技转场，不用特技手段来"承上启下"，而是用镜头的自然过渡来连接两段内容，这在一定程度上加快了影片的节奏进程。特技转场在电视节目中很重要，但无特技的转场仍然是一种简便经济、经常使用的转换手法。无特技的转场方法要注意寻找合理的转换因素和适当的造型因素，使之具有视觉的连贯性。但在大段落的转换时，又要顾及心理的隔断性，表达出间歇、停顿和转折的意思。切不可段落不明、层次不清。

2.无特技画面转场的具体方式

（1）相同主体转场。上下两镜头是通过同一主体来转场，还有一些电视节目常用相同主体来穿针引线，镜头跟随主体由一场景到另一场景，如《爱乐之城》中就是利用主持人这个相同主体转场。第一种是上、下两个镜头包含的是同一类物体，但并不是同一个。然而，同类物体之间是极其相似的，因而可以作为合理过渡场面的因素。比如在墨西哥故事片《叶塞尼娜》中，在河边的小树下，吉普赛青年巴尔多拉完提琴后，向叶塞尼娜吐露爱慕之情。叶塞尼娜拿着胸前的一枚金像，暗示巴尔多她身上挂着白人的护身符，命中注定要嫁给一个异族人。这时候，镜头推成叶塞尼娜胸前金像的近景，从而结束了这一段外景。下面一段开始，是一个往脖子上挂金像的特写，镜头拉开，地点已成路易莎家中的内景了。第二种是上、下两个镜头所摄主体在外形上相似，因而也可以顺畅地完成转场的任务。比如在电视片中前一场最后一个镜头是果园里堆积的水果，下一个镜头是罐头商标上的水果特写，影片就由果园转到了商店，由生产转到了生活。这都属于相同主体转场。相同物体转场还有其他两种情况。一种是上、下两个镜头之间的主体是同一类物体，但并不是同一个，假如上一个镜头主体是一只玻璃杯，下一个镜头的主体是另外一个主人公手里的一只保温杯，这两个镜头相接，可以实现时间或者是空间的转换，也可以同时实现时空的转换。另一种情况是利用上、下镜头中主体在外形上的相似完成转场的任务。比如著名的科幻电影《2001太空漫游》中，猿人将骨头抛向空中，骨头在空中慢镜头滑翔，镜头转场为一艘飞船。

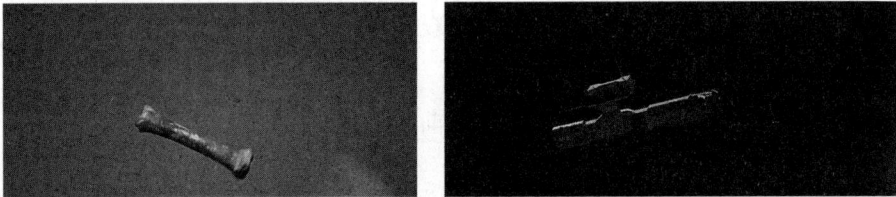

《2001太空漫游》转场画面

（2）主观镜头转场。主观镜头是指借片中人物的视觉方向所拍的镜头。用主观镜头转场，是按照前、后两个镜头之间的逻辑关系来处理转场的手法之一。比如，前一个镜头是片中人物在看，后一个镜头介绍他（她）所看的目的物或场景，下一场就由此开始。在故事片中，要求上一个镜头同一个主观镜头在内容上有因果、呼应、平行等必然联系。影片《阳光灿烂的日子》中以夏雨饰演的马小军透过望远镜看老师的镜头这一主观镜头来转场。

（3）挡黑镜头转场。这种方法是把"相同体"转场手法和"淡出""淡入"结合起来的。在画面上的感觉是：在前一个场合，主体挪近以致挡黑摄影机镜头，在后一个场合，主体又从摄影机镜头前走开。在这种方法中，前后两个镜头可以是同一主体，也可是不同的主体，但必须是用来转换时间、地点，而不宜用作一般的镜头转换技巧。影片《有话好好说》中，男主人公等待女朋友时，在无聊之际，一辆汽车驶过，下一个镜头紧接转到女朋友的家中。现在这一方式常被用于VLOG的制作与拍摄，成为VLOG拍摄与剪辑中的常用手法方式。

（4）特写转场。这是运用特写镜头的显豁作用，来强调场面突然转换的手法。这种转场就是前面的镜头无论是什么，后一镜头都从特写开始。特写能够暂时集中人的注意力，使人不至于感到太大的视觉跳动。在观众注意力被吸引的情况下，特写镜头似乎产生了一种"间隔"画面的作用。

（5）动势转场。利用人物、交通工具等动势的可衔接性及动作的相似性作为场景时空转换的手段。例如，某场戏的末尾女主人公动手打男主人公一记耳光，下一场戏开头接男主人公痛苦地扑倒在自己的床上。

（6）承接式的转场。这是按逻辑性关系进行的转场，就是利用我们的影视节目两段之间在情节上的承接关系，甚至利用悬念，利用两段之间相接两镜头在内容上的某些一致性来达到顺利转场的目的。例如，法国电影《两小无猜》中，男女主人公十年没见了，男主人公朱利安设计的图纸被风吹跑，朱利安追过去，图纸挂在了女主人公苏菲的丈夫——足球明星谢尔盖巨大的广告画上，镜头由广告画切换到快速剪辑的报纸杂志对谢尔盖的报道，由平面媒体中谢尔盖的形象，转到电视上正在播放的谢尔盖拍摄的宣传片，反打，切到谢尔盖的近景，他在家里看他拍摄的宣传片，然后苏菲出场，展现她现在的生活。

（7）隐喻式转场。这是一种运用对列组接来达到转场目的的一种手法，它充分发挥影视艺术蒙太奇的对比作用，富有意义。例如，日本电影《野麦岭》开头段，用阔人在舞厅的舞步和童工在雪地里爬行的脚步，闪出闪回由舞厅转到野麦岭。这里有对比也富有隐喻，暗示了日本原始资本积累的残酷过程。再如《2001太空漫游》开头中的黑猩猩扔骨头转场，扔出骨头向天空中，继而下一个镜头转接变成至航天空间站，以此给人无限遐想与解读空间。

《2001太空漫游》转场

（8）用声音转场。用声音与画面结合达到转场目的，有的用故事片中的对白、台词转场，有的用解说词、歌词转场。另外，画外音、画内音互相交替的衔接把发生在互相关联的两个场地紧密交织在一起。短片《调音师》开头即用一个钢琴音完成对人物的转场。

（9）运动镜头转场。利用摄影机运动来完成地点转换，摄影机可以完成升、降、移、摇、推拉跟等运动技巧。这些运动技巧可用来转场，它好像我们的一双眼睛，随着我们的步伐从这个地方走到那个地方。比如把摄影机放到升降机上，首先在高处拍晨练的全景，然后随摄影机下降慢慢移动逐渐缩小，最后落到一处院落，或者通过门窗观察一家人的生活状况。

（10）两极镜头的转场。这种方法在较大段落的转换时适用，它能造成明显的段落感。但在小的段落转换则不宜使用，过多使用会使节目显得零乱、不流畅。

（11）多画屏画面转场。这是现代影视艺术技巧，它把一个银幕或一个屏幕一分为二，一分为三，一分为四，可以分得更多，叫多画屏技巧，可实现转场的目的。在电视节目中，也可以利用多机拍摄的优势，更加灵活地运用这一方法。

第五节　声画编辑与合成

一、电视声音的类型及其属性

电视声音是电视作品中的有声语言，是和画面并列的两大基本构成元素之一。电视是声画结合的综合艺术，既是视觉艺术，也是听觉艺术，画面和声音在电视节目中相互依存，相辅相成。

（一）影视声音的分类

影视作品中的声音元素——语言、音乐、音响。

1.语言

影视声音中的语言，是指影片中各种角色（人类或非人类角色）发出的有声语言。

语言是角色间进行思想感情交流的重要手段。在影视作品中语言起着叙述客观事实、交代情节、刻画人物性格、揭示人物内心世界、论证推理和增强现实感等许多作用，特别是能够充分表现画面中蕴含的深层次的思想意义。

2.音乐

影视音乐具有一般音乐艺术善于揭示人类心灵和表现丰富情感的共性，也具有影视艺术方面独特的属性。作为影视声音的一个重要元素，它必须与作品的思想内容、结构形式和艺术风格协调一致。

影视音乐在作品中的出现往往不是连续的，而是根据影片剧情和画面长度的需要间断出现的，并与语言、音响一起共同构成影视作品的声音总体形象。

3.音响

音响指除语言和音乐外的影片中其他声音的统称，包括环境音响和背景人声。

音响是人类重要的信息源，是人们感知事物存在、发展变化并得出结论的依据。音响具有很强的逼真性，它是人们获得信息的主要手段，同时具有表情功能。

（二）声音的艺术属性

我们要运用语言、音乐和音响等声音元素，去艺术地反映在影视作品中所形成的综合听觉印象。

1.声音的空间感

声音的空间感即人耳对声源所处立体空间的感觉，在影视作品中，声音的空间感应该与画面所表现的空间范围一致，应该让观众感到真实、亲切。

2.声音的运动感

任何声源在运动时，其声音都会随着位置的改变而引起音量及音调的明显变化。声源的运动感还包括感受声源种类的变化。

3.声音的色彩感

不同的声音应该具有不同的地域色彩、民族色彩、时代色彩。

4.声音的平衡感

为使角色的听觉形象保持统一与平衡，应该使演员的语言音色与角色形象相吻合，而且保持音色的一致，避免一个人的语言在镜头切换或场景变化时，产生音色和音量的突然变化。录音师还要注意演员之间的音量与音色平衡。

5.声音的主题与意境

在影视作品中，人们通过赋予某个角色或某个环境具有某种含义的声音（语言、音乐和音响），并使这一声音主题多次出现或贯穿始终，以达到刻画人物性格、表达作品主题等目的。

声音的意境——在影视艺术作品中，可以通过声音将生活环境和思想情绪融为一体，形成一种艺术境界。

6.声音蒙太奇

声音蒙太奇是和画面蒙太奇并列且类似的一种蒙太奇类型，它们对影视作品中故事情节的叙述、思想含义的表达、节奏和情绪的表现以及风格样式的艺术创造等方面起到了极其重要的作用。

（1）叙事性声音蒙太奇。表现为画面内外的声音是客观存在的，声音形象与画面内容紧密结合，声音情绪与画面情绪基本一致，节奏与画面节奏相吻合。一部影片的绝大部分声音都由客观写实性声音构成，它主要有声画同步、声音提前、声音滞后、声音转换、声音淡出淡入、声音切出切入等具体的处理技巧。

①声画同步。声音与画面的内容同步出现，展示叙事内容的真实环境，有利于观众产生真实感。平铺直叙，有时会产生拖沓的感觉。

②声音提前（导前）。造成先声夺人的特殊心理效果，经常用来衔接两个画面段落之间的关系。能提示即将发生的事件，造成激动和紧张的气氛，引起悬念。例如，影片《看不见的客人》多次运用声音提前的剪辑方式，以此反映人物内心心理，营造紧张悬疑的气氛。

③声音滞后（延续）。使画面转换变得连贯和流畅，并暗示前后两个段落之间的关系。

④声音转换。通过声音来衔接画面段落。出现在前一个段落结束时的声音与后一个段落开始时的声音是一致的或类似的，以此作为画面段落转换时的依据。这种转换显得生动、流畅，同时加快了叙事的节奏。李安导演的影片《比利·林恩的中场战事》中主人公在嘉奖会上听着烟花爆炸的声响，后一个画面紧接转到了战场上的枪声。以两种相似的声响来实现对影片画面的转场，顺利完成了过渡。

⑤声音的淡出淡入（渐隐渐显）。前一画面段落声音逐渐消失，后一个画面段落的声音逐渐出现。主要用于表现时空关系的转换或叠置。可以制造声音的运动感，表现不同的时空环境。

⑥声音的切出切入。指声音在画面段落中的突然消失和突然出现，通常与画面内容和段落的切换一致。有时也用来进行特殊的声音时空转换，可使画面内容的组接变得快捷、果断。

（2）表现性声音蒙太奇。表现创作者对影片声音内容的主观性和写意性。将现实或非现实生活中的声音，加以夸张、歪曲、变形，表现人物的精神状态，揭示人物的内心世界或象征、隐喻事物的性质。

①纯主观声音。将现实的声音加上艺术的主观处理，用以揭示人的内心世界中无法用现实声音作出说明的内容。

②纯写意声音。在影片中运用在现实生活中完全不可能发生的写意声音来烘托画面内容，用以揭示画面内涵。用在快速剪辑的一组短镜头中，可以加强节奏感；用在画面段落的转换处，可以使场面气氛明显地转换。

③风格化声音。影视作品中运用和现实声音近似的写意音来逐渐取代原有的现

实声音的一种蒙太奇用法。用以转换时空关系，具有将叙事性声音转换为表现性声音的重要功能。

④声画对位。声画对位从特定的艺术目的出发，在同一时间内让声音（一般是音乐）与画面做不同方面的表现，两者形成互为独立的和对比的关系，以便能更加深刻地多方面表达内容。

二、语言的录制与编辑

语言的编辑包括解说词的编辑、采访同期声编辑和对白的编辑。

（一）语言的录制

语言声的特点——音量的动态范围小，有较强的方向性。

录制的时候要注意：

（1）选择良好的录音环境——降低噪声，提高清晰度。要尽量消除周围环境噪声，并且尽量使室内混响时间短，避免产生较强的混响和回声。

（2）选择话筒时注意它的电声特性，注意选择音质开关和话筒的方向性，环境嘈杂时建议选择单向话筒。

（二）解说词录音

录音前先要熟悉分镜头本和画面，对声画对应有一定的准备，同时对解说的语调、语速和情绪等方面有准确的把握，并且明确传达给配音人员。

此后要反复试音，调整好音色、音量。配音的时候注意录音电平，录音中最好不要停顿太长时间，录音最好不要中途更换房间，修改时也最好在同一房间，否则音调、音色、音量都有可能变化。录音员应戴耳机监听，录音完要认真审听。

（三）电视音乐编辑

专题音乐特点：

（1）定向：音乐代表了创作者的态度。

（2）概括：将不同时空、不同内容画面以音乐贯穿。

（3）放大：使视听中的某一元素得到突出、强化。

（4）表意性：传达的意思，常常有更加深邃悠远的含义。

（四）混合录音：混录时要注意声音的平衡

总体来说，前后音量保持平衡，不要忽高忽低。声音要有主次，一般来讲，解说第一，效果音乐其次，有时也有特殊的用法。

（五）合成

1.电视字幕的设计

电视字幕的内容极其丰富，对于字幕的选择和确定也是编导的任务之一。在设计字幕过程中要考虑到以下方面：

（1）字体。与国外的拼音文字不同，汉字具有丰富多样的字体，还保留了大量象形文字的感觉。那么在字体的设计上常常要考虑电视栏目整体风格的统一性，同时兼顾本期节目的特点。

（2）色彩。在色彩方面，人类的文化形成了对不同色彩的集体无意识，比如冷色调和暖色调，欢笑喜庆还是安静肃穆，色彩能给观众带来不同的联想和感受。不同的民族，不同的文化，色彩在表达意义上有差异，在制作电视节目时应充分考虑。

（3）排列。文字排列的问题常常体现在片头片尾，涉及横排竖排，还有时在片名较长的影视剧或者MV中进行团块状排列，一般在排列上讲究整齐美观、赏心悦目。

（4）布局。布局指的是字幕在画面中所占的位置。一般台词字幕在画面下方，人物字幕在人物的旁边。一般来说，栏目化的节目，各种字幕的布局也应该统一。

（5）衬底。字幕需要衬底来衬托。有黑色衬底、白色衬底、蓝色衬底等以颜色为主的衬底，也有以花纹为衬底的，有些栏目还设计了镜头画面做衬底画面，这有利于栏目风格的统一。

2.电视字幕的种类

电视字幕从功能上来说，有说明性字幕、强调性字幕、信息性字幕、文学性字幕、结构性字幕和渲染性字幕等几种，在使用时，要结合它的功能进行适当的选择。

在北京台的电视纪录片《惊心动魄二十二小时》中，字幕的运用就十分得力。片中使用了结构性字幕，利用"发案、侦破、抓捕、较量、解救"的字幕划分了节目的结构顺序，使故事叙述得清晰而又紧凑。同时，节目中用了大量的字幕介绍案情，介绍办案人员，甚至在后期的解救过程中，还绘制了解救地点的示意图来帮助观众理解。在分析作案是为了钱、为了情还是为了仇时，尽管解说词里说了，字幕还是打出大大的"钱""情""仇"三个字，以此强调。这类纪实性较强的节目需要有现场同期声来增加真实感和现场感，那么解说词过多就会有所冲突，这时候，利用字幕来交代背景和当时的情况，应该是比较好的选择。

三、片头片尾

（一）片头设计

电视栏目的片头，常常代表着栏目的整体风格，有着先声夺人的效果，所以一个栏目有一个精彩的、被观众熟知的片头非常重要。目前电视栏目的片头常常富于动感、节奏明快、信息量大，能给观众视觉上的强烈冲击。

电视栏目片头设计是集科技、文化、艺术于一体的艺术创作，随着高新技术在电视节目制作领域的广泛应用，电视栏目片头的艺术创作发生了质的飞跃——电视栏目片头的创意与构思得到淋漓尽致的展现，构图与造型、音乐与节奏等元素得到有机融合，技术与艺术达到了完美结合，构成和谐统一的整体，创作出美轮美奂的艺术作品，最大程度地满足观众对电视作品的审美需求。电视栏目片头是栏目内容的重要组成部分，它对节目形象化包装和定位起着诠释的作用，是对整个节目内容的概括和提示。栏目片头用电视的形象化手段加以构思和设计，使观众对栏目留下深刻的印象，从而接受整个栏目或节目。

一般来说，电视栏目片头设计应具有以下方向：

（1）栏目片头主题要明确，创意要新颖，表现形式要巧妙。

（2）栏目片头的构图和造型要美观规范，色彩和材质使用应当合理，布光应比较考究，剪辑应连贯，运动节奏应当流畅，技术手段应该丰富，并能准确表达创作意图。

（3）栏目片头的整体视觉效果应该比较突出，片头音乐应该能够体现栏目的特殊风格。

（二）片尾设计

一般情况下，我们的片尾设计主要指片尾的字幕设计，有时，我们发现一些栏目的内容延续到片尾字幕之中，因此在设计时不但要考虑片尾字幕，还要考虑片尾的尾声。

1.片尾字幕设计

片尾字幕主要是演职员表、摄制单位等。从字幕设计上，主要考虑排列、布局、颜色、字体和运动方向等方面，向上滚动或者向左移动是常用的方式。

2.片尾尾声设计

在一些开放式结尾的节目中，结尾的尾声与内容有关，但常常已经不是节目的主要部分。有时节目直接用主持人或者嘉宾讨论的声音和图像，利用滚动字幕收尾，有的节目用拍摄花絮做尾声。如果不是运用节目中内容的声音，那么常常需要加一些音乐，使节目适当收尾。

对于电视栏目来说，片头片尾整体包装要在一定时间内保持一致，但是在隔一阶段后也要有所变化，以适应观众的欣赏需求。

思考题

1.电视编导后期工作的流程是怎样的？

2.什么是线性编辑？有什么特点？

3.什么是非线性编辑？有哪些优点？

4.什么是蒙太奇？蒙太奇在表意上有什么特点？

5.表现的蒙太奇有哪些？

6.无技巧画面转场有哪些方式？列举相关案例。

7.叙事蒙太奇有几种结构方式？

8.叙事性声音蒙太奇有哪些技巧？

第三篇　不同类型电视栏目的策划与编导

第十章　新闻类电视栏目的策划与编导

第一节　新闻类电视栏目的概念

新闻节目作为实现媒体喉舌功能和支撑电视收视的主要节目类型，是电视媒体影响力、号召力和权威性的重要体现，在电视节目市场上占据着举足轻重的地位。据广电总局"中国视听大数据"（CVB）系统统计，2020年全年电视收视用户每日户均收视时长5.85小时（同比上涨12.9%），每日回看用户数占全天收视用户规模的12.3%，点播用户数占全天收视用户规模的34.0%。电视大屏观众规模大，用户黏性高。其中新闻类节目全年覆盖86.021%的电视收视用户，在所有类型节目中最高。为适应信息时代受众对多元信息及信息整合的需求，新闻节目的内容和形式正趋于多元化发展，新闻栏目日益增多。

一、电视新闻的界定

电视新闻是以现代电子技术为传播手段，以声音、画面为传播符号，对新近或正在发生、发现的事实的报道。"以现代电子技术为传播手段"区别了电视新闻与印刷媒体报纸、杂志新闻的不同；"以声音、画面为传播符号"则区别了电视新闻与广播新闻的不同。广播是以声音为传播符号，电视则是以声音和画面、视听双通道来传播信息。这个定义比较清晰地界定了电视新闻的个性，突出了它的传播速度快、覆盖面广、传播方式多、形象生动直观的特点。在融媒体时代下，人们获取信息的方式很多，电视新闻的传播需要不断地改变传播形式，电视新闻直播成为常态化，更满足了人们对于新闻传播的真实性和时效性的需求，会更加吸引观众的注意力。这样的传播方式是更加多样化的。

"新近或正在发生、发现的事实的报道"，是对电视新闻作为新闻共性的界定。同时也规定了电视新闻的特性。这是在陆定一关于新闻的定义基础上，根据融媒体传播的发展，结合电视新闻本身题材、类型的变化而作的补充。

在这个定义中，"正在发生"是一个关键词。媒介传播技术的进步和多样化发展，使远隔万里的新闻报道实现了同步现场直播。如今，电视直播已经使传统经典新闻定义中的"今天的新闻今天报"变成了"现在的新闻现在报"。新的电视新闻定义强调了"新近或正在"的概念。

这个定义的第二个关键词是"发现"。"发现"：一是指过去发生的事情现在刚刚发现，如考古新发现等。这种发现通常就是新闻。二是指现代新闻报道中特别需要强调的，特指新的观点、新的见解的发现。电视新闻不仅以形象直观和时效强取胜，同样要求对大量的传播信息进行分析、归纳并且加工发现新的角度，挖掘出深度。所以，新闻竞争不仅仅是新事件、新消息和独家报道的竞争，也是"发现"的竞争。

新的电视新闻的定义把传统新闻的定义内涵和外延加以拓展，并突出了电视新闻的独特个性。这个独特个性表达了电视新闻既可以回答表面的"是什么"的新闻，又可以回答"为何"的新闻，强调对新闻事实的发现和解读。

二、电视新闻栏目的定义及分类

电视新闻栏目是在电视节目系统中将一些具体的新闻节目按照一定的内在联系组合成相对独立的单元，安排在一个定期定时长的某时段中播出，并将这一定期、定时长播出的某时段冠以名称，形成某个电视新闻栏目、直播类电视新闻栏目。

按《中国应用电视学》的划分，电视新闻栏目可以分为消息类新闻栏目、专题类新闻栏目、言论类新闻栏目、杂志类电视新闻栏目等。

消息类新闻栏目：指的是迅速、广泛、简要地报道国内外新发生的事态的新闻报道的节目形式。消息类新闻节目是电视新闻实现国内外要闻汇总的主要渠道，是观众了解国内外大事的主要窗口。消息类新闻节目不仅能够迅速、简要、客观、广泛地传播，还充分体现了电视新闻的时效性、真实性特点。消息类新闻栏目的典型代表是中央电视台的《新闻联播》。现在消息类新闻栏目在各地方电视台更多地显示为民生新闻栏目。

专题类新闻栏目：是对新闻事实作详尽的有深度的报道的新闻节目。它的特点是节目时间长，内容丰富、深刻，信息量大。专题类新闻栏目的选题往往是反映社会上人们关注的、议论纷纷的热点、难点、焦点问题。要求记者能在事实的基础上，对事实、对问题作出分析，以独特的见解引起观众深层的思考。这类节目的代表栏目有中央电视台的《新闻调查》等。

言论类新闻栏目：主要是通过对新闻事实的分析发表议论，阐述道理，鲜明地提出电视台或评论者对当前具有普遍意义的事实看法，它是电视新闻的旗帜、灵魂。其特点是它在形式上通常表现为谈话类新闻节目。代表栏目有中央电视台的《新闻1+1》。

杂志类电视新闻栏目：其编排方式，借鉴报纸平面媒体杂志的专题或者专栏设计的特点，把电视新闻消息类节目、专题类节目或者言论类节目等整合到一个大的新闻版块中，打包播出。中央电视台《东方时空》的开播标志着电视新闻杂志类型节目的出现。

电视新闻现场直播：利用微波与卫星信号传输系统，将设在新闻现场的多个拍摄机位摄录的画面、音响，综合背景资料，通过现场记者与演播室主持人的采访、串联的评述，现场切换、编辑，在多个媒体平台实时播出，传达给观众的一种融合新闻报道形式。它的特点是由于电视新闻现场直播与正在发生的新闻事件的时空基本平行，因此它能够以信息衰减最小的方式，将正在发生的新闻事件予以全方位、多角度、立体化的即时呈现，最大程度地保证新闻事件的真实、客观与完整。电视新闻现场直播是目前最能体现电视新闻节目特性的一种报道方式。当我国发生重大新闻事件时，中央电视台就会开辟直播栏目进行专项播出，如汶川地震、矿难报道、2018年迎战"山竹"、2022年北京冬奥会特别节目等都有这样的栏目播出。

第二节　新闻类电视栏目的地位与特点

新闻节目是广播电视事业发展的先导，是联系党和人民群众的纽带，新闻节目在节目系统流程中占有主体地位。在播出时间的数量上新闻节目占有很大比重；黄金时段新闻节目的播出突出了新闻节目在节目系统中的强势作用；在各级电视机构的收视率排行榜中，高居首位的绝大多数都是新闻类节目。电视媒介竞争主要体现在新闻节目的竞争上。

一、新闻类电视栏目的地位

新闻类电视栏目的地位可以用"新闻立台"来概括。它是一个电视台对外竞争的核心力量。

据广电总局"中国视听大数据"（CVB）系统统计，2020年，平均每天每个电视收视用户观看46.2分钟新闻节目。央视《新闻联播》每日平均综合收视率7.839%，收视份额31.357%。新冠疫情防疫抗疫关键时期，《新闻联播》收视率上涨71.1%，27个地方卫视晚间新闻收视率涨幅超20%；全国两会期间，新闻类节目收视比重较两会前增幅超17%，央视新闻频道回看时长涨幅27.3%。新闻时事及其他类节目涵盖内容广泛，除具备新闻整合特点的杂志类新闻栏目和重大事件特别报道节目之外，还有不少是更具服务性和贴近性的民生类节目，这类节目在近两年的收视有上涨之势。

电视媒体推行"新闻立台"的根本目的在于更好地发挥舆论引导功能，而舆论引导的实现离不开观众对媒体的认同。电视媒体若能想观众之所想，应观众之所需，在新闻节目选题和制作方面充分考虑贴近性原则，则能更容易获得观众的认可和认同，也能更有效地借助新闻内容来潜移默化地实现舆论引导的目的。

电视新闻栏目的地位还体现在它的受众群相对稳定和高端。

中国广视索福瑞媒介研究（CSM）的相关研究显示，全国电视观众中女性观众略多于男性，而新闻节目的观众中则为男性多于女性。2015年收看新闻节目的男、女观众数量之间的差距与上一年相比有所缩小；超过六成的新闻节目观众年龄在45岁以上，这一比例在近两年还在持续增加；另一方面，新闻节目更受高学历观众的青睐，近1/5受教育程度为"大学及以上"，而且近几年高学历人群比例逐年递增。

不同观众对不同类型的新闻节目关注程度不同。男性观众对新闻节目的偏爱主要体现在"综合新闻"和"新闻评述"两类节目中；55岁及以上观众在"综合新闻"类节目观众中所占比例略高于其他两类节目，25~34岁青年观众更青睐于"新闻评述"类节目；受教育程度不同的观众对几类新闻的收视习惯差异不大。

同时，男性、中青年、高端职业层级、高教育水平和高收入水平的观众通常在社会中具有更宽泛的人际交往范围和更强的影响力与说服力，容易在人际交往中扮演意见领袖的角色。电视新闻节目，尤其是新闻评论节目如果能够在栏目定位、新闻选材和内容加工方面，更注重高端观众的需求，增强对高端观众的影响力和说服力，则更有机会借助高端群体的二次传播，充分发挥舆论引导的功能，促成"新闻立台"的实现。

中国广视索福瑞媒介研究的相关研究显示，观众对中央级频道播出的新闻评述类节目格外重视，54.3%的收视时间都给了中央级频道。

相较于中央电视台，地方电视台因资源和条件限制，较少能在国际性或全国性新闻报道方面树立突出优势，也鲜能培育出具有全国性号召力和影响力的新闻评论节目主持人。因此，地方电视台在推行"新闻立台"时，固然要注重权威性，但更要充分发挥本地媒体的贴近性，强调对本地观众的贴近性服务。

二、新闻类电视栏目的特点及定位

（一）电视新闻栏目的特点

现代电视新闻传播的核心理念，包括新闻的时效性、现场性、全面性与深刻性。各种电视新闻栏目的出现，将新闻的时效性、现场性、全面性和深刻性不断发展，并使其成为现代电视新闻传播中最普遍、最常规的表现和要求。

1.时效性

任何新闻都有一个时效性问题，总体而言，时效性指的是新闻报道有时间上的要求。具体而言，新闻时效性有两个方面的含义：一是指新闻报道的速度，报道得越快，新闻的时效性就越大；二是指时宜性，即新闻报道的时机选择合适不合适的问题。时机选择越合适，新闻传播的效果就越好。少数新闻需要延后一点报道才能达到最佳效果，对于大部分新闻来说，是越快越早报道越好，特别是电视新闻。

自从新闻媒体诞生的那一天起，时效性就成为新闻媒体追求的重要目标之一。但是由于条件限制，传统的新闻报道大多是延时新闻，虽然也算得上"及时"，但总体而言时效性还是较差的。现代电视技术的发展，特别是电子新闻采集（ENG）和卫星传播系统（SNG）的应用，使得新闻的采集、传输和播出实现了和新闻事件的同步，直播报道将新闻事件的全过程零时差地展现在观众面前，从而将新闻时效性从"及时"水平提高到"即时"水平，实现了质的飞跃。到了今天融媒体时代，新闻报道的及时性已经达到和受众的即时互动，通过微信扫描二维码、发微博互动等等简洁方便的方式来进行，激发观众的观看热情，也会提高节目的看点。现今我国学术界公认的最权威的新闻定义"新闻是对新近发生的事实的报道"，现代新闻定义则更多地强调新闻的即时性，即对正在发生的事情的报道。传统的新闻报道模式是"今天的新闻今天播报"（TNT，Today News Today），而现代的新闻报道模式则进到了"现在的新闻现在报"（NNN，Now News Now）的阶段。

2.现场性

现场性是新闻事件发生的场所以及新闻人物、新闻采访所置身的环境。电视新闻是以画面、声音为载体，以电子信号传输方式来进行传播的，与传统的平面纸质媒体相比，具有天然的复制现场、展现现场的特性。虽然并不是所有的新闻都有具体的现场，也不是所有的电视新闻都要展示现场，但是对于大多数电视新闻来说，特别是事件性新闻，现场本身就是新闻事件的重要组成部分。比如，在消息类的新闻栏目中，对突发事件进行报道，现场就非常重要；对于评论性新闻栏目中的调查性报道，现场就更加重要了。现场性是电视新闻的特质，展示现场是电视新闻更高的追求。在现场采集的声音和画面，直接作用于听众的视听感官，具有强烈的感染力、冲击力，在今天，没有现场的电视新闻报道，在新闻的真实性、权威性、时效性、感染力等多方面都要大打折扣。注重新闻的现场性，接近现场、深入现场、展现现场应该是每个电视工作者和电视媒体致力追求的目标。

电视新闻的现场性让观众直接看到、感受到新闻事件的发生现场，大大增加了新闻的真实性和可靠性，让事实说话，同时也让现场说话。中央电视台《新闻调查》就把"接近真相，从现场开始"作为自己的理念定位。电视新闻将地球上任何一个角落发生的事情都清晰、逼真地带到每一个观众的面前。伊拉克战争作为人类历史上第一场被直播的战争，使全球亿万观众同时看到了战争的真实过程。如果没有电视新闻的现场性，这是不可能做到的。在这个意义上，我们甚至可以说，现代电视新闻的现场性将新闻的真实性推到了一个新的高度。

同时，现场性也有利于媒体建立自己的权威性。现代电视新闻报道中大量运用现场报道手段，特别是在重大突发事件中，一个媒体有没有自己的记者在事件现场进行报道，决定了媒体对该事件的报道是否独特、真实，因而往往也是媒体权威性和实力的体现。在各类电视新闻栏目中记者进入第一现场，观众才能进入新闻，新闻节目的影响力取决于第一现场的重大新闻所占的比例。

现场报道增强了电视新闻的直观性、感染力和冲击力。由于现场报道不仅包括现场的直观画面，还包括了同期声、现场的各种音响、记者的采访问答、各种细节以及用语言无法传达的现场氛围，往往能够引起观众的情感共鸣，增加新闻的信息量，从而加大新闻的深度和魅力。随着现场报道被广泛地采用，出镜记者也成了电视新闻的一个看点。一方面，出镜记者的即兴表达能力、场面驾驭和随机应变能力，甚至出境记者的相貌、个性、风度等都成了观众欣赏的对象；另一方面，出镜记者的神态、动作、表情、服饰等非语言符号，也向观众传达了更多的信息。所有这些，都增强了电视新闻的现场感和感染力。

3.全面性

全面性的含义可以说是全时性与全程性的统一。全时性，就是指新闻报道不再受时间段的限制，如中央电视台新闻频道的开播，电视新闻栏目的衔接可以做到全天24小时不间断播出。全程性，是指不但要求播出新闻发生、发展过程中的重要片段、事件、时刻，呈现新闻事件的过程与全貌，还要求对重要新闻，特别是重大突发事件进行全程性跟踪报道。新闻消息栏目滚动播出，专题栏目继续深入报道，使得新闻一直展现在受众面前。电视新闻栏目的全时性和全程性，使电视新闻报道的信息容量爆炸式增加，新闻事件的透明性达到前所未有的高度。

4.深刻性

电视新闻报道的深刻性，是指现代电视新闻报道传递给观众的信息不应该是单一的、零散的和表面的，而应该是立体的、相互联系的、具有深度的。不但要报道新闻事件本身，还要求分析新闻事件的背景、原因、结果、意义，即要求对新闻进行解读。我们已经进入到了解读时代，电视新闻深度报道是信息社会人们要求对信息进行深度解读的产物，也是全球传播环境中媒体提高新闻报道竞争力的一个重要手段。

人们曾一度认为，与报纸相比，电视新闻报道只能做一些短、平、快的消息报道，而不能做深度报道。其原因是，电视新闻以形象取胜，具有形象化、直观化的特征，电视的画面无法表现人们的思想活动，且快速易逝。但是，随着现代电子采集声画同步技术的采用，这些缺点都逐渐被克服了，人们可以在电视上对新闻事件进行深入的讨论。于是，电视深度报道应运而生。比如，以新闻谈话和访谈类的深度报道栏目为例，这些访谈类节目的特征是就新闻性事件或者主题，邀请嘉宾、现场观众或场外观众共同参与话题的讨论。当然，所讨论话题基本上与当天或者最近发生的新闻事实相关。新闻谈话节目以新近新闻事实为基础，但是不以发现事实为目的，而是在已有事实的基础上，进行分析、讨论，探讨新闻事件的意义。显然，让嘉宾、观众针对新闻事实直接发表分析性言论，打破了电视无法表达和传播思想观念的传统看法。中央电视台新闻频道播出的《央视论坛》《面对面》《新闻会客厅》《东方时空》《新闻1+1》等都是很有深度的电视新闻栏目。

（二）新闻类电视栏目的定位

一档节目要寻找自己正确的定位，就要细分市场，在广阔的市场中寻找自己独特的位置。

1.进行市场调查，确定合适的生存空间

在信息丛生的社会里，要求电视节目制作人不仅要提高电视节目的可看性，更要追求节目的必看性；既要追求节目的收视率，更要追求节目的点击率。要实现节

目的必看性，首要前提是找到自己的生存空间，找到自己的目标观众。锁定了目标观众，才能依照他们的需求制订出节目策划方案，这样的传播才不是盲目的。

因而，一档电视新闻栏目的实施一定要进行周密的市场调查，调查市民电视消费取向的情况，看看新闻节目的受众大约占的比例是多少；还要分析电视市场的竞争态势，并对中央、省、市电视媒体竞争的优势和劣势作出合适的比较，怎样在不同的电视台作出合适的栏目设置。比如市级台和当地受众的文化认同性强，共同话题多，容易产生亲和力和认同感，这是市级台抗衡省级台可资利用的最大资源。但是市级台在竞争中，新闻资源、人力、物力、财力方面，都处于劣势，因此要在新闻信息量、深度、广度等新闻内容上下功夫，在播报方式、播报语言和节目风格等形式上创新。

2.确定受众目标，寻找适宜的心理优势

所谓心理优势，就是一档栏目在消费者心目中所占据的不可替代的位置。例如，《新闻联播》在观众心目中就意味着政策高度；《焦点访谈》就是深刻、犀利地披露事实真相。一档节目一旦在受众中找到正确的心理位置，往往就不容易被轻易替代。但要在受众饱满的大脑中再开辟一块前人没有占领过的空间确实是颇费脑筋的。营销学家认为，进入人们大脑的捷径是：争当第一，要创造"第一说法""第一位置""第一品牌"，因而要在观众的心智上下功夫，创造一个独特的心理位置，在观众心目中达到难以忘怀、不易混淆的优势效果。

关于不同时间段新闻节目受众目标的确定，我们会在下节中详细介绍。

3.遵循内容为王，寻找合适的节目内容

一档节目要形成自己的独特风格，除了主持人、包装等外在因素外，更多地取决于节目内容。在海量的信息面前，选取什么样的内容进入这档节目，这是必须事先有个定位的。比如地方电视台新闻民生节目一般都是平民化定位，那么在节目内容的选择上事先必须有规划。事实上，要让节目给观众留下深刻的印象，必须对信息内容进行取舍，把矛头对准那些易于主持人发挥评说的、富有曲折情节的故事，通过市民化的叙述、个性化的点评，把这些故事端上观众的"餐桌"，让它们成为普通市民茶余饭后的谈资。而一旦品牌树立起来，往往会有更多的观众为节目提供无尽的新闻题材，从而使从传播者到受传者的单向传播转化到更为合理的从传播者到受传者，再由受传者反馈给传播者的良性循环通道。

4.注重栏目包装，寻找合适的外在形象

一旦节目的传播内容被确定，就要为这些内容选择一个合适的外在表现形态。表里合一、内外相衬才能达到和谐圆满的效果。考虑外在形象，首先就要确定节目的名称。以中央电视台为例，《焦点访谈》说明其内容的范围是社会热点的问题；《新闻1+1》为两个主持人共同担纲的谈话类评论新闻节目；《新闻调查》则更注重新闻背后的新闻，展示整个新闻的全过程。

在节目外在形象的定位上，除了节目名称，当然还有节目的包装，包括节目的片头、片尾、口播背景、宣传片、宣传词、字幕处理、色调搭配等。一旦前面的几个定位确定了，节目的包装定位应该是一个比较容易解决的问题。包装的关键一定要让观众第一次看过后，就念念不忘，所以要寻求差异性定位，寻找自己节目的与众不同之处。面面俱到，往往面面不到。未改版前的杂志类新闻栏目《东方时空》的版头是红、绿、蓝三种颜色的交织，代表着正义、希望和平衡，也是中央电视台打造这档栏目的目的。

5.利用新技术丰富传输手段

过去广播电视节目主要通过无线发射和有线广播电视网进行传输，受众只有在节目固定的播出时间和特定的频道才能收看电视节目，受众处于一种被动的接受模式，而把电视节目传输与新媒体平台连接后，受众可根据自己的时间随时收看节目，节目也可以多次发布，实现节目内容的再次利用和发掘，扩大了融媒体的影响力。

第三节　新闻类电视栏目的收视需求

收视分析对新闻节目非常重要，由于需要对新闻节目整体的收视情况有所了解，电视台开始尝试在节目的选择、编排、制作等方面加大收视率的应用力度。最近几年，新闻节目也有所突破，新闻节目的制作和编排上呈现出了打破一般常规，进行多元化发展的趋势。具体到节目选题上，如政治和经济等"硬新闻"不再霸权，民生和服务等"软信息"越发红火，能够出现这种现象，在很大程度上也是新闻节目制作与编排人员重视收视率，应用收视率的结果。不同时间段的收视需求是不一样的，下面我们从三个不同时段对新闻类电视栏目的收视需求进行分析。

一、早间新闻栏目收视需求

（一）收视特性分析：时长、人群、状态与需求

对于任何一个时段节目的分析，必须建立在对这一时段的观众收视特性的准确把握上。下面将从收视时间、收视人群、收视需求等方面加以阐述。

1.收视时间：6：15—7：45

这段时间是决定早间新闻栏目生死存亡的首要因素，是按照居民早间的生活起居规律安排的可支配的时间。一般来讲，早晨6点钟是开办一个有影响的早间电视节目时间上限，早间黄金时段应为6：30—7：30。1个小时应该成为早间电视节目滚动播出的周期性单元的上限和下限。

2.收视人群：男性、中青年、中高文化程度人群

中央电视台调查中心从性别、年龄、文化程度及职业状况等对早晨收看新闻的观众进行了调查。

①从性别构成上看：收看早间电视节目的人当中以男性居多。

②从年龄构成上看：平均年龄略低于我国城市居民的平均年龄，且呈现"中间高，两头低"的态势，30~49岁年龄段的城市居民构成了早间电视观众的主体。

③从学历构成上看：高中及高中以上学历者收看早间电视节目的人员比例明显高于其在居民总体中所占比例的平均水平。

④从职业构成上看：从绝对数量上看，我国早间电视观众中构成比最高的社会人群依次是工人、离退休人员、待业或无业人员、企事业领导或管理人员、其他人员、私营或个体劳动者、各类专业人员、党政机关干部。从中可以看出，目前我国早间电视节目所吸引的主要观众是男性、中青年和具有中高文化程度的人。而从传播市场的实际"消费"看，25~39岁的城市居民是这一市场上的主力消费群，并且，据国家统计部门的报告，他们又是收入相对较高、文化程度相对较高的人群，因而他们不但是传播市场竭力争取的对象，也是广告市场的目标对象。因此，无论是从提高媒体社会影响的角度看，还是从实现它的可持续发展的角度看，如何争取城市中青年人的青睐，是电视早间传播市场在可预见的未来发展中极可能发生的最为激烈的竞争之一。

3.收视需求：新闻性和生活服务性

时事新闻、热点话题、生活资讯是人们对早间电视节目内容的需求焦点，新闻性和生活服务性是早间电视节目"主菜"，知识性和娱乐性是早间电视节目的"调味品"。观众心目中理想的早间电视节目的风格特色应该是"形式不断翻新的""轻松活泼的""暖色调的""快节奏的""焦点集中的""有分析、有深度的"和"观众参与式的"，并在此基础上兼顾节目"重大"与"实用"的结合，"时尚前卫"和"传统主流"的结合。

（二）理想早间新闻节目的样式

杂志型新闻栏目和新闻消息类栏目是目前我国早间新闻节目的普遍样式。究其原因可以从下面几个方面来分析。

（1）早间的电视观众主要是家庭主妇、准备上班上学的人以及老人。他们通常在忙碌地准备早餐、准备出门，即使打开电视也无法专心地坐在电视机前观看。因此，早间新闻节目应当适应这种"心不在焉"的收看状态。

（2）不能提供深度新闻报道，只能以短、平、快的新闻资讯为主。

（3）以较短的周期（如10分钟或15分钟）不断进行下一时段重点节目的"导视"是非常必要的。

（4）重要内容的某种形式的重复播出、滚动播出是需要的，使错过某些内容的观众还有再次了解的机会。但是要注意变化，否则就可能被指责往节目中"灌水"，信息量降低。

（5）早间新闻节目要注意"可听性"。节目的语言"冲击力"比其他时段播出的节目更值得强调，即在画面之外的信息要足够清晰，使埋头吃早饭、做家务的人也能够根据电视的声音了解足够的资讯。

人们在早晨都希望有一个良好的心态以开始一天的工作、生活，打开电视机后，早间电视节目的情绪也就伴随着他们，影响着他们的情绪。因此：

（1）早间新闻节目的风格应当欢快、清新、向上、充满生机。包括节目主持人的语音语调、音乐的使用、演播室的设置、画面色彩和光影的运用等，都应该努力塑造这样的情绪基调。

（2）早间新闻节目的内容方面，应该谨慎报道凶杀、暴力、悲剧、丑恶事件等主题，虽然美国等地电视早间节目也不避讳这样的内容，甚至以此来抢夺收视率，但考虑到我国国情和观众普遍心态，类似新闻在早间节目中不宜大做渲染，以免引起观众反感。如果确为重大新闻不得不报，也应当在主持人的评述中消解其中的悲哀、丑陋成分，用轻松但是坚定的语言将观众带回正面的情绪中来。

此外，还应该注意到早间电视新闻节目要依据因时间的流动而带来的观众结构的变化进行传播内容的设置：

（1）对于刚刚从睡梦中醒来的人，他们需要了解昨天的新闻事件在一夜之间又有了什么最新进展，今天又有哪些预期中的大事将要发生。因此，早间节目要承担"新闻汇总"，甚至是"信息预告"的功能。

（2）在出门之前，人们需要了解天气情况、出行情况，因此天气预报和出行介绍成为早间节目的必然选择。

（3）早间节目的后半段，上班、上学的人已经走了，家庭主妇可以边整理家务边收看电视节目。因此可以为她们安排具有娱乐性的嘉宾访谈，以及生活性的服务节目。

（4）对于关注财经的投资者而言，早间的专业财经节目为他们提供了昨天财经走势的再回顾，也为他们介绍今天财经市场的预测性信息。

以上所述，可以从国外的早间电视节目找到实践上的有力支持。因此，目前世界上流行的早间新闻栏目基本分为两个类型，即"生活化的早间新闻杂志"与"纯粹新闻节目"。

二、午间新闻栏目收视需求

（一）收视特性分析：时长、人群、状态与需求

1.收视时间12：00—13：00

根据中国广视索福瑞媒介研究对观众总体收视时间分析，全天呈一个M形分布，中午的黄金收视时间在12：00—13：00。

2.收视人群：城市观众、能够自由支配自己的时间的人

根据中过广视索福瑞媒介研究的数据分析，午间时段总收视人群较为稳定，从周一到周六平均有18%的观众群体收看电视，周日约有21%的观众收看电视，使这个电视市场有充分的观众规模保证。从整体上看，收视人群有以下几个特点：55.1%是城市观众，25~54岁的观众占54%，高中以上文化程度的观众占33.9%，初中文化程度的观众占39.1%。

这个时段的主流收视人群属于"能够自由支配自己的时间"的人，这个人群在社会组织、家庭组织中都有一定的影响力。他们包括行政机关干部、企事业单位中高层管理人员、公司白领；中小城市和部分大城市中午回家吃饭的城市上班族；自由职业者、离退休老人、夜班工作者等。

通过具体的分析，不难发现这一时间收看电视的人，有着与早间以及晚间都不相同的收视特征。收看的地方很杂（比如办公室、企业等），收看的人群也比较分散，从时尚的SOHO一族、写字楼白领、传统的机关干部、企业工人、最爱看电视的家庭妇女，到午间有一点儿休闲时光的大中院校学生，他们都是午间电视节目的现实收看人群（尽管谁都不是主力），也同样都是潜在的收视人群。

3.收视状态：漫不经心

按一般人的作息时间和生物钟节奏来看，在一整天当中，日间—晚间的节奏是紧张—放松，而在整个日间，上午—午间—下午的节奏就是紧张—放松—紧张。午间是日间紧张的夹缝当中的休闲小插曲。

从我国的基本情况来看，午间是上班族的工间休息时间，是学生的放学休息时间，却是家庭主妇的家务劳动时间，当然更是所有人的午休时间。也就是说，除家庭主妇外，午间这一个小时属于大部分人的可支配时间，是大部分人在一天紧张的工作、学习中间难得的休闲时间，当然，也是部分人在一天紧张的工作、学习中间难得的吸收各自所需信息以应对周遭变化的承上启下时间。

正是因为人们大都需要休息，也就决定了午间时段人们漫不经心的收视状态。通常可以观察到的场景是：观众在中午看电视一般是边吃边看，边说边看，边睡边看，可看可不看，随意看看。比如大家在吃盒饭时，背对着电视聊天，电视谈得有意思，他转过头去看一眼，然后又回过头继续吃一点儿。由此基本上可以推论出午间电视节目的收视状态：

①随意性强，流动性强，一般不会连续收看。

②状态轻松，一般不作深度关注。

③视觉与听觉兼顾。

④与其他时段相比，集体收看的现象比较突出，传播性强。

4.收视需求：及时准确的新闻信息

什么内容、什么形态、什么风格、什么功能的午间节目会得到观众的普遍认可

呢？较为普遍的观点是：及时准确的新闻信息公布是午间观众最大的内容需求，同时与之相关的反应迅速、开放多元的热点评述也是不可或缺的午间信息佐餐。

（二）理想午间新闻节目的样式

午间电视新闻节目在节目形态上，考虑到午间人们相对较为懒散，对电视的必看性需求相对较低，必须以"新"字吸引人、抓住人。在节目的编排上，要打破常规，节目节奏上要张弛有度，形式上要灵活多变。节目形态不限，以说新闻和谈话的形态更宜于午间收视，有所创新更好。与早间节目偏重"可听性"不同，因为午间节奏相对舒缓，午间节目应在"可视性"上有所讲究。

午间电视新闻节目在节目风格上，不像早间的节目那样尽量调动起人们的情绪，它的风格应该是平稳的、安定的。它也区别于晚间电视节目的相对忠诚与专心，风格上应该考虑到相对轻松与随意。午间新闻节目风格上力求轻松活跃，硬消息软着陆，深分析浅言论，以适应午间的气氛。其功能突出在"解惑"中寻求"解闷"，在"解闷"中实现"解惑"。

三、晚间新闻栏目收视需求

（一）收视特性分析：时长、人群、状态与需求

1.收视时间：18：15—22：15

首先要知道人们什么时候回家，什么时候休息。据调查，我国电视观众下班后到家在18点一刻左右最为集中，睡觉时间在22点至22点一刻最为集中。中国广视索福瑞媒介研究的相关研究显示，全天收视最高峰时段出现在晚间黄金时段19：00—22：00，全天最高峰值出现在20：30左右，接近36%。观众平日就寝最为集中的时间是在22点15分，比例为41%。而到了周末，在同一时间就寝的观众比例下降到了36%，下降幅度达到3个百分点。观众在周末就寝最为集中的时间定格在22点45分，比平日推迟了半个小时。调查数据还显示，在周末零点以后入睡的观众比例要比平日多一倍，这说明，周末午夜稍晚时段也存在一批潜在的观众，而且数量比平日要多。

2.收视人群：中国电视观众的主流

从性别上来看，城市观众比例男性高于女性，农村男、女观众比例基本持平。

从年龄上看，青少年观众的比例农村高于城市，中老年观众的比例城市高于农村。

从文化程度上来看，城市观众以初中及以上文化程度为主，农村观众以初中以下文化程度为主。

从职业构成上来看，城市观众以管理人员、公务员、工人和个体职业者以及学生为主，农村观众以农民、渔民和牧民为主。

从收入上看，城市观众以中高收入为主，农村观众以中低收入为主。

3.收视状态：以家庭为收视的基本单位与基本环境

收视情境的变化至关重要。在什么地方看，和什么人一起看，边看边做些什么，以及收视环境是否一致，都会影响到电视观众对电视节目的选择。与早间电视观众的忙碌状态不同，晚间电视观众相对是宽松的；与午间电视观众的短暂休息不同，晚间电视观众是相对拥有大段的休闲时间的。与早间、午间收视状态更为关键的区别是，晚间收视是以家庭为收视基本单位与基本环境的。以此为基础，基本可以推论出晚间电视观众在收视状态上的一些基本特征。

晚间电视是在家中看的。当然，早间、午间电视大都也是在家中看的。但是，还需要强调的是，那种自由、随意、轻松、懒散的"家"的收视状态，这是早间时段的忙碌与午间时段的短暂所无法比拟的。

晚间电视大都是与家人一起看的。这就要求电视节目的设计必须是针对家庭的，而非个人的，要尽量做到老少皆宜，突出电视节目的家庭共享性。

晚间电视观众是有时间的。前面已经提到这一时间大约为110分钟。这大大地高于早间、午间的收视时间。也正是这个比较长的时间，使观众可以静下心来领会、欣赏、参与一些东西。所以，深度报道、专题新闻栏目等需要观众一同思考的节目在晚间就成为很好的选择。

4.收视需求：电视剧、新闻与综艺的三足鼎立

调查表明，在工作日，18点到20点，国内外新闻占据观众收视意向的首位，19点以后更为强盛，达到了72%。而在20点以后，电视剧与电影便开始独领风骚，收视意向大大高于新闻的收视需求。

电视剧的需求指数还高于在19点档新闻的需求指数，从20点到24点之间均在74%以上。不过，应该同时注意到，在这一时段内，对于新闻的需求也拥有着相对于其他节目形态不少的收视需求，在20点至22点之间，新闻位于电视剧、电影与综合文艺类节目之后，在22点之后，新闻与综合文艺节目颠倒了一下位置，新闻仅位于电视剧、电影之后。

由此可以看出多年来新闻节目的栏目化固定时间播出对观众收视习惯的培养。18点到20点档的新闻强势，应该是得益于各地新闻与中央电视台《新闻联播》多年培养的收视惯性与忠诚度。而22点以后，新闻节目收视意向的回升，应该是中央电视台《晚间新闻报道》以及各地不断出新、出彩的晚间新闻的探索。

因此，初步可以得出这样的结论，晚间最大的需求是电视剧，而对于新闻节目来说，多年来的晚间新闻编排形成了一定收视惯性，但是，也应该看到，这种收视需求的惯性是可以改变的，关键在于我们的新闻节目是否精彩，是否以观众"乐见"的方式告知了他们"喜闻"的东西。

（二）理想晚间新闻节目的样式

任何竞争都需要扬长避短。如何发挥电视特性和优势，避开电视的弱项和劣势

是任何电视节目都必须面对的问题，电视新闻栏目也不例外。晚间新闻栏目要按照自己的特色选择形式，除了深度报道的栏目形式，还应有所创新。

首先是现场直播。现场直播是最能体现电视新闻特性和优势的一种报道手段，以几乎同步的传播速度、与观众零距离的现场感和记录过程的纪实性、悬念性等特点，充分体现了电视的魅力。但是，它对设备、人员的要求也相当高，正因为如此，现场直播在电视中的运用普遍集中在大型事件活动和赛事上，在对于身边事的新闻报道中鲜有运用。如何实现对日常新闻事件电视直播的常态化，是现在我们需要思考的问题。

其次是组合链接。电视新闻完全可以实现对网络报道的链接方式进行卓有成效的嫁接，形成独具特色的组合报道、系列报道、连续报道的节目形态。把新闻事件放置在历史的、现实的、未来的背景下，和同类的、关联的事件进行对比，用事实来说话，用对比来增加新闻的信息含量，也增强新闻的说服力，还有效地解决了新闻广度和深度之间的矛盾，也让栏目的时长得到有效的控制，使得节目得以形成。

第四节　新闻类电视栏目策划的要点

电视新闻栏目的策划要素大致包括选题策划、报道形式策划、嘉宾策划等。

一、选题策划

成熟的电视栏目都有比较成熟的选题标准，选题被采纳与否既是一个选题把关的过程，也是一个选题策划的过程。

（一）电视新闻选题标准

通行的电视新闻选题标准主要包括新鲜性、时效性、典型性、独家性、可操作性。

1.新鲜性

新鲜性强调电视新闻选题策划要重点关注社会生活中的新事物、新现象、新问题。"新"是新闻的核心价值之一。它所强调的是新信息、新观念。发现和捕捉新闻的能力，不仅是一个记者的基本素质，也是一个媒体核心竞争力的重要体现。

现在的新闻战线正进行学习"四力"的活动，要求新闻宣传工作者提升脚力、眼力、脑力与笔力，以此努力打造一支政治过硬、本领高强、求实创新、能打胜仗的宣传思想工作队伍，更好提升宣传工作效果。在新闻中，普通的电视观众成为栏目的主角。新闻人纷纷将镜头对准自己身边的人和事，大到城市建设、违章建筑，小到家庭故事，都被搬上了电视屏幕，新闻节目呈现出多样化。

2.时效性

媒体实力的具体体现：在重大新闻事件报道的时效上，缺乏时效性的新闻媒体不仅会失去市场，而且会失去媒体的权威和信誉。时效性是电视新闻选题策划的基本要求之一。

3.典型性

典型性是针对新闻的内涵而言的。如何在大量信息中提炼出有价值的新闻，是衡量电视媒体新闻采集和加工能力的一个重要指标。典型性也可以理解为开掘性，它强调的是，电视媒体在确定一个新闻选题时，要充分认识到这个新闻是否具有丰富的社会内涵，是否体现着事物的某种本质特征，是否包含有价值的、能够进一步开掘的信息。典型性是选题策划的一个基本原则，是一家电视媒体影响力的重要体现。

4.独家性

独家性是对电视媒体新闻策划的更高要求。独家性的含义：新闻事件的独家报道，即电视新闻不仅要追求新鲜、时效和典型，还要独家。用第一手的采访，第一手的报道，吸引受众的注意力，吸引他们的新闻欲。对新闻事件的解释是独家的，与众不同的。独家性和权威性息息相关，它同时也是一种话语权利。话语权是一种命名的权利，它包括第一时间说话（报道）和第一时间解释（评论）的权利。媒体竞争的核心是命名权利的争夺。一家电视机构一旦掌握了这种权利，将有效地建立媒体公信力和媒体权威。

5.可操作性

可操作性是电视新闻选题策划的一个重要标准。可操作性包括内外两个含义：内部的要求是指选题策划要从自身的实力出发，有多大力量做多大的事情，结合自身的人财物条件，去选择可行的选题。外部的要求非常复杂，包括政治环境、社会环境、自然环境等各个方面的具体要求。在选题策划初期，就要充分考虑上述各种环境的限制，否则即使节目完成制作，也有被"枪毙"的危险。

（二）选题具体操作原则

1.规定主题类选题

常规做法：提前做好准备。拍摄方法：模式化一般的指令性会议新闻的报道形式很难创新，从事报道的新手以顺利完成任务为稳妥之策，如果有创新往往也是费力不讨好。

2.自选主题类选题

这种新闻选题要注意三个原则：

政府重视：解决的是新闻报道的出发点和归宿点问题，即报道内容要坚持正确的舆论导向。

群众关心：解决的是报道的广泛性和接近性的问题，应聚焦在广大人民群众关心的热点问题上，代表他们的利益，也是反映民意。

普遍存在：解决的是新闻报道的典型性问题，这就是要求选择题材时要注重社会效果，最大限度地发挥舆论监督的作用。

（三）选题策划的具体思路

1.有深度报道空间的选题

题材确立后，就要试图去挖掘新闻背后深层次的内容。新闻编导要善于挖掘新闻背后深层次的内容。

2.富有传奇故事色彩的选题

选题最容易掌握的标准："编导感兴趣的，观众才会有兴趣"；能感动自己才能使观众感动。纪录片选题的原则：记录平凡人的不平凡事；记录不平凡人的平凡事。只要选择了富有故事色彩的选题，作品就会与众不同。

3.切小口，说大事

这是如何选取报道角度的问题。现代竞争给电视新闻栏目带来的任务是：看谁能把同样的新闻用更值得信赖的方式、更能使观众接受的方法、更有价值的报道角度和深度传播出去。现在对国内电视新闻节目的批评集中在两点：一是缺"现场"，二是缺"主持"。

二、报道形式策划

（一）集中式

集中式以报道在时间和空间的集中为特点。一般是围绕某一事件或主题，把内容互相有联系的稿件集中在一个栏目播出，或者综合各方面消息组合成一个单篇报道播出。集中式报道策划的关键点：好的报道角度，一定的规模。

（二）连续式

连续式以报道在时间上小的间断但总的持续为特点。一般围绕某一时间或主题，通过"多次性"的连续传播，使受众得到比较完整深刻的印象。与集中式报道"一次、大量"的特点不同，连续式报道是随着信息的逐步积累而形成强势的。

1.追踪报道

主要围绕一个热点新闻事件，在一定时间段里做连续的密集报道，其追踪的时间段视新闻事件的发展而定。追踪内容主要有两方面：一是事件发展的进程，二是事件引发的反响。前者是新闻事件最初发生时策划报道的重点，后者则主要出现在事件发展接近尾声或告一段落的时候。

2.系列报道

围绕某一时期、某一阶段的热点问题、宣传重点，组织多篇相关报道相继播出。组成系列的各个部分在报道的具体对象上可以是不同的，但是在主题上必须相互关联，通过对主题多侧面的反映形成传播强势。系列报道中各个部分的安排没有固定的次序。

3.特别报道

一些特别重大或者新闻性强、过程比较集中的事件，有时会采取特别报道的形式。这种"特别"主要表现在：特别的事件，特别的形态，特别的组织。

（1）新闻专题节目类。从《焦点时刻》到《焦点访谈》看电视新闻栏目的运作。《焦点时刻》的先天不足：一是这个栏目尽管具有独立的定位和节目形态，但难以突现独特的影响力。二是内容停留在舆论监督的边缘，深度有限。三是早晨播出受众有限。《焦点访谈》栏目的定位和特点，初步定位："时事追踪报道、新闻背景分析、社会热点透视、大众话题评说。"栏目发展后确定其定位："舆论监督。"《焦点访谈》的主要特点：公开性、广泛性和实名制。《焦点访谈》的选题机制：选题的"预警"机制。对同一类现象，如果连续三天，每天观众反映的问题超过50条以上，栏目就会立专门档案，指定编导监控，并进行调查、分析，确定是否有报道价值，然后从中筛选报道题目。选题的筛选机制：第一，由《焦点访谈》中心组设立专人，分别处理群众来信、来电、电子邮件，接待群众来访。第二，记者组采编轮空的记者，同时可以对热线寻呼中提供的线索进行处理，并帮助中心组处理部分信件。第三，中心组策划人员在每个工作日提交一份选题报告，列出3~5个有效的报道选题，供节目组选择采用。选题论证机制：选题论证中要点集中在选题与党和政府的现阶段的路线、方针、政策是否有不和谐的地方。选题事实是否包含有可能引起不安定的因素。对于基本轮廓清楚的选题事实、关键事实是否存在疑点和不确定性。选题所包含的事例是否具有普遍性，避免非常极端、不具普遍性的题材。选题是否符合电视新闻的操作规律，是否具有可视性？选题清楚、事实准确、责任明白，但报道后是否有可能使问题得到解决？《焦点访谈》采取的是三步论证方式。第一步：提供选题的策划人员要与准备接受选题的编导进行选题论证。第二步：接受选题的编导要与本组的制片人进行选题论证。第三步：制片人要与部分领导进行选题论证。《焦点访谈》的事实表现原则："用事实说话。"这是《焦点访谈》最为强调的。《焦点访谈》的事实表现原则可以概括为：主题事实化、事实故事化以及故事人物化。这个原则不仅适用于电视新闻栏目，对其他所有叙事类电视节目也是适用的。

（2）新闻现场直播节目。这类节目的策划重点不再是报道什么，而是如何报道。

新闻现场直播节目分为：可以预见的重大新闻事件的直播报道（策划主要在于如何提前设计制作相关背景资料，如何设置预案，应对事件发生过程中的突发情况）；不可预见的突发新闻事件的直播（策划重点在于前方记者是否能够及时拍摄到现场，及时发现和抓取独家信息等）。

三、嘉宾策划

新闻节目中的嘉宾包括两类人：一类是以专家、名流为代表的社会精英人士；另一类是以新闻事件当事人为代表的社会各阶层人士，尤其是中下层人士。嘉宾承担的功能：可以对新闻现场第一时间获取的新闻事实进行解读和分析，深化新闻节目的内涵；可以增加节目的信息量，嘉宾精彩的分析也能够成为新闻信息的一个有机组成部分，帮助控制节目进程；在前方新闻信号不能及时传送的时候，嘉宾的谈论能够有效地延时。对于有些邀请新闻当事人到演播室访谈的节目来说，嘉宾本身就是新闻。嘉宾策划的原则有三点：

（一）知情原则

不管是以嘉宾为中心的新闻节目，还是以嘉宾作为重要组成部分的新闻节目，嘉宾的第一要求是知情。知情人要么是新闻的当事人，要么是对新闻解读和评价充分知情的专家学者，嘉宾共同的一个特征是比一般观众掌握更多的新闻本身或者新闻背后的信息。当请不到主要当事人时，可以请见证者、目击者或者当事人的亲属、朋友等了解情况的其他人。知情原则是嘉宾策划的根本原则。

（二）对应原则

对应原则是指针对不同的节目内容，要邀请不同的嘉宾来参与节目。嘉宾不熟悉所谈对象，就会影响嘉宾访谈效果。

（三）权威原则

权威原则是指邀请的嘉宾是某个专业领域的权威。权威嘉宾能够提升节目的影响力和公信力。但要注意扬长避短，激发嘉宾参与节目的热情，协调嘉宾言论与节目的关系。在嘉宾策划上，还要注意嘉宾是否健谈、嘉宾的形象是否符合上镜要求，邀请多位嘉宾时注意协调彼此的关系。

好的嘉宾策划，能够有效地激发嘉宾参与节目的热情，深化节目内涵。

第五节　新闻类电视栏目编导的作用与工作要求

一、新闻类电视栏目编导的作用

电视新闻栏目的创作，是指对栏目从策划、构思、实际拍摄、编辑合成，或经过周密的准备直接播出的整个过程。在节目的整个创作过程中贯穿始终的、最核心的人物是编导。电视编导的重要作用主要体现在节目质量把关与拍摄采访协调方面。

（一）节目质量把关

电视节目编导必须通过对题材的确定、构思、采访、拍摄以及对素材的选择、加工，把好的内容组合成优秀的电视节目，奉献给观众。电视节目编导"把关人"的重要角色在决定节目质量方面起着举足轻重的作用。把关的含义是极为广泛的，它包括政治关、事实关、文字关和形式关等各个方面。比如在电视新闻节目中，编导就是通过对新闻条目的先后排序、对播出时间的选择等，来完成对电视新闻版面的组合。

（二）拍摄采访协调

编导要对外联系，落实拍摄地点、时间等具体事项，并尽可能地预测在采访现场可能会出现的意外状况。在拍摄现场还要进行场面调度、安排或指挥拍摄、指导现场采访。发现突发或意外问题要及时决断、处理。有时编导还要身兼摄像、切换导演或主持人等多重角色，这时就要注意兼顾全局，既要从宏观角度控制局面又要从微观入手，注意每个采访、拍摄细节。特别是新闻直播栏目，这方面的要求会更高。

二、不同新闻栏目的编导任务

电视深度报道是媒介竞争的产物。其特征是较强的理性思辨，报道的立体化，手法的多样化。因而编导要点是：选题偏重于重大性、社会性、故事性；创作必须注重舆论导向；弄清"上情""下情"，起好桥梁、纽带作用；抑恶扬善，把握好"度"。

电视连续报道是就一个事件或一个人物生活变故的起因、变化、发展、结果而组织跟踪报道或评论陆续播出。这类报道往往能产生强烈的社会效果。其编导要点是：向未来取材——选取结果不可预知的事件性新闻为题材；注重时效性与客观性；注重连续性与递进性；注意结果的不可预知性与报道的完整性。

电视系列报道是在一定时间内围绕同一重大新闻主题或典型事物，从不同角度、侧面对不同对象进行连续、多次的报道，强有力地体现、揭示和深化特定的主题思想。其编导要点是：一般取材于可预知的非事件性新闻；以新闻主题为依据横向展开；针对性强、导向明确；注重密集性与递进性；注重完整性与显效性。

电视新闻评论是电视机构或评论者评论集体对现实生活中具有普遍意义的事件、问题或社会现象明确表示意见和态度，对事态的演变、发展进行分析、评述，是电视机构的政治旗帜和引导社会舆论的重要手段。其编导要点是：选题要准——民众关注，事关大局，有新鲜性、典型性；评论要精——真知灼见，思辨色彩浓郁，富有前瞻性。

杂志类电视新闻栏目的编导意识有以下几点：突出兼容性、丰富性；内容上杂而不乱，完整统一，且有深度；结构上杂而有序，简练合理。注重主持人参与新闻采访和事件调查的过程，以体现新闻节目的个性。

三、新闻类电视栏目编导的素质要求

（一）编导所需的综合素养

要想做好电视新闻节目，必须要有精深的基本功。编导在扎实的文化基础上才能建立起稳固的思维模式与认知世界的独特方式。所以，电视新闻栏目的编导必须同时具备相当的素质，这一素质主要体现在他的政治修养、艺术修养、专业技能、荧屏意识、想象能力等诸多方面。要达到这样的要求，必须具备一定的知识和技能：首先要明确编导自身的责任与义务，理解好这些才可把节目转化为可供人接受的新闻栏目。

（二）编导需要缜密的构思能力

电视新闻栏目编导缜密的构思能力首先体现在要具备渊博的知识上。要博览群书，广收精华，广泛涉猎各种专业知识，除了整体策划外，一期精品节目在制作之初，编导人员心中还要有一个镜头与语言的结构框架。到达现场后需要拿到什么样的镜头，远、全、中、近、特该怎么样切换安排，都应该在头脑中形成一个整体概念。有些按既定程序进行的节目尤其应该考虑这些问题，即必须认真设计好每一个镜头。必要的时候，要事先了解主要人物的行动路线和活动的位置安排，进行"踩点"。

构思能力可细分为以下几个特性：

（1）有见地。所谓有见地，即指编导对于节目中的新元素是否适合，是否能够起到支撑节目的决断时的一种灵敏度，通常这也与编导的个人经验有关。跳出新闻看新闻是对编导这方面的考验。

（2）独特性。要做一个好的编导，思维上肯定要超脱凡俗，试着从独特的视野和观点去开发新的话题。在同质新闻泛滥的今天，独特的视角是新闻节目的制胜法宝。

（3）明朗流畅。编导要有极其清晰的思维去安排事宜，在安排时思维模棱两可是大忌。反应迅速灵活在现场安排时极为重要。

综上所述，一名优秀的电视新闻节目编导不仅要有厚实的文化底蕴，更需要有开拓创新的新闻精神；不但要有一支生花妙笔，更需要有一个智慧之脑。这样才能在时代的要求下不断创造优秀的电视新闻节目。

四、新闻类电视栏目的编排原则

一档电视新闻节目，无论是60分钟，还是仅有一两分钟，无论是中央电视台的《新闻联播》，还是市级电视台的地方新闻，都有它的编排原则。编排原则既是编辑思想的具体表现，又是编排技巧的灵魂。有了编排原则，电视新闻节目才会层次分明、脉络清楚、富有节奏感，否则，节目就会杂乱无章。电视新闻节目的编排要遵循以下三条原则。

（一）体现节目定位

不同的电视新闻节目有不同的定位，编辑除了选择符合节目定位的新闻稿件外，编排时也要考虑如何体现节目定位。确定头条新闻时，不同的节目会因定位不同而有所区别。比如中央电视台的《新闻联播》是全国最重要的电视新闻节目，它以严肃、权威、重要著称，内容大多是时政新闻，经济新闻和社会新闻比例甚少。编排上也讲求庄重、严肃，多采用传统式编排。省级台的民生新闻定位是办老百姓喜爱的电视新闻节目，内容多是社会新闻与经济新闻，因而它选择头条的标准就与《新闻联播》有所不同，社会新闻、经济新闻占了很大比重。而像香港电视台的新闻类节目，经济新闻当头条的概率占了几乎一半，存在这么多的经济报道，而且经济报道的地位都很重要，这无疑是以观众的需求为依据的。作为国际金融贸易中心，香港的市场经济高度发达，楼市、经纪、佣金、投资环境等与香港的生存发展状态息息相关，经济信息与市民的生活也息息相关，因此新闻节目中存在大量经济报道是符合观众需求的。

（二）优化新闻资源配置，发挥节目整体优势

编排电视新闻节目，既要挖掘每条新闻所蕴含的新闻价值，又要注意各条新闻之间的内在联系。媒体融合条件下，媒体对全媒体平台冠以"中央厨房"称谓，实施"一次采集、多种生成、多元传播"。"中央厨房"通过新闻线索和选题共享乃至统一策划，避免对同一新闻多头无序采访，从而降低成本，提升整体效率。这种新闻资源配置已经被越来越多的电视台应用，优化新闻资源配置也就是新闻组配，即将几条不同侧面、不同角度但有一定内在联系的新闻集纳编排，或组合或对比，或配资料、评论，从而达到互为补充、互为背景、互为对比，做到各条新闻之间合理配置、优化组合，使一档电视新闻节目在有限的时间内承载更大的信息量，从而增强新闻内容的密度、力度和深度，取得更好的传播效果。系统论"整体大于局部之和"的理论为新闻组配提供了理论依据。该理论认为若干单个要素按照某种合理的结构组合起来，构成一个系统，就会产生一种全部单个要素在分散孤立状态下所不具备的新的素质、功能和特性。新闻组配就是将单条新闻按某种合理的结构组合起来，产生一种新的传播效果。

（三）营造编排节奏

电视新闻是一种"时间的艺术"，它可以利用长、短新闻的有机搭配，严肃与活泼新闻的组合，图像新闻与口播新闻的穿插，制造几个高潮，形成高峰与低谷，从而营造编排节奏。电视新闻节目要取得良好的收视效果，离不开节奏。在电视新闻节目编排中，最容易被人忽视的就是由新闻排列顺序而产生的节奏。许多人还没有意识到编排是个"时间的艺术"，编排可以通过新闻的不同排列，营造出节奏。电视新闻节目对观众要有吸引力、感染力，首先是内容吸引人，如伊拉克战争、航天飞机坠毁、中巴足球对抗赛、奥运会开幕式以及春节文艺联欢晚会等。但吸引和震撼人的新闻内容毕竟是少数，在大多数情况下要增强电视新闻节目的吸引力，还应考虑其他因素，其中一个重要的因素就是营造编排节奏。靠个别的逐条的新闻组合而成的整个电视新闻节目，只有营造节奏，讲求起伏快慢、张弛等的变化，才能使观众自始至终保持对电视新闻节目的收视热情。

电视新闻节目营造编排节奏是观众的需要。看电视已经成为现代人日常生活的

内容之一，但很少有人会把看电视当成一件必须做的事情。绝大多数观众看电视时处于一种"半收看状态"：经常受吃饭、聊天、干家务等因素的干扰，观众的注意力很容易分散。如何在电视新闻节目中有节奏地刺激观众，吸引他的注意力，是编排时必须考虑的问题。此外，即使有部分观众出于某些原因，可以十分专注地看电视新闻节目，但心理学的研究也表明，人的注意力不可能长时间保持高度集中，而且观众对他所关注的节目比较熟悉，如果节目没有节奏，没有变化，他很可能很快就厌倦了这个节目。因此，有节奏地编排节目，有意识地在整个电视新闻节目中设置若干个高潮，使观众在收看节目的过程中不时受到强度不同、性质不同的刺激，强迫受众始终处于兴奋状态，是十分必要的问题。

五、新闻类电视栏目的艺术性表现形式

新闻不可以策划，但是新闻栏目必须进行策划，必须有编导的意识在里面。电视新闻节目工作者绝不能满足于现状，必须与时俱进、不断创新，丰富报道的类别、内容、形式和深度，重视新闻节目的包装，把新闻做得更好看、更精彩，使舆论引导更有力，更好地满足广大受众的期待和要求，更充分地发挥其社会监督、促进改革和进步的作用。

（一）电影艺术手法的借鉴

电视新闻具有视觉形象和听觉形象的各种特点，它与报纸、广播的最大区别就是用生动形象的镜头语言向观众传递真实的信息。电视新闻的镜头语言是指视听一体的电视画面及其附载的同期声、现场环境音响等，它是电视新闻造型语言的基本要素，是组成电视新闻节目的基本单位。只有富于美感的画面才会产生强烈的艺术感染力。这就要求我们对光线、色彩、影调、线条、形状等电视画面构图的形式元素进行综合运用，对现场同期声、现场环境音响作合适的选择、取舍。充分利用可变的距离、可变的拍摄角度、场景分割以及细节、特写镜头等表现手法，改变和丰富观众与新闻事实之间的关系，有意识地变换和开拓观众的眼界。同时，通过画面的对比、交叉、比喻、象征等蒙太奇手法的运用，把与主题密切联系的细节、场景有机地穿插结合在一起，这样，奉献给观众的自然是美的享受。

台标、片头、栏目标志，以及一些被添加到电视新闻中的电脑动画效果、特技效果，用电脑制作的图表、图形，还有给画面加框、画面重叠等，这些视觉效果虽然都可以归入到影像这个大的概念中，但是它们和通常所说的影像含义大不一样，这些都是电视特有的，是电影语言所不能包容的。但是反过来，电影语言却可以被电视语言拿过来利用，将其作为电视语言的一部分，如各种蒙太奇手法、长镜头、音乐、音效、特效等电影艺术手法。电影与电视虽然在传播途径和制作规律等方面存在着很多差异，但在声画结合的表现方式上却有着相似性，尤其在新闻谈话类节目中，如新闻人物传记等都可以借鉴电影的叙事风格和表现手法，把很多司空见惯

的背景介绍进行艺术化的处理。如央视《面对面》《对话》等栏目，用纪实艺术手法记录平凡百姓或者焦点人物，其中就有许多电影手段的明显印记。新闻节目本身是讲求真实性和时效性的，如果使用了模糊、慢镜头、快镜头等艺术手法，必然是为新闻节目的效果服务的，如抒发感情、弘扬社会美德的需要。

（二）重视电视新闻节目叙事结构和细节表现

过去很多电视节目比较注重理念呈现，刻板的概念、僵化的条规、毫无趣味的宣传较多。而近些年来，电视新闻节目编导中的"故事化"越来越流行。

简单来讲，电视新闻的故事化，就是深入发掘新闻事实中的故事因素，并采用故事化的手法加以反映。这种报道方式注重展示新闻事件发生、发展的原生态过程，着力表现新闻中的细节与情节。它甚至还大胆地将一定的艺术手段运用到其中，挖掘新闻事件的人文因素，激发人类的情感，提高新闻的可看性与感染力，从而使之具有了很高的美学价值，同时也实现了新闻传播的社会价值。

当前的许多电视新闻节目，如深度报道类新闻节目、民生新闻栏目等十分重视节目的叙事结构，加入了故事化的元素，用讲故事的手法，在新闻报道时设置悬念，情节曲折跌宕，注意描述"细节"，吸引观众的注意。好的节目其实就是一个好的故事，故事当中一层层的悬念设置会吸引着观众把节目看完。节目当中的"悬念设置"实际上完成了观众由可视性到必视性的转变过程。细节是新闻节目的血肉。这对提高电视新闻的感染力和影响力具有重要的现实意义。电视新闻中所涉及的时间、地点、人物、事件、环境等，都是生活中确确实实存在的，这里面讲的故事是真实的，是电视新闻工作者叙述新闻的一种方式。当新闻节目的采编过程中遇到纷繁复杂的事件、枯燥乏味的数字、高深宏大的理论难以传达时，恰当的叙事可以将新闻进行"二次制作、二次传播"，从而一一解决这些问题。

"主题事实化，事实故事化，故事人物化"是很多用故事化叙事手法讲新闻的节目遵循的原则，《焦点访谈》《新闻调查》《新闻1+1》等节目十分走俏，节目中的事实是看得见的流动的过程，符合电视传播线性的叙述特点，充满了细节的事实。比如在这些故事化的新闻报道中，经常会用到"情景再现"的叙说手法。"情景再现"很好地解决了没能拍到事实画面的遗憾，蒙太奇等艺术技巧的运用增添了新闻的艺术性和趣味性。所以说，电视新闻的故事化元素，提升了电视新闻的整体表现效果，展现了电视新闻的美感和艺术张力。

（三）重视电视新闻节目的包装，把握电视新闻节目艺术性的"度"

形式是金，对电视新闻节目形式进行创新，提高形式的艺术表现力，以观众喜闻乐见的形式满足观众期待与满足的心理，可以更好地表述新闻内容，使内容融化在声画艺术之中，留给观众更深刻、更强烈的视觉效果。好的新闻节目会让观众在转换频道的短短几秒钟之内的操作中，停留住手中的遥控器。但是恐怕观众在这几秒"决定性时间"不会是神速地知晓新闻的内容，而恰恰是先注意到新闻节目的形式，所以要在这短短的几秒钟时间内留住观众，节目的形式非常重要。如果节目的形式新颖、艺术表现力高，简单说就是"好看"，观众才有可能放慢转换频道的速度，这时才能注意到节目的内容。内容是新闻节目的"里子"，形式是新闻节目的"面子"，对于一个好的新闻节目来说，既要"里子"还得要"面子"，不管多么有时效、有深度的新闻，如果没有好的艺术形式包裹这些内容，就难以吸引越来越挑剔的观众。当前的电视新闻工作者正在不断创新，探索更多的适用于新闻节目的艺术表现形式，增强其艺术性，提高其审美价值。

思考题

1.关于新闻的定义有哪些？这些定义各有什么特点？

2.电视新闻栏目有哪些类别？各有什么特点？列举相应的案例。

3.电视新闻栏目应发挥什么作用？

4.电视新闻栏目策划有哪些要点？

5.结合社会热点问题，策划一档电视新闻栏目。

第十一章 专题类电视栏目的策划与编导

第一节 专题类电视栏目概述

一、专题类电视栏目的概念

专题类电视栏目是就某一新闻题材做专门、详尽、有深度的新闻报道的栏目。

专题类电视栏目的审美特征，集中反映在三个方面：永恒的真实性，完整的叙事性，独特的艺术性。

专题类电视栏目构思要经过构想初步形成、对构想的再孕育、加工定型三个阶段；明确节目的目的和出发点、考虑观众的具体情况、确定主题、组成整体框架、精心选择节目内容、设计具体表现形式六个步骤。

二、专题类电视栏目的设置与特点

在专题类电视栏目的设置上，以满足"宣传"及"背景介绍"两大目的为原则，以科学的栏目设计帮助客户良好、畅通地传达其宣传目的，帮助受众多角度地了解宣传对象的综合情况。以企业产品发布会直播为例，在栏目设定上，不仅具有展示该产品的特写栏目，还另外设有对有关生产厂家和企业进行重点介绍的栏目。同时，还可根据具体情况设置一些性能对比类栏目、扩展性内容栏目、调查功能类栏目、反馈功能类栏目等等。

在专题节目的前后期内容制作方面，编辑队伍会及时将直播客户提供的有关宣传资料和背景资料（包括视频、图片、文稿等）进行筛选、整合，配合视频制作、动画策划、文字撰稿、图片截选等后台加工手段，完成直播页面内容的准备工作。

三、专题类电视栏目的收视需求

中国广视索福瑞媒介研究的相关研究显示，在2016年全国不同类型节目市场的收视竞争中，中央电视台在多个节目类型中保持显著优势。音乐、体育和教学类节目是中央电视台领先优势最为突出的三类节目，收视份额均在70%以上。其中，中央电视台在音乐节目市场中的收视份额高达86.3%，在体育和教学节目市场，中央电视台的收视份额分别达72.0%和70.4%。与此同时，中央电视台在戏剧、电影和财经类节目市场也显示出强劲竞争力，收视份额均在60%～70%。在专题和法制类节目市场中，中央电视台分别获得55.0%和49.4%的收视份额，基本占据半壁江山。此外，在综艺和新闻/时事类节目市场中，中央电视台的实力不容小觑，收视份额均超30%，并在新闻/时事类节目市场领先其他各类频道。

（一）特别专题节目形成品牌效应，社会反响良好

自2007年中央电视台推出一系列专题类特别节目以来，不论是大型政论片、专题晚会还是系列活动，都形成了良好的社会反响，获得了相对同类节目较好的收视成绩，以潜移默化的方式配合了社会主义核心价值观的宣传。

在节目运作中，《感动中国》《3·15晚会》《法治的力量》《中国经济年度人物评选》《圆梦行动》等栏目已形成了主题晚会与日常节目的良性互动，成为特定时期的观众收视热点与媒体的关注点，有效地扩大了节目的观众收视覆盖规模。

《3·15晚会》栏目　　　　　　　　　《感动中国》栏目

（二）专题类品牌栏目成为中央电视台相关频道收视增长的驱动力

2007年，中央电视台专题类节目强化了可视性，故事化运作与节目的知识性、实用性及对情感与社会价值观的提升在中央电视台的品牌专题类节目中得到了有效加强。中国广视索福瑞媒介研究的相关研究显示，中央电视台四套、中央电视台三套、中央电视台八套、中央电视台五套市场份额均有不同幅度的上涨，尤以中央电视台四套进步最为明显，2016年以3.5%的市场份额排名第二位，较2015年的市场份额增长了近1个百分点。

第二节　专题类电视栏目的策划与编导

一、专题类电视栏目的策划要点

（一）要明确主题，找准新闻着眼点

专题策划就是在收集相关信息的基础上，对信息进行取舍、梳理的过程，并进行高层次的创作，实际上是对信息本身的一次再生产和转化，就是选题策划的着眼点应放在观众对信息的需求和时代要求上。

（二）要找准选题策划的切入点

小切口，大视野，可以在平凡的新闻信息中找出不平凡的亮点来，在普通的现象中挖掘出深邃的哲理来。采用个性和情节化的故事手法来讲述新闻内容，让故事

成为专题节目的开端，这是做专题节目的一个创新尝试。新闻化的故事能在较短的时间内吸引观众，即使在采制话题类新闻专题时，也尽可能将镜头对准具有代表性的个人，以小见大，以个体代表整体，将个人的经历推及自己或者观众身边的人，从而使模糊变得清晰具体，观众对这类话题也会有更加深刻的认识和认同感。

（三）善于抓住专题节目中对观众产生视觉冲击力的细节和场景

难以捕捉到具有视觉冲击力的镜头，电视画面就难以具有可视性。故事性是新闻作品，特别是专题报道中吸引观众的最主要元素。细节最能打动人，生动的场景总是让人耳目一新，并记忆犹新，因而尽可能把新闻报道做得更富有故事情节性，在讲故事中突现细节，故事结构高潮起伏跌宕，才能使观众在观看专题节目时产生情感共鸣。

（四）在编辑制作过程中加强对有效信息的取舍和节目的包装制作

编辑制作是整个传播过程中的一个重要环节，只有通过编辑制作，才能使节目得以定型，然后传播出去。编辑制作，就是运用设备对新闻信息进行加工处理，关键在于如何对信息进行构思，进行组合，从而使所采集的信息清晰完整，使要表达的内容富有感染力。

二、专题类电视栏目编导的作用与工作要求

电视编导的地位和电视编导工作是电视传播工作的一个重要组成部分，必须服从于电视台的根本任务。不过，作为一个独立的工作部门，电视节目编导还担负着特定的任务，在整个节目制作过程中是组织者、创作者、领导者、制片人。电视栏目编导必须通过对题材的确定、构思、拍摄以及对素材的选择、加工，把好的内容组合成优秀的电视节目，奉献给受众。在这一过程中，电视栏目编导承担了原创和将其电视化的任务，起着创作、把关与中介的重要作用。

在拍摄现场，编导俨然成了一部电影的导演，各方面的要素都要考虑周全。编导毕竟不同于记者和摄像师，他不能代替他们工作，但要帮他们协调好各方面的工作，他们没有想到的地方要尽量帮他们想到。比如说中央电视台颇受人訾议的柯受良飞越黄河的直播报道，耗资巨大，却因为机位选择不当，导致精彩错失。无论是借口正面机位电线被踩断也好，还是找别的什么理由，编导的职责就是负责节目要好看精彩，节目失败就是编导之责，观众看到的只是结果，台前幕后的花絮是观众不关注的，那些只能是饭后闲谈之资，不是他们关注的重点。

在片子的后期编辑中，编导依然要注意各项工作的整体调配。比如说，在画面与解说词的配合上，要严格遵循三分之一或四分之一规律；在剪辑上，注意镜头成组地编，声音成段地用，用一组画面连续地表现同一主体时遵循景别渐变原则，注意转场等。

拍摄现场

　　最后想强调的一点是，电视编导的风格决定着片子的风格。在中国电视文化艺术片市场上，一直有"写实"与"写意"之争。"刘郎现象"便是一个很典型的写意风格的例子。尽管有人批判刘郎玄虚的倾向，但十几年来，他却一直按照自己的独特个性一路走来。从《西藏的诱惑》追求蛮荒野逸的狂放，到《江南·千年陈酒》追求人生况味的隽永，再到《苏园六记》中熔铸明清小品的淡雅，他都是按照自己的风格做片子，追寻超验世界的精神震撼，追寻中华上下五千年文化的风骚神韵，追寻自己的人文理念和生命本真。

《西藏的诱惑》栏目

《苏园六纪》栏目

　　现在，像他这样按照自己的风格做片子的编导越来越少了，"电视编导们不再关心作品的历史感或时代感，艺术性或思想性，终极价值或精神升华；因为收视率与卖什么价显得更实际一些。这时，作品的深刻意义就不存在了。这便是美国著名比较文化学者杰姆逊先生所说的'平面感'和'深度模式的消失'"。不过，好的东西毕竟是好的，个性化、风格化的东西还是会吸引一大批感兴趣的受众，而一窝蜂地跟风克隆、缺乏独特风格的电视节目最终只会在一大堆相似作品中"泯然众人矣"，在无情的市场竞争中惨遭淘汰。电视编导是节目的灵魂，他有效地协调各方面关系，参与前期、中期和后期的各项具体工作的统筹安排与操作执行。注重电视编导的素质培养，形成个性化的风格，对于整个电视节目质量和电视媒介影响力的提升都具有重大意义。

思考题

1.电视专题栏目的审美特性有哪些内涵？

2.如何找准电视专题栏目的选题切入点？

3.电视专题栏目中的细节有什么作用？

4.电视专题栏目的编导应发挥什么作用？编导在其中的具体工作要求是什么？

5.编导在栏目风格的形成中有什么作用？

第十二章　文艺类电视栏目的策划与编导

第一节　文艺类电视栏目概述

一、文艺类电视栏目的概念

文艺类电视节目，有两种解释，一种是广义上的"文艺类电视栏目"，是以娱乐大众为目的，运用各种电视化手段，对各种文艺样式以及相关可提供娱乐的内容进行二度加工与创作，并以晚会、栏目或活动的方式予以屏幕表现的节目形态。

一种是狭义上的"文艺类电视节目"，如《中国诗词大会》是中央电视台推出的聚焦于古典诗词的文化类节目，根据节目的定位，节目以"赏中华诗词、寻文化基因、品生活之美"为基本宗旨，通过对诗词的赏析与分享，传递诗词的美感，不断学习古人的智慧。以此让古代经典诗词，深深印在国民大众的脑子里，成为"中华民族文化基因"。文艺类电视栏目的设置与其他电视栏目一样，有固定播出时间、固定的播出长度，小栏目之间讲究节奏的变化，内容之间要有对比式相关联系，如电视剧、电视晚会、电视综艺节目、电视文艺专题等。

二、文艺类电视栏目的地位与现状

电视文艺类栏目是伴随着电视事业一起诞生的，是最早的电视节目，可以说是电视节目中不可缺少的一类节目，随着节目栏目化的发展，文艺类栏目有了特定的地区和人群，具有定向性，电视栏目按一定时间的安排，受众可以定时收看，又有了定时性。所以文艺类栏目是电视节目类型中不可缺少的一部分。受众看电视的主要动机是休闲娱乐，其次是为了了解信息[1]，可以说文艺类栏目在受众生活中有很重要的地位。

现在国内电视文艺节目中分为两大类，第一类是以大型文艺晚会类为代表的政治色彩浓的自创电视文艺晚会，如春节联欢晚会、中秋晚会。电视文艺晚会主要是在重大节假日期间或在一个特定的时间，为配合某一重大主题内容的宣传，为烘托节日气氛组织的综合性演出。它的主要特点：①综合性。文艺节目晚会不仅包括歌舞，还将戏曲、相声小品、魔术等多种节目组合起来，通过主持人的串联形成一体。②时间长。一般的文艺晚会都在100~180分钟。③主题明显。文艺晚会都有一定的主题，比如春节联欢晚会就是全国上下共庆新春，改版前的《中华情》就是为某个城市做宣传。④时效性强。晚会一般是直播形式，宣传效果好。

1　张同道.电视看客——调查中国电视受众［M］.合肥：安徽教育出版社，2003.

《中华情》栏目

第二类是以娱乐竞技为主的综艺节目。现在竞技、博彩性质的综艺节目遍地开花，几乎每个卫视都有自己主打的一档综艺节目，但目前综艺节目出现了很多弊端：①舶来品居多。比如舶来品节目的案例：火遍大江南北的《中国好声音》，其原型为荷兰节目《The Voice》；风靡全国的《我是歌手》，其原型是韩国的同名节目。②同质化跟风现象严重。同质化节目的案例：湖南卫视的《爸爸去哪儿》受到欢迎后，国内掀起一股亲子节目热潮，浙江卫视的《爸爸回来了》、山东卫视的《上阵父子兵》、深圳卫视的《闪亮的爸爸》等。

三、文艺电视节目的收视需求

娱乐功能是电视的重要功能之一。尽管娱乐消遣已不再是观众收看电视的首要动机与目的，但依旧是影响观众收看行为的极为重要的因素，也就是说，除了了解事实、获取信息功能外，电视的娱乐消遣功能仍然是观众收看电视的重要目的。同时，这种文化的娱乐消遣功能随着电视文艺娱乐节目的发展还将进一步增强。电视娱乐节目的长期生命力绝不仅仅是电视自身发展的原因，而是有着终极的经济原因和人之需要的本质的驱动。

第二节　文艺类电视栏目的策划与编导

一、文艺类电视栏目策划的要点

（一）明确的主题

无论是大型的文艺晚会还是综艺娱乐节目，都要有明确的主题，而且还要每期都不同，这样才能使观众有新鲜感。例如，中央电视台《中华情》推出"古典情怀"为主题的一系列文艺晚会。《中华情》每期都会有一个主题，2004年9月28日的主题是"浦江月"，2005年9月17日的主题是"江城月"，2008年5月12日的主题是"汶川地震赈灾公益晚会"，每期的嘉宾都是根据主题来邀请的。

《中华情》栏目

（二）设定恰当而有娱乐性的游戏活动，提高观众参与性

比如《中华情》节目会请表演嘉宾与观众参与游戏活动，游戏种类主要是具有当地特色的活动，比如吹葫芦丝、抓螃蟹等。

（三）对重大现场变故及时反应

尤其是以游戏、竞技类为主要内容的综艺节目，在游戏活动中不免会出现突发问题，所以保障参与者的安全，维持节目秩序，要求栏目组对现场重大变故有及时的反应。中央电视台的闯关类节目《城市之间》，游戏设置中参与者不免会落水，这就需要配置专门人员保障参与者的安全。

二、文艺类电视栏目编导的作用与工作要求

编导主要担当总合成工作，对节目素材进行再加工，使节目得以最终成形，还担任"把关人"的重要角色，在决定栏目质量方面起着举足轻重的作用。这需要编导有较高的文学艺术修养，以及广泛的社会知识，需要了解歌唱、舞蹈、戏曲、曲艺、杂技等多门艺术门类的艺术特征、艺术规律以及这些艺术门类中优秀演员的基本情况，需要熟悉电视摄录像设备的功能和使用方法。此外，编导还必须具备较强的社会活动能力和组织能力，善于兼收并蓄各类艺术的长处，调动各方面的积极因素，只有这样才能制作出优秀的文艺类电视栏目。

思考题

1.电视文艺栏目应发挥什么作用？

2.电视文艺栏目的收视需求体现在哪些方面？

3.如何策划电视文艺栏目的标题？

4.如何提高观众对于电视文艺栏目的参与性？

5.编导在电视文艺栏目中应发挥什么作用？新媒体环境下，编导在编排电视文艺栏目时应该注意哪些原则？

第十三章　新闻类电视栏目的策划与编导

中国谈话节目的兴起以1993年东方电视台的《东方直播室》为起点，到目前为止，近20年的时间里，电视谈话类节目成为我国电视屏幕上主要的节目形式。谈话类节目内容涉及了新闻信息、社会话题、娱乐综艺、日常生活等多个方面，成为电视业的主力军。电视谈话节目由广播演化而来，是"广播电视中一种以谈话为主的节目形式，一般不事先备稿，脱口而出"的节目。它打破了传统电视节目"你播我看"的单向传播局面，把人际传播引入了大众传播领域，形成了"双向互动"的传播格局和多维传播方式，增加了直观感、现场感，传统节目严肃的说教面孔被轻松幽默的聊天取而代之。[1]20年来谈话类电视栏目已经成为主要的电视媒介形式，其特性和发展规律的研究是策划和制作节目的理论性指导，而创新的策划理念和强大的编导功能则成为此类电视栏目生命力的保障。

第一节　谈话类电视栏目的概念

一、谈话类电视栏目的界定

电视谈话节目源于美国，英文为"TV Talk Show"，港台译为"脱口秀"，意为谈话的即兴表演。电视业一般把美国NBC公司于1954年推出的《今夜秀》看成第一个电视谈话类栏目。

目前，对电视谈话类节目的概念没有统一的界定，说法不一。我国电视理论界对电视谈话类节目的定义分为广义和狭义两种。[2]广义的电视谈话节目是指所有以面对面口头交流信息为主的电视节目形式，它涵盖了演播室主持人与嘉宾的一对一或一对多的访谈节目。

狭义的电视谈话类节目是指在自发即兴的语境中，以两人以上面对面的双向口语传播为基础，是视听语言相结合的大众传播活动。

《电视百科全书》对电视谈话类节目的定义是"代表所有脱稿交谈，即兴对观众谈话的电视节目"。

从传播学的角度，电视谈话节目是在正常谈话状态下，在一定的空间里，以人际传播的形式对某一话题进行议论、探讨、评说、抒发，借助电视媒介进行的一种大众传播活动。

1　吉妮·格拉汗姆·斯克特.脱口秀：广播电视谈话节目的威力与影响［M］.苗棣，译.北京：新华出版社，1999.

2　胡智锋.电视节目策划学［M］.上海：复旦大学出版社，2008.

简单地说，电视谈话节目是一种由主持人引导，在特定环境中，谈话参与者（嘉宾、现场观众和场外观众）围绕某一主题阐述和讨论观点的节目。主要包含如下要素：

1.以谈话为主要内容

电视谈话节目的本质是人际传播，它是围绕谈话组织起来的形式，它必须在规定的时间内开始和结束，并且要保持话题的敏感性。节目的主要看点就在谈话本身，那些穿插在某些节目中的娱乐和喜剧元素，只是丰富节目的一种手段，而经营好谈话才是制作节目的重点。

2.以即兴、双向为主要特色

电视谈话节目的谈话应该是一种无脚本的，带有即兴色彩的谈话，一方面体现了电视媒体的即时传真功能，另一方面实现了利用电视进行社会交流的目的。但是，电视谈话节目必须是围绕某一主题并经过严密策划的，任何无主题、无设计的谈话都不应该划入电视谈话节目的范畴。电视谈话节目中除主持人和现场嘉宾外，不可缺少的人员构成还有观众，观众用不同的方式参加讨论，直接确立了节目的参与性，形成了信息交流的双向性。

3.以电视媒介为载体

谈话，是人类最普遍的信息传播及交流方式。当谈话以节目的形式重现在电视屏幕上，在公共注视空间内来呈现个人生存状态，无论从内涵抑或外延上都显示了"谈话"新的含义。电视谈话节目是电视节目的一种形式，区别于广播节目和日常谈话，是声画结合的大众传播活动，同时镜头切换、时空转换等视听元素的运用，也充分体现着电视媒介特有的即时性、表现性。

二、电视谈话栏目的发展

（一）国外电视谈话栏目的历程

谈话类节目（talk show）源于美国，广播谈话节目成熟于20世纪的三四十年代。50年代，电视逐步走向商业化，新闻栏目中推出了争论性的谈话节目，与此同时，温和的杂耍谈话节目正式推出。最早的电视谈话类节目为NBC公司于1954年推出的《今夜秀》。

《今夜秀》至今已经历了近70年的黄金历程，是历史最悠久的夜间娱乐节目。它沿用了美国传统夜间脱口秀的模式，以主持人调侃时事、讽刺名人开场，随后和两三位嘉宾聊天，穿插搞笑片段，最后在乐队嘉宾表演中落幕。这档深夜节目不仅是美国人放松的娱乐方式，也是折射美国流行文化潮流动向的一面镜子。

到了20世纪60年代，节目的低成本使得谈话节目大加发展，日间节目中出现了交谈性节目的身影。70年代和80年代早期，出现了一种趋势，节目内容、外观更注重现实生活。

20世纪八九十年代的脱口秀变得更有对抗性、更尖锐，节奏更快。美国脱口秀节目在这一时段经历了迅猛发展，谈话节目陆续进入成熟阶段，在这期间脱颖而出了新一代主持人。一些以主持人命名的脱口秀标志着此类节目中主持人、嘉宾、现场观众和收视者之间密切的关系。《奥普拉·温弗瑞秀》是美国电视史上最悠久的日间脱口秀，也是全美国脱口秀节目中的王者，一直保持了收视率最高的地位。经过多年的苦心经营，《奥普拉·温弗瑞秀》从当初的八卦类成功转型为内容积极正面的励志类访谈，在美国观众——特别是女性中颇具影响力。《奥普拉·温弗瑞秀》内容多样，包括人物访谈、心理解析、专题讨论、健康生活指导等。

另一个美国著名的脱口秀节目《拉里·金直播》持续播出25年（现已停播），平均每晚都会有100万美国观众守候在电视机前，等待美国有线新闻网的"名嘴"拉里·金的出现。一个小时的节目中，拉里·金有时邀请一位名人进行访谈，或邀请几位专家、新闻人物围绕一个话题展开现场讨论。这档节目被称作"可能邀请过最多名人嘉宾的脱口秀"。

还有一些颇为成功的谈话节目被人们津津乐道。英国《乔纳森·罗斯秀》为代表的脱口秀节目、以意大利《门对门》为代表的时事辩论类节目、以韩国《非首脑会谈》为代表的辩论型谈话节目、韩国的谈话类节目《柳熙烈的写生簿》，以音乐表演为主，与优秀音乐制作人进行交谈与对话。

（二）我国电视谈话栏目的历程

《东方直播室》节目

我国第一个真正意义上的电视谈话节目，当属1993年1月上海东方电视台开播的《东方直播室》。《东方直播室》是一档涉及社会、家庭、法律、经济、文化、历史等方面热点问题的谈话节目，风格自然真实。随后各省市电视台相继推出《羊城论坛》《社会话题》等栏目，标志着电视谈话节目在我国的诞生，并逐渐引起了关注。

1996年3月16日，中央电视台《实话实说》节目的热播，掀起了我国继"综艺风""益智风"后的谈话节目的"狂潮"，并涌现出一大批类似崔永元的谈话类节目主持人，使谈话节目成为中国电视主要的节目形式。《实话实说》的成功之处在于它从话题甄选、谈话设计、资料准备、嘉宾的选择搭配、主持人的风格定位、现场组织到现场乐队的功能设计等元素，都具有现代电视节目制作的自觉意识。但最重要的一点是大众化的《实话实说》造就了大众化的崔永元。

1993年到2001年底，我国大大小小的电视谈话节目已达180余种，是谈话节目最为兴盛的时期，自此国内谈话节目进入兴盛时期。在这一时期，《文化视点》《五环夜话》《读书时间》《对话》等都是颇有影响的节目。这一阶段电视谈话节目的特点：强调前期策划和品牌意识；受众呈现分众化的态势，雅俗共赏与雅俗分赏的局面并存；"谈话"因素向新闻、社教、文艺、体育等其他节目形态强力渗透；娱乐和幽默成分显著增强；运作上开始走市场化的道路。

进入21世纪，谈话节目形式丰富，《杨澜访谈录》《鲁豫有约》《可凡倾听》等以面对面访谈的形式直击人物内心，具有思想性和文化性。同时，节目的制作融合了娱乐、文艺、曲艺、纪实等多种电视元素，节目的类别已没有明显的划分界限。例如，《非常静距离》是深圳卫视一档全新的明星访谈新节目，节目对每位嘉宾的故事进行深度访谈。与以往传统访谈节目不同，《非常静距离》访谈节目集趣味性、可看性与深度性于一体，全方位展现嘉宾的形象，受到观众的广泛好评。

（三）我国电视谈话栏目的收视需求

纵观国内外谈话节目的发展，其兴盛的直接原因无外乎适应了观众的收视需求，经分析有以下几个特点。

一是话语环境自由宽松。我国自从20世纪90年代以来，社会成功转型，人们的价值取向发生了变化，向往沟通思想的公共场合，而谈话节目恰为民众提供了这样一个平台。

二是对生活质量的追求。20世纪90年代以后，改革开放取得了空前的成功，政治、经济、文化的发展改变了人们对自身价值的评价，生活中逐渐融入了对经济和娱乐的追求，电视节目随即出现了娱乐狂潮，随着各电视台对收视率带来的经济利益的重视，在娱乐潮日趋衰落的同时，受国外的影响，谈话栏目作为一缕新鲜空气，获得了独成气候的机遇。

三是电视传播观念的转变。20世纪90年代以前，电视媒体常以居高临下的姿态出现，而《实话实说》使摄像机放低了视角，以一种全新的电视观念，将平民百姓聚集在镜头前，畅所欲言。在新媒体蓬勃发展的今天，电视媒体更是适应媒介环境的生存之道，在节目形态上日益更新，也出现越来越多符合受众心理的生活化类的谈话节目。如中央电视台2021年推出的《你好生活》节目，主持人尼格买提和嘉宾探寻生活意义，分享生活哲学，在生活的对话中有思想的火花、人生的感悟、励志的动能，在纷繁复杂的娱乐环境下，去倾听青年人在想什么，用青年人最能接纳的方式走入内心，给予引导，提供人生动力。

四是个人价值的追求及体现。随着经济的发展，人们的思想观念发生了巨大的变化，不再整天为柴米油盐苦恼，而是放眼世界放眼未来。强烈的求知欲让人们从狭窄的个人空间走入了大千世界。掌握信息、了解世界、倾诉观点、参与管理，成了现代人体现自我价值的主要方面，而社会交流成为实现自我价值的主要方式和手段，谈话节目正是一个适应这种需求的平民百姓实现价值的舞台。

三、我国电视谈话栏目的现状分析

电视谈话类节目自1993年出现在电视的荧屏上以来，发展迅速，数量众多，但能让人记住的只有《面对面》《杨澜访谈录》《鲁豫有约》等少数名牌节目，而这些节目被记住的原因更多在于主持人而非谈话内容。更值得一提的是，这些谈话栏目中，有一些来去匆匆，如流星闪过短暂的光芒后没有留下一丝痕迹。如在上海开播的新闻辩论节目《撞击》，因收视率差强人意，不足一年即宣告落幕。而作为代表的《实话实说》，也终因无法突破瓶颈，于2005年退出中央电视台一套，崔永元告别栏目结束了它的辉煌期。

电视访谈节目《面对面》

由此可见，我国谈话节目在兴盛之初历经十年出现瓶颈期，究其原因有三。第一，谈话节目以思想交流见长，亮点应在论题和观点之中，也就是重在"谈什么"，话题的新颖与深刻直接影响到节目的质量与观众接受的程度。而我国的某些电视谈话节目偏离了正确的轨道，不去探讨观众的需求，而把节目的收视率定在名人嘉宾身上。许多观众指出，现在的谈话类节目越来越多，但雷同现象也十分严重，常常出现一位名人上几家节目的现象，谈的不过是些老话题。

第二，业内人士认为，国内谈话节目的另一个致命问题是嘉宾的作用与地位的错位认识。在谈话栏目中，嘉宾围绕主题的观点才是栏目的要素，而绝不是嘉宾本身。许多谈话类节目策划人会挖空心思给嘉宾扣"高帽"，于是，几乎所有明星做完节目后，都成了千篇一律的"德艺双馨"。

第三，这一时期的谈话类栏目远离了即兴、直播、真实的节目特色。在节目的整个过程中处处体现着严密的"现场"包办和"事无巨细"的周到设计，谈话主体设计精密的"伪谈话"现象充分说明了这一点。相当一部分数量的谈话节目，在播出前，主持人和嘉宾都已通过协商，敲定了问答的内容，失去了节目中因意想不到而获得的精彩和活力，也失去了节目"脱口秀"的即兴本质特色。近几年出现的真人秀类谈话节目，每一期节目之前嘉宾之间并不进行对话内容的准备，这样在节目中各位参与者就能表现出真实的好奇感，引领观众情绪，在自然的语境中表现出真实的状态、个性和真实的思想、观点。出于对节目的需要，达到策划的某些特定意图，现场观众中就出现了"预埋观众"或"钉子观众"，这些观众起到了预定的作用，产生了策划中的效果，却让人感觉到了表演和做作的成分，失去了"真实"的魅力。

电视节目在录制结束后，都要经过后期剪辑环节。许多的谈话栏目在后期剪辑后，完全改变了节目直播的特性，违背了观众对于"真实"的期待和追求。正如胡智峰和顾亚奇在谈到"真"与"假"的关系时所说的一样："真的内容做出假的效果是非常令人遗憾的。可是恰恰是这种情形大量地存在于我们的电视内容中。许多真实、真切、真诚的内容，被我们的内容生产者、制作者处理加工后却在电视播出时给人产生虚假、做作、矫情的效果。"[1]

可喜的是，经历数十年前的实践，谈话节目为我国观众构建了"自由交流的公共大厦"的梦想。如今，面对日新月异的媒介生态环境和瞬息万变的市场需求，电视栏目制作者已经意识到语境单一的谈话节目显然很难再吸引众多受众的注意力。对于谈话节目内容生产者而言，需要不断挑战、不断创新、不断颠覆，在谈话节目发展困境中，不断开拓新形势。我们看到现在的电视屏幕上，特别是省级卫视的节目类型中，"谈话+"的类型融合越来越多，如《鲁豫有约大咖一日行》《熟悉的味道》《向往的生活》《你好！大女生》等，不失为当下谈话类节目的新形态。

第二节　谈话类电视栏目的特点及分类

电视谈话类节目的本质是人际传播。因为人是构成传播活动的两极，所以"传播是各种各样技能中最富有人性的"。谈话节目以人类生活中最常见、最亲切、最便捷的传播方式——谈话为主要方式，以文学、艺术、社会、人生情感为话题，实施传播，帮助人们，引导人们追求高质量的精神生活。谈话类节目具有独特的魅力，其特点归纳如下。

一、谈话类电视栏目的特点

（一）多向传播的模式

《实话实说》《五环夜话》《影视俱乐部》《国际双行线》《有话大家说》《北方直播室》《女性时空》《鲁豫有约》《杨澜访谈录》《非常静距离》等都是国内

1　胡智峰，顾亚奇.中国电视内容生产的潮流与趋势［J］.中国广播电视学刊，2006（1）：23-25.

知名的谈话类栏目。在这些栏目中，从主持人到嘉宾，从现场观众到场外观众，人人都既是传播者，又是被传者。话题的展开必须依靠主持人、嘉宾、观众三方面的积极配合，而不只是嘉宾与主持人的对阵，所以观众的参与性是一个谈话栏目成功的重要因素。

以往的电视谈话类节目中，现场观众的参与性相对来说表现较弱，他们不能够积极地参与到节目中去，多以旁观者的身份参与节目，有话说的时候被无形中限制了，成了谈话节目中的"摆设品"。近年来的谈话节目充分发挥了嘉宾观众的作用，他们可以触景生情讲述自己，可以为嘉宾出主意想办法，可以以热烈的语言支持嘉宾，可以表述自己不同见解，等等。现场观众与嘉宾激烈争辩，这些情况不仅不会影响收视率，反而有利于收视率的提高。谈话节目原本就是做给观众的，突出观众参与性和其在谈话节目中的地位是未来发展的趋势。例如央视节目《开讲啦》，2012年开播至今十年时间，节目邀请"中国青年心中的榜样"作为开讲人，通过前沿的新知分享，以平实的角度和润物无声的方式传递主流价值观，以其"年轻化"和"全媒体"的传播特点受到广泛关注和好评。节目嘉宾讲述自己的故事，讲述他们对生活和生命的感悟，给予中国青年现实的讨论和心灵的滋养。现场的青年学生观众畅所欲言，讨论青年们的人生问题，讨论青春中国的社会问题。

《开讲啦》节目

（二）平民化的节目定位

谈话类节目之所以能异军突起，成为主要的电视形式，其主要特点就是放低了视角，把主要的交流目标转向平民大众，在节目中没有"权威""唯一"和"专制"，而是每个人都自由交谈、交流、交锋，达到信息、观念、情感的沟通。谈话类节目已经进入"群口时代"。

收视率高低取决于话题和谈话方式与人民群众的贴近程度。国内最具平民化代表的栏目《实话实说》就是由一个长着群众脸的主持人崔永元，带领来自不同领域不同层次的百姓，讨论群众关注的事情。《实话实说》的大众性才是获得空前成功的主要原因。

"在这里我们创造了可供老百姓表现个性的空间，我们追求的是谈话过程的真实和生动，不主张给人结论，而是隐藏我们的主观倾向，把判断权交给老百姓。这既符合电视纪实美学的要求，也是现代传播的理念。"[1]以凤凰卫视的《一虎一席谈》为例，从2006年开播至今17年的时间，其定位一直为"多言堂"，旨在提供一个不分阶层的平等话语空间，畅所欲言是节目的最大特色。在讨论过程中，主持人将自己定位于话题中介的角色，只负责为嘉宾提供热点话题并引导其讨论，不会预置讨论议程和结果。讨论展开之后，论辩双方往往观点鲜明，思想的冲突和交锋让全场气氛非常热烈，从而也能够充分激发起观众参与讨论的热情。观众手里都拿着赞成牌和反对牌，如果对嘉宾的观点不赞同，可以举反对牌，并发表自己的观点。

另外，谈话节目的话题深入到社会生活的各个方面，上到国家政策，下到家庭烹饪，无不体现了节目的大众化、平民化特点。北京卫视《向前一步》节目定位于公德节目，以标志性的个体案例入手，聚焦群体关注的公共领域话题，聚焦个人利益与集体利益的"言和"。节目选题多来源于城市进程中亟待解决的热点、难点问题，每个嘉宾都用独特的表达方式，在问题调节的节目进程中化解分歧，达成共识，解决老百姓的烦心事儿。

（三）纪实电视的理念

电视谈话节目与其他电视节目本质上的区别，就是它必须严格遵循纪实的电视理念。在纪实性的谈话节目里，如果从主持人到嘉宾到现场观众人人都是面具遮掩、假话连篇，那么这档节目的可视性就可想而知了。这里的纪实，不是如实地记录每一个细节，而是一种主张及其延伸，即尊重人的权利，让人开口说话，并把这话语尽可能地记录下来，传播出去。

正是在这个理念之下，《鸟与我们》的那期节目里，第一次进中央电视台上《实话实说》的北京胡同养鸟老伯在挨了大家一顿环保教育之后，还敢鼓足勇气表达自己的困惑："听来听去，我有点儿纳闷，好像是养鸟的不如不养鸟的爱鸟。"这才是可以引起掌声、笑声和回味的谈话话语。谈话节目的主持人在这里最根本的职责，就是依靠真诚和主持技巧使每一位到场的嘉宾和观众愿意说话、愿意听人说话，并且能够实话实说或者积极而真诚地有所反应。

在融媒环境下，传播形态和传播内容愈发多样，中央电视台《鲁健访谈》节目聚焦海外杰出华人代表、中国国内各领域知名人士，通过"纪录+访谈"的方式，讲述中国故事。《鲁健访谈》自然平和，以纪录片的思维进行访谈节目创作，让其节目内容在传递深度的同时，拓宽节目的传播面。节目有较大篇幅使用到影像资料和拍摄纪实内容，让节目更加具有说服力，人物形象也更加自然立体。例如，对话设计师张利畅聊北京冬奥会场馆的设计理念这一期节目中，在短短20多分钟的节目中有多个镜头画面的切换，根据谈话内容和想要表达主体的不同，场景也会随之有所变化，人物前一段中在访谈室内对话，后一段有具体场馆工作内容，这种场景的纪

1　时间.《实话实说》的诞生与成长［M］.上海：上海文化出版社，1999.

实性营造了节目的整体氛围。

（四）节目形式的丰富性

1.表现形式与播出方式的多样化

我国目前的两百多个谈话类电视栏目，根据不同的角度可以分为不同的种类，可谓品种繁多。从表现形式上，有外景采访的，有演播室录制的，有现场观众参与的，也有无现场观众的；播出方式上，有日播的，也有周播的，有日间节目，也有夜间脱口秀形式，有现场直播的，也有录制播出的。

2.节目内容的多元立体化

谈话类节目取胜的法宝在于话题的选择，根据话题的不同，节目可以分为多种类型，有新闻类、娱乐类、生活类等。有的话题甚至涉及多个方面，这种综合性话题的展开方式也成立体多维式，包含的信息丰富，参与的嘉宾涉及多个领域，交流的方式也是多元化代替一元化，而观众的观点更是五花八门，角度各异。这种多元立体化的模式，也是谈话节目的发展趋势。

3.风格的多样化

谈话节目的整体风格包含内容很多，其中主持人的风格起着重要作用。新媒体兴盛的时代，谈话节目受众群体的增加，使节目的内容形式需要增多，如何把观众喜爱的节目引进到谈话类节目中来，要求主持人挑战多种风格形式。特别是随着新媒体的出现，电脑、手机都可以观看节目，节目的传播途径更广泛。主持人不能再是一成不变的形象或者千篇一律的形象了，要表现出自己独特的个性风格。《杨澜访谈录》《天下女人》《你好！大女生》都是杨澜主持的谈话类节目，从高端访谈到女性话题，杨澜从知性主持到随和亲切，在不断丰富主持样态，受众群体也接受度越来越高。

（五）制作成本的低廉

谈话类节目多是在背景相对固定的摄影棚中录制的，需要外出进行录制和信息采集的比较少。谈话的表现形式，也对技术的要求相对较低，节目成本的低廉和节目制作的简单使该节目类型的火爆成为一种必然。

二、谈话类电视栏目的分类

我国电视谈话类节目从1996年《实话实说》开播以来，在其播出20年的时间里发展迅速，无论在题材、形式、风格方面都出现了百家争鸣、百花齐放的局面。我们可以从以下几个角度为谈话类电视栏目进行分类。

（一）按照内容划分

1.新闻类谈话栏目

新闻类谈话栏目是针对现实社会中有争议、有新闻价值的事件、人物，与嘉宾和观众进行访谈，所选择的嘉宾多为专家或当事人，可以直接展示新闻源，既提高了信息的准确性，又以平等谈话的方式向观众提供信息和观点，促使观众思考。新闻类谈话栏目是以新闻为核心，强调互动性、参与性的直播谈话节目，满足了观众通过新闻事件表达个人观点的愿望。

中央电视台新闻频道深度时事新闻评论对话节目《新闻1+1》栏目从时事政策、公共话题、突发事件等大型选题中选取当天最新、最热、最快的新闻话题，采用"1+1"即一位主持人和一位新闻评论员的双人谈话模式，进行"新闻+评论"。及时跟进热点事件的评论直播，深入解析新闻幕后错综复杂的背景脉络，还原新闻全貌，解读事件真相，更力求以精度、纯度和锐度为新闻导向，以对话、访谈和新闻报道相结合的方式呈现给观众最质朴的新闻。然而，在现实生活中，具有新闻价值、能够引起人们关注的话题资源毕竟是有限的。因此，当一个新闻人物或新闻事件突然间备受社会关注时，它必然会成为新闻性谈话节目追逐的焦点，于是造成了观众在相对集中的时间段内持续收看不同栏目对同一话题、同一人物的访谈，收获的是大量的重复信息和由此带来的审美疲劳。这就要求节目制作者不断更新观念，尝试新的运作方式，在竞争中立于不败之地。

2.娱乐类谈话栏目

娱乐类谈话节目，顾名思义就是以娱乐为目的，以娱乐、游戏为主要内容的栏目。邀请的嘉宾多为娱乐界的明星及其他知名度较高的公众人物。谈话现场气氛自由、轻松、活泼、煽情，话题多涉及家庭、恋爱、婚姻甚至隐私，常常挖掘嘉宾们不为人知的一面。《非常静距离》是一档在深圳卫视、安徽卫视播出的明星访谈类综艺节目，节目以话题多样、场景私人订制、趣味互动为亮点，直观地拉近主持人、观众与嘉宾的距离，还加入室外体验元素，如主持人拜访、探班明星嘉宾工作生活场所。全新的"互动+谈话"大型娱乐谈话节目模式，让观众通过访问的每一个故事，从中感受人生历练、正确价值观等方面的积极引领，吸取阳光、活力、美好的人生态度。

3.社会生活类谈话栏目

社会生活类谈话栏目，以社会普遍存在的或特殊现象为切入点，以普通百姓为核心，用民众的眼光和话语，表达民众的情感和呼声。此类节目的话题涉及普通人生活的方方面面，所以更具有感性和故事性。每个栏目都根据定位的不同，呈现不同的风格，给观众带来不同的心理感受。

《实话实说》是我国最早出现的此类节目，"它的魅力来源于强烈的说话意识和鲜明的平民意识，体现了一种人文关怀"。[1]中央电视台《等着我》栏目是大型公益寻人节目，通过主持人和寻人嘉宾的对话交流，讲述一个个心酸的故事。虽然

---

1 史可扬.电视栏目和频道辨析［M］.广州：中山大学出版社，2007.

其中充满了变故、失落、流浪、煎熬、不甘和拼争，但是随着一个个久别重逢、破镜重圆、梦想成真，最后所展现出的是幸福和喜悦，诠释了社会主义核心价值观。打开那扇"希望之门"，与其说是久违的亲人、朋友或恩人的重现，不如说是社会文明、精神价值的回归，这正是节目的力量。与此同时，我国地方电视台也陆续推出了若干生活类谈话节目，如《生活广角》《有话好说》《龙门阵》《童言无忌》等，都展现了活跃的社会思想，培养了平民的话语意识。

4.专题类谈话栏目

专题类谈话栏目围绕某一领域内的专题或某一事件，邀请专业人士做嘉宾，进行较为深入的探讨，或与现场观众进行互动讨论、问答。这类节目往往有较强的思想性和文化氛围，所邀请的嘉宾都是不同领域的精英人物，通常安排在专业频道或在特定时间播出，拥有固定的受众群。

《高端访问》《面对面》《艺术人生》等栏目都属于专题类谈话节目，着重突出个体的思想和追求，表现多姿多彩的人生。《杨澜访谈录》强调人文和国际化特色，访谈对象都为各国政界要人和科技、社会、文化界精英。《鲁豫有约》则面向平民，与成功人士一起分享经历，思索人生。《面对面》节目1993年时是《东方时空》的一个子栏目，2003年成为独立节目，至今已经存在30年时间，王志、董倩、王宁等主持人秉持新闻性、真实性、关注度、影响力的诉求，与嘉宾面对面交流，心与心碰撞，用对话记录历史，以人物解读新闻。目前，在理论界有一个新的谈话节目概念，更加重视节目中文化底蕴和人文精神的追求，这就是"人文谈话节目"。其中中央电视台访谈栏目《大家》为影响较大的栏目，它的内容定位为"口述历史"，用它的理性审视历史的凝重。大量珍贵的历史资料插入，使嘉宾个体的生命历程成为一颗放大历史的水珠，更加深了叙事的真实性和历史感。陕西电视台的《开坛》被称为"人文精神的张扬之地，知识才俊的精神大餐"，受众的目标定位为具有较高文化知识素养的观众群，是可以满足观众求知欲的谈话节目。中央电视台《开讲啦》节目，通过邀请各行业的代表人物，分享前沿性的知识，并以全媒体的方式进行传播，以此广受好评。

（二）按形式划分

1.辩论式谈话栏目

辩论节目通常选择不同观点的几个或几组嘉宾，针对某个具有争议性的话题内容展开辩论。争议性话题通过谈话各方的激烈辩论，让话题内蕴含的矛盾冲突得到充分展示。激烈的辩论往往能激发谈话者表达真实自我的欲望，观点的交锋常常能引起谈话者和倾听者更全面的、换角度的思考。

在脱口秀式的谈话节目中，"争议性"的利用已成为谈话类节目最基本的技巧之一。曾一举摘得2006年中国电视榜"最佳谈话节目"桂冠的《一虎一席谈》是一档真正意义上的"辩论型"电视谈话节目，16年来，它一直把对思想性的追求作为一个理念贯穿节目始终。《一虎一席谈》在辩题的选择上注重贴近性、冲突性、公共性和多样性的结合，密切联系社会生活，让节目参与者能够在多角度的交锋中倾吐自己的观点和意见，这是充分体现思想性的最直接有效的手段。

2.讨论式谈话栏目

讨论式谈话节目又被称为群言讨论式，是一种漫谈式节目。节目中主持人和嘉宾针对一些新闻、社会现象等进行分析、评论等较随意的漫谈。讨论式谈话节目和辩论式谈话节目的最大区别就是参与者必须具有批判性的思维。辩论式谈话节目中，一方为了印证自己的观点，用各种手段驳倒对方，证实自己的正确性，很少能够用一种客观、理智的开放性态度分析问题的实质。如《一虎一席谈》中，经常出现两方混战的局面，这就是参与者重视辩论的结果远大于对问题实质的分析。而讨论式谈话节目常常用一种聊家常的方式，带给观众轻松的气氛和愉悦的心情。《开坛》《国际双行线》《交锋》等就是这类节目。

3.叙述式谈话栏目

叙述式谈话节目主要采用"讲故事"的形式。这类节目不像讨论式谈话节目那样，提出话题，再请嘉宾、观众从不同的角度发表意见，而是用一个个动人的故事，与观众分享情感与人生的经历。节目邀请的讲述嘉宾往往是名人或者经历具有典型性的普通人。虽然讲故事能吸引观众，但"故事的讲述"需要精心设计，需要不断设置悬念，同时也需要背景铺垫和音乐、布景、外景短片等电视元素的运用。其代表栏目如中央电视台的《讲述》《社会记录》《开讲啦》，湖南台的《新闻当事人》，湖北台的《大王小王》，成都台的《新闻背景》，山东台的《天下父母》，天津卫视的《爱情保卫战》等，都是成功之作。

（三）按受众群划分

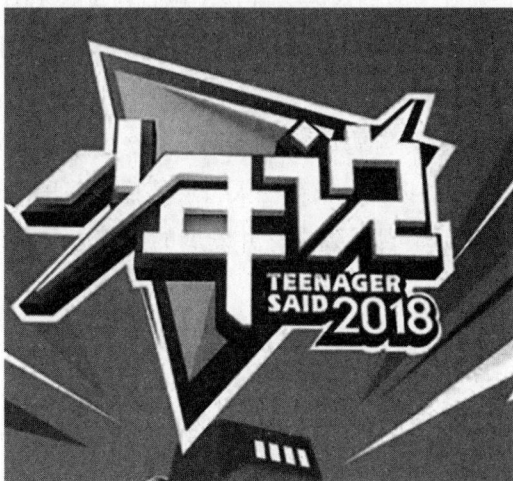

湖南卫视节目《少年说》

按照观众的年龄、知识层次、性别，分别有不同的谈话节目，如《相约夕阳红》等老年节目，《淑女大讲堂》《半边天》等女性谈话节目，《男人世界》《男人哭吧》等男性谈话节目，《阳光班会》《石头剪子布》《少年说》等青少谈话节目形式、内容多种多样。

（四）按照观众参与的情况划分

根据观众参与的情况，基本上有两种谈话栏目：一种是有现场观众参与的节目，这种节目中，观众往往和嘉宾一同阐述观点，讨论话题；另一种就是没有现场观众的，但是场外观众可以用电话连线、网上留言等方式参与节目。例如，《实话实说》为有现场观众参与的栏目，而《锵锵三人行》为无现场观众的栏目。

《锵锵三人行》节目片头

第三节　谈话类电视栏目的策划要点

据统计，我国电视谈话节目就达200余个，内容涉及新闻信息、科技教育、生活休闲、人文情感等多个方面，创下了其他类型节目无法超越的收视奇迹。但就在谈话节目遍地开花、飞速复制的大好形势下，危机也悄然而至。形式雷同、选题匮乏、策划缺少创新，受众收视疲劳，谈话节目难以再现当年辉煌。2002年停播《朋友》和《半边天》（周末版）两档谈话节目，《新周刊》"2004中国电视节目榜"最佳谈话节目甚至出现了空缺，许多资深的老牌谈话节目收视率持续下跌，面临改版甚至停播的困境。2005年9月，《实话实说》因收视率下滑，退出中央电视台一套，《艺术人生》也遭遇停播黄牌警告。2006年8月、12月，《东方夜谭》《李敖有话说》相继停播。2017年9月12日，《锵锵三人行》停播。我国的谈话节目进入了瓶颈期。怎样突破瓶颈，使谈话节目找到生存并发展的途径，是目前谈话节目急需要解决的问题。

《新闻会客厅》制片人包军昊曾说："谈话节目的瓶颈在策划环节，谈话节目的龙头是选题，策划是谈话节目生命力的源泉。"

电视谈话节目的策划是节目制作的前期准备工作，这对节目的定位、风格及内容的确定起到指导性作用，如对节目话题的选择做前期调查和研讨，对嘉宾及观众的选择做系统的研究和分析。话题、主持人、嘉宾、现场观众是谈话栏目的组成元素，这些元素直接影响着节目的成败，所以谈话节目的策划是紧紧围绕着这些元素而展开的。

一、节目前期策划

（一）优秀的策划团队

很多谈话类节目往往断送在一个不称职的策划人手里，因为策划人往往根据自己的兴趣点决定一个话题的取舍，同时又由于认识问题的局限性，从而使话题显得褊狭。所以说，策划团队至关重要，大家集思广益，分析受众的关注焦点，只有关注受众的兴趣点才能够吸引更多的受众。

《实话实说》能够一炮打响，它的策划班底立下了汗马功劳。在这个战功显赫的班底里，成员来自各个领域，有学者、作家，也有记者、编导、制片人，他们不仅引进了一种当时观众从未见过的电视节目样式，而且呈现出了人类语言的独特魅力，创造了电视领域的佳话。

栏目的策划从栏目的定位开始，经过话题的设计及把握，主持人、嘉宾、观众的选择，到节目制作过程中庞大的制作队伍各工种间的协调配合，无不体现了策划人的智慧和管理能力，这也是节目正常运行和高收视率的保证。策划人不仅决定栏目定位和选题内容，更重要的是对节目的"设计"。策划人必须了解国家相关政策，熟知新闻政策的约束，具有丰富的专业知识，掌握所选话题的多方面信息，给出正确的舆论导向等多种能力，所以栏目的策划人必须是一个团结和谐的团队。

团队中的每一个人都是策划者，大家共同参与，人人贡献智慧。但是栏目的策划团队要把握几个工作重点。第一，对节目主题的深化起到引导和画龙点睛的作用。第二，组建策划群体，收集资料，筛选素材，理出话题递进的线索、层次和思想脉络，找到恰当的"切入口"和"落脚点"，策划人必须要马上成为这个话题专家，甚至借用"外脑"来丰富自己，聘请某领域的专家。第三，从内容到形式都要考虑周到，如何调动嘉宾，如何与观众形成互动。第四，在机制上保障执行策划方案，同时要给编导留下发展的空间。

（二）节目的定位

策划是节目的方向和旗帜，它的首要工作就是为节目定位，确定节目宗旨和形象，这是成为品牌栏目的第一要素。通常节目定位有以下几个角度：按内容定位、按特点定位、按收视对象定位、按谈话参与对象定位、按主持人风格定位。

节目的内容定位是电视谈话节目的灵魂所在，它决定着一个节目与其他节目的区别。准确而独特的定位是成功的一半，也是一个节目能否有生命力的关键所在。栏目定位是结合时代、地域、观众的特点等综合因素来确定的，应该与时俱进。

确定了节目内容定位后，再根据定位来确定谈话的风格和节目的形式，是以严肃为主还是以娱乐煽情为主，或者各元素兼备，由此对话题进行必要的分割、设计。安排谈话的次序，呈现重点内容的方式，预测可能出现的几个谈话方向，并对这几个可能的方向做出相应的准备，与观众的互动环节的准备，整个节目节奏曲线的设计、嘉宾的选择、主持方式、气氛营造等都是根据节目的内容定位进行的必要的策划工作。

二、话题的确定

西方学者吉妮·格拉汗姆·斯克特曾把谈话节目喻为无序、绝望、愤怒的时代里的解毒剂。谈话节目释放、表达、抒发的作用，能引导舆论，舒缓压力。在我国，电视谈话节目作为一种强调参与性的新型电视传播形态，不可推卸地承担着传播优秀文化、教育社会民众的功能。所以，话题的选择，应该在不影响正面宣传的前提下严格把握话题的度，不能太窄或过宽，而应选择政府关注、百姓关心的话题。同时，有些观点是随着社会的发展与时俱进的，如机组人员是不是应该和劫机犯搏斗，少年是不是应该奋不顾身救人，捡到东西归还失主是不是应该获取报酬等，理念的变化需要过程，需要社会的制度化建设，如果媒体提出这类理念过早，对电视栏目是危险的。

（一）话题应以引导人生为选择依据

随着受众欣赏水平不断提高和新媒体环境下传播途径的扩大，电视观众对谈话类节目的要求越来越高，访谈类节目面临创新和再提升的过程。

有人说，现在的谈话类节目，总想着说"国家大事"，对于老百姓街谈巷议、引为谈资的"小"事情反倒不关注了；"教育人"的节目太多了，轻松交流、思想碰撞的太少了；把"权威观点"推销给观众的太多了，让大家各抒己见、能容纳不同声音的太少了。但是，我国还处于改革开放转型期，人心浮躁，人们的意识和思想需要有效地引导，所以对谈话节目的话题选择进行控制还是必要的。大众媒体承担着重要的社会责任，尤其是中央电视台以及中央电视台的著名栏目，应该选取"激励""振奋""启示"的"阳光"题材，以正面宣传为主，引导积极的人生态度，如果"唯收视率论"、不择手段、哗众取宠，短期内可以吸引观众，但从长期来看，降低了节目的品位，对栏目的发展将产生不可逆转的负面影响。国内外的著名谈话节目都具有积极向上的思想定位，引导人们的生活健康、快乐，丰富多彩。但节目的形式和内容以及话题的选择，应求小、求新、求广、求深，从关注大众的生活出发。

（二）话题应该常说常新

我国现在的电视谈话节目要么是选题缺乏足够的吸引力，不能引起观众的兴趣与参与；要么是讨论的活跃程度和深度不够，难以引发人们进一步的思考；要么话题是出来了，可是由于国家政策等的限制，很多话题只能点到为止或者直接回避。

一旦某个社会现象或事件成为谈话节目的关注对象，各个电视台便争相推出类似话题，千篇一律，缺乏新意。《实话实话》《艺术人生》的成功，使许多栏目竞相模仿，常常出现同一明星作为嘉宾频频出现在不同的谈话节目。或者各电视台纷纷为民工讨工钱，纷纷推出捐助学生、助养孤儿的拾荒老人等，这都使观众深感疲劳。因此，"话题匮乏"是谈话节目的现状，也是谈话节目能否存活下来、发展下去的关键。谈话节目的话题必须推陈出新，充满创新意识，提出人们关心和深层次的问题，引起人们的关注，才能推动谈话类节目的发展，也才能使栏目充满个性。

（三）话题应具有争议性

谈话类节目保持收视率的重点，是所选择的话题应具有"矛盾""冲突"与"悬念"。要把话题说深说透，而且还有可看性，这种具有矛盾和冲突的争议性话题的选择是首当其冲的。

一方面，话题的争议性让话题内蕴含的矛盾冲突得到充分展示和演绎，这是通过让谈话各方对话题不同角度、不同方位地阐述或辩论达到的。通过阐述，谈话者和倾听者更全面、更客观地思考，能对话题的本质做深入的了解，更加接近问题的核心。另一方面，"争议性"带来的矛盾冲突模式让谈话过程极富戏剧性，使谈话"情节"引人入胜，激发观众的收视欲望。教科书式经典谈话节目《实话实说》曾讨论过的"住房改革""下岗后该怎么办""农民话题""海外归来"之类内含矛盾重大的话题，话题本身也非常前沿，具有时代特征；并且有些话题关系到国计民生的社会问题和重大的新闻事件，还极具焦点性。这样的话题使观众能够从政府、民间、专家多个角度分析问题。

每个话题的辩论探讨，不是为了决个高低、分个对错，也不需要权威的定论，不是为辩论而辩论，更不是为争吵而辩论。而是通过这样的探讨引发人们的思考，能够把话题的多个方面展示给观众，提供多个角度进行分析，选定的话题都是与人们利益相关的事，这样的探讨可以让更多人关注，达到了解事件本质的目的。

（四）话题应"小"而"深"

谈话类节目选择话题应该从"小"入手，选择那些民生社会新闻，能够引起大家普遍关注的话题，这些"小"新闻谈深了也是大事情。

北京卫视《向前一步》是第一个直接深度参与城市治理，为全国提供探索城市治理与基层工作"样板"的节目。它的选题都事关老百姓生活。为了彻底为老百姓解决问题，节目组改变以往舆论监督节目"曝光"样态，第一次将监督者、解决者、服务者三种身份结合，以解决问题为导向。节目组将民之所问、民之所向融入节目制作，采用媒体融合的传播方式，提高收视率，让百姓切实感受到社会治理的进步与发展。《向前一步》累计覆盖受众超71亿人次，仅2021年就有19期节目话题冲上微博热搜，7期话题登上"微博热搜榜同城榜第1名"，产生了巨大的社会效益和舆论影响力。对于话题的探讨，切入点不能仅停留于事件表面，而是要深入其中，追求深刻的同时不避讳尖锐问题的提出，这种一针见血的方式是优秀谈话节目中常常出现的方式，与有着温馨氛围的情感类和慢综艺谈话节目不同，是许多找寻事物本质的观众大呼过瘾的有力手段。

从"小事"入手，深入探讨是谈话栏目的选题原则之一，但是，选题的范围可否进一步扩大呢？美国的电视谈话节目正是敢于触及所有严肃和敏感的问题，并且是相当深入地切入这些问题的核心，才会在广大电视观众中引起强烈的反响。相比之下，我国电视谈话节目曾经由于受国情的影响，在话题的广度和深度上都存在着不足。但是，如果制作者、策划团队和主持人有能力驾驭，可以选择深层次和敏感话题。因为随着社会的发展，我国民主的气氛越来越浓厚了，政府信息也越来越公开，国家领导人与网民直接对话。这种形势下，新事物、新观念层出不穷，社会舆论环境也进一步宽松，谈话节目的话题也将会不断拓展。不仅社会生活的"软"话题继续得到关注，而且政治、经济、文化等"硬"话题也会较多地涉及。如果巧妙选择切入角度，敏感话题、边缘话题也不再只是若隐若现。在深度方面，话题也将多层次、多角度展开，因此谈话类节目会有很大的发展空间。

（五）话题应表现个性化

在策划中保持个性是为了让节目独具魅力，拥有独特的风格。节目的风格是强大生命力的源泉，而选题的个性化是节目个性化的基础，选题的提炼和筛选是策划人要完成的一个重要任务。选择话题的过程在某种程度上也就转化为让话题个性化和个案化的过程。策划人根据节目的定位和特点选择话题，切入话题的视角与深度要与风格统一，以保持节目的个性。

如今，"受者本位"的传播意识改变了当今媒体传播格局，受众的注意力也就演变成为可用数字说话的指标，成为各电视节目成功的衡量尺度。所以，是让受众适应传播者的意图和兴趣，还是传播者一味满足受众口味，成为许多电视策划人游离不定的原因，这也就使节目失去了定位的核心，没有个性，也无法形成风格。"受众本位"意识并不意味着节目要一味迎合观众，令自己陷入"媚俗"的泥沼，而是要独具个性，形成个性化风格才能有长远的发展。

三、对主持人的要求

电视谈话节目主持人的所思所言，对于提升节目的档次、品位，吸引和引导观众很重要了，所以挖掘适合谈话类节目的主持人是谈话节目发展的关键。

电视谈话类节目中，主持人的作用非常关键。主持人要负责衔接整个节目，在节目进行中要与嘉宾交流。交流之中，主持人风趣的语言、突出的个性、广博的学识和深刻的见解能够使观众叹服。谈话类节目的主持人应该以自己独特的主持特色，构筑起交流的平台和桥梁，用于与嘉宾平等地交流和沟通。虽然在谈话节目中有一些表现突出的主持人，但是数量较少。随着谈话节目的发展，我国需要一批知识丰富、灵活机敏、风格独特、富有感染力、具有个性的主持人。

（一）个性魅力

谈话节目是真正意义上的"主持人的节目"，其节目风格很大程度上依附于主持人的个性与魅力。主持人的知名度决定了节目的知名度，而节目知名度的提高也可以使主持人随之出名。因此，要想使节目成功并且具有个性，关键问题在于塑造和展示主持人独有的个性特色。对话题的切入角度也要尽量根据主持人的特点而确定。大多数成功的谈话节目都是在主持人的个性魅力基础上获得成功的，好的主持人能够抓住观众的视线，在激烈的竞争中保持一席之地。

谈话类节目需要主持人展现自己的个性魅力，好恶鲜明，有血有肉，风趣幽默，清晰展现自己的喜怒哀乐。在节目中重视引导，站高一点，看远一点，客观、真诚地面对受众，从社会主义精神文明的角度出发对听众进行引导，将正确的人生观、价值观渗透到节目中，使受众得到启发和教益。

主持人的个性魅力，从广义上说可以理解为主持人所表现的主持风格、语言特色等。不同节目中主持人需要具有不同的个性特色，各有各的特点，所以具有很强的个性化。从狭义上来仔细分析，又包括很多内容，如主持风格、语言特色，以及举止动作、服装搭配等方面，都在体现着主持人的个性特色。现代社会是一个崇尚风格传播与个性传播的社会，只有个性鲜明、独具特色的节目主持人，才能吸引观众的目光。

1.内在素质要求

谈话类节目主持人的长相可以不够漂亮、英俊，身材也可以不够苗条、高大，但是一定要有内涵、有品位、有个性，因为内在的文化底蕴是从他的一言一行、一举一动折射出来的，从而构成了他在受众心目中的外在形象。而主持人外在形象不仅属于自己，更属于节目，同时也体现出节目制作群体的形象。所以主持人的素质至关重要。

谈话类节目需要通过主持人的个性魅力、才华风度、内在修养、阅历经验、语言形态等外在形象因素来吸引受众。这要求主持人除了具备深厚的文化功底、良好的政治素养等之外，还要具备一种"人文情怀"，一种发自内心对人的尊重和关爱。智慧和学识来自天赋和学习积累，而"情怀"则要从心灵深处打造。

中央电视台节目主持人董卿在《朗读者》中以深厚的文学底蕴受到广大观众的认可和喜爱，她曾经说过："女人外表的美都是短暂的，唯有用知识和涵养修饰自己才能美丽一生，我始终相信读过的书，走过的路，总会在未来某一天发挥作用，使我变得更出色。"确实，在主持人的队伍中，美丽的人从来都不会缺，一个人的魅力才是美最关键的组成。人内在的知识越多，就越能透过现象看本质。对于主人来说，主持技巧是最表层的，也是最容易学到的，可是智慧的融入却是主持人内在的素质修养，是长期文化熏陶、积累的结果，而节目中情感的介入，即人文情怀、家国情怀却是主持人人生阅历及对人生的感悟所得来的。技巧、智慧、情怀的融合是一个出色的主持人必备的素质要求，也是对主持人资格的审定标准。很多主持人之所以没有办法跟嘉宾对话，是因为人生阅历的匮乏。当别人的心灵在震撼的时候，主持人不能传递这种感应，你又怎么能够让你的表达穿透屏幕呢？有位学者比喻得好，两朵云只有在同一高度相遇才能形成雨，如果嘉宾的思想很丰富，嘉宾是一朵高的云，主持人在那儿是一朵低的云，两朵云都在那儿飘，你看着干着急，死活碰不到。

2.个性主持风格

个性主持人风格独具，谦和、犀利、儒雅、幽默，不拘一格。但是个性主持人不是形象异常，一些电视台选取长相奇特的主持人，一些电视台则让主持人打扮得奇形怪状，似乎就是独特，但终归不是长久之计，如果没有内在魅力，肯定没有个性的吸引力，这样的节目在受众心中是存活不久的。

主持人的个性魅力分为感性魅力和理性魅力，也就是外在的表现与内在素质的统一。感性魅力是指感官直接知觉到的主持人具体的形态属性，如音质、相貌、肢体语言、装束、说话的方式和表达习惯等；理性魅力是指主持人内在的品格，如学识、能力和品格道德等。主持人的一颦一笑、一言一语无不体现感性魅力与理性魅力的融合。

首先，主持人的语言风格是体现主持人个性特点的突出方面。语言的表达，不仅可以实现交流的目的，表现出个人对于外界事物的认识，同时，又可以通过不同特色的语言，呈现出自身的个性与认识世界的方式。在不同的节目背景下，主持人说话时同一句话用不同的语气、节奏和停顿等表达出来都会带给嘉宾和观众不同的感受。

富有逻辑性的语言表述，以说理见长，不太强调情感的外露，可以深入浅出地分析事态的发展以及事物的本质，其语言呈现出理性化、逻辑化，具有突出的深刻性与严谨性。这种语言风格适合严肃庄重的话题。富有文化感的语言表述，一般以淳朴厚重、气度雍容见长，常常蕴含着浓郁的书卷气，彰显出说话人深厚的文化知识底蕴。

崔永元在主持节目时，生活气息特别浓。富有生活气息的语言表述可以突出其温馨、随意、可亲的特色，他们一般不对语言做过多的雕饰，而是在一种平和与自由的气氛中体味到平等对话的愉悦。这类语言，一般呈现出清新淡雅、洒脱清纯的气息，往往能够使人感受到主持人的亲切和平易，以及对话的自由和交流的顺畅。他经常在节目中讲述自己在生活中发生的小故事，使谈话现场气氛轻松自然。白岩松的主持风格深刻而不呆板，活泼而不媚俗。他在节目中睿智机敏，有很强的社会责任感。他的语言在华丽富有诗情画意的修饰下，充满了朴实的真诚。正是他个性化的语言风格和人格化的主持传播，让《新闻1+1》节目一直保持旺盛的生命力，家喻户晓。

语言是主持人的基本功，也是与观众交流的重要手段。但对于电视主持人来说，有声语言并不是与观众的唯一沟通方式，因为通过电视画面，主持人的眼神、微笑、举止动作等都可能与节目内容产生关联，同时体现不同主持人的个性特色。因此，非言语讯息的运用，对电视主持人来说也是非常重要的。

眼神是人与人沟通中最清楚、最正确的信号，因为它是人身的焦点。主持人的眼神是非言语信息的一个重要方面，对主持人来说，这种沟通手段超出了日常生活的范围，而带来了职业意义。主持人眼神要真切、自然，因为只有这样，主持人才能通过眼神与观众进行心灵与心灵的沟通。谈话节目中，在嘉宾讲话时主持人都会默默地注视对方，这样可以表示对嘉宾的尊重与真诚的聆听。

不同类型节目中，主持人的各种笑可以直接体现性格特点和个性。谈话节目主持人常常用微笑发出丰富的信息，它因不同场合、不同情况表示出愉快、友好、亲切、赞同、欢迎等多种意思。能在微笑中把观众吸引到节目中来，能在微笑中拉近和观众的距离，给观众一种美感，让观众牢牢地记住你或甜美或开朗的笑，这样的笑才真正地具有了价值，同时也可以将自己独特的一面深深地留在观众心里，成功地展示自己的独有的个性特色。

主持人的服饰也是体现个性的元素，能很好地适应节目、体现谈话内容的服饰就是合适的。谈话节目对主持人服饰的基本要求是大方得体，不同类型的节目可以分别选择正装、休闲装等，但一定要干净整洁和亮丽。崔永元的中式服装，使主持人很好地融入节目，同时也充分展现了主持人自己独有的个性特色。同时，非正式的装束比正式的装束更适合谈话情景，普通的服饰弱化了主持人的存在感，更加符合主持人在演播室现场的主人角色。《一虎一席谈》中胡一虎总是一身休闲装，即是为了避免正装带给观众拘谨的现场感觉。

另外，讲话者适当的肢体语言往往能够吸引观众，助思想表达一臂之力。但在摄像机镜头前，主持人的一举一动都被放大，都会直接影响谈话者的心情、思维。主持人适当地运用肢体语言，才显得大方得体。曾经深受女性朋友喜爱的谈话节目《半边天》的主持人张悦经常只给电视机前的观众看半边脸，她的正面朝着嘉宾，肘部支撑着上半身向嘉宾倾斜，显示出极强的倾听欲望，很能调动起嘉宾的诉说欲；常常随心所欲翘起的"二郎腿"，折射出一种亲近感和兴奋感；由内向外拨转的手势传递给嘉宾的是一种"掏心窝"的信息，让嘉宾感觉到她有许多话急着要对我说，有许多问题需要我帮她解决。肢体语言应是出自内心，千万不能做作，否则会弄巧成拙。

除了上述的外在表现外，个性主持人拥有的最重要的特点是必须让观众觉得他富有亲和力。所谓亲和力，就是让观众感觉到主持人亲切、真诚、可信，没有抵触情绪。亲和力是信任的基础，也是主持人与被访者间交流的基础。亲和力体现在这两者中，并完美地结合在一起。

（二）引导话题

谈话类节目的主持人应该是话题引导者、讨论者，而不是旁观者，主持人要有鲜明的观点和立场。这就需要主持人在制作每一档节目前，充分认真地做好案头准备，包括文字和"腹稿"，从导向、知识、社会现实以及节目的策划、结构的起承转合以及提问等方面做细做足，这样主持人在节目中才能游刃有余，充分引导和发挥。主持人鲜活了，节目自然会增添"生气"，主持人有魅力了，节目自然就充满个性。

一个好的主持人应该在节目前就有自己的看法，在节目中能够引导而不能简单地陶醉其中，否则可能在场面上非常热闹，但观众并没有看到事情本质的一面。所以，一个主持人不仅要具备语言魅力，也要有"挑逗"的能力。在辩论型谈话节目中，主持人不能有观点上的倾向性，因为一旦主持人在话语组织或发言安排上微微偏向一方，那另一方就会毋庸置疑地处于劣势；或者是，一档辩论型谈话节目活生生地变成了主持人高谈阔论的个人秀。无论是哪种情况，都会在节目观看和社会影响上产生恶劣影响。

但是引导话题并不是充当"和事佬""仲裁人"，当出现观点冲突时主持人应该因势利导，借机挖掘、深化、升华主题，而不是一味采取"调和、稀释、幽默、偷换话题"等技法来瓦解求新求异思维碰撞所激发的火花，使得观众与嘉宾几乎没有充分表达自己的机会和时间。这种情况下，嘉宾只能正襟危坐，严肃端庄，言谈之间也多是随声附和，谦恭有礼，尽可能在大众媒介的情境中避免发生争执，而观众绝大多数充当的是忠实的听众和旁观者，很多则是满怀对名人权威的景仰之情，这使得谈话中的整个交流过程仿佛是"新闻发布会"中一问一答的"独白式"对话。这样的谈话节目的实际效果和对观众心灵与心理所产生的震撼力实在令人难以恭维。

《一虎一席谈》的成功正在于胡一虎深知节目需要的是平衡，所以从来不妄作价值评判，但他惯于倾听和协调的参与方式，并不妨碍节目在引导舆论上的观点表达。例如，在《兽首何时回家》这期节目的最后，胡一虎进行了这样一番总结：

> 请所有在座的代表回答我这个问题：你认为我们的当务之急是想尽办法把兽首带回家，还是全心全力把所有身边的文物好好保存好，不要让它再流失国外？第一个议题我知道经过刚刚的讨论，到现在为止没有一个答案，而第二个议题是每个人的共识——今天我最大的感悟就是：我们花了很多时间在讨论如何把流失海外的东西带回家，别忘了更多的精力是不要让我们身旁的文物莫名其妙地又离家出走了。

这段话充分体现了节目客观和理性的立场，胡一虎欲用所有人的共识规劝那些沉陷在兽首的争论里不能自拔的人，从身边做起，开始切实地保护行动，才是上上之策。他的分析有助于引导人们正视文物保护问题，体现了辩论型电视谈话节目存在的意义——引导舆论，促进转型期社会主义核心价值观的形成。[1]

（三）话语控制

在众多的谈话栏目中，主持人肩负着现场访谈、叙述故事、控制话题、发掘情感等多种功能。在这个过程中，主持人要同时扮演听话人和说话人两个角色。听话人在理解话语时，只有将语言信息放在与话题具有关联的语境中进行处理，才能有效地理解说话人的话语含义；而对说话人而言，必须根据语境来选择最为合适的语言表达，即主持人的话语受语境因素制约，这就需要主持人具有迅速分析、组织语言的能力，做到全面倾听、准确判断、深入探究，就可以与谈话对象进行更进一步的交流。如果主持人的话语生成失败了，就无法在与谈话对象和观众交流时形成最佳关联，谈话对象随后的表达可能会受到阻碍，而观众则无法清晰地了解事件及嘉宾思想的真实面貌，节目的效果就会受到影响。

在谈话现场，主持人是观众的代言人。主持人常常会使用一些话语技巧，来充分、全面、客观地展示话题的核心。反复、追问就是主持人从观众的角度，深入客观地探究真相的一种方式。访谈嘉宾的话语可能是省略性的、模糊的，这就需要主持人在理解话语时，结合语境，运用推理规则，反复与追问相结合，弄清楚事件的来龙去脉，才能保证观众通过现象了解到事件的本质。

主持人与访谈对象的谈话，不同于日常性的言语交际，除了现场嘉宾、观众，还有大量屏幕前的受众，这就意味着主持人的话语生成要充分关注到观众的认知语境，必须服从节目的情节和节奏安排，要制造悬念，让观众形成收视期待。所以符合大众要求的信息，全面又言简意赅的叙述是必不可少的。而在谈话段落间的衔接，又是主持人承上启下、把握主题、引导舆论的重要手段。

在众多的语言约束和话语控制因素中，主持人必须考虑电视节目实现大众传播这样一个大语境，主持人要牢牢把握话语的发展方向，在生成话语时，要始终围绕谈话主题，这样才能生成合理的话语表达。所以在访谈过程中，适当的调节与引导可以确保节目的方向按照主题的要求发展。也就是在理解谈话嘉宾话语的基础上，主持人应该引导谈话者继续顺畅讲述，或调节谈话人的情绪与现场气氛，或调动观众的收视期待。

但是也有的谈话栏目因为片面追求新意，失去了对节目的准确定位，导致主持人在现场表现失控，不仅没有起到话语引导和控制的作用，个人表现反而遭到观众的质疑。湖南卫视曾推出的一档娱乐资讯节目《我不同意》，采用辩论的形式，

1　胡伟，吴婧.谈话节目主持人牵引力的把握［J］.青年记者，2006（14）：90-91.

男女主持人从对立的角度进行辩论阐述。栏目选择热点话题，以当前娱乐圈、生活中的热点事件和人物为主要内容。但它一开播便遭到无数观众的口诛笔伐，除了因"设计成分过重，出现'为了争吵而争吵'的场面外，争论语言庸俗、主持人表现粗野、内容毫无意义、思想性缺失"等，是节目的致命伤。另外，辩论声势太强、主持人无法控制，导致节目舆论导向偏失，造成现场"言论自由"的闹市场面，这样的节目生命力是不会强大的。

（四）调动观众

在以主持人与嘉宾形成现场主导的谈话节目中，现场观众常常作为聆听者，广大受众代表的身份被忽视了，成为节目的背景，从而失去现场观众作为谈话节目要素之一而应发挥的作用。其实，现场观众能够在很大程度上填补辩论式节目中嘉宾论证中的漏洞，也能在讲述类等其他节目中烘托气氛，带来主持人意料之外的信息，成为节目的又一亮色。但是，如果现场观众没有被赋予话语权，或者因为面对摄像机的紧张感而失去了表达的愿望，整个演播室就会陷入尴尬的局面。因此，如何调动现场观众深度参与显得尤为重要。

首先，在谈话节目现场，主持人应该淡化主持意识，以真实本色真诚地融入到谈话中，表达自己的真实思想和情感，这种率先进入常态的表现自然会给现场观众和嘉宾一种感应，使嘉宾与观众双方都会进入常态的自然表达。崔永元每次录制节目之前，都要在现场做个热身，或讲故事或说笑话，特别能调节到场来宾与观众的紧张情绪。胡一虎坚持"不穿西装"，而以毛衫或衬衣或二者搭配的便装出现，在短片播放后他会调动大家一齐高喊"一虎一席谈，有话大家谈"的鼓励语，以消除观众的紧张感。而在节目进行过程中他也会出其不意地"幽默"一把，让观众对他和节目产生亲切感和信任感，从而得以自由地表达。

其次，主持人要营造一个良好的谈话氛围。亲切感是主持人被受众接受的前提。它可以消除嘉宾和现场观众的紧张情绪，排除交流上的阻碍因素。主持人的亲切感来自诚挚、平等，所以作为谈话节目主持人，在现场尽可能地保持亲切平易的状态，是建立自身形象与节目形象，并能与嘉宾、观众形成交流的必要条件。

（五）挑战嘉宾

国内的许多谈话节目制作，出于整体掌控的需要，谈话开始之前往往要预先采访嘉宾，并会将节目的安排告之嘉宾，有的节目甚至在预访的时候就把节目中要问的问题逐一演习了一遍，这样节目在进行过程中不会出现意外状况导致现场失控，充分显示出我国节目策划、编导及主持人求稳求和的原则。但是，嘉宾对现场安排了如指掌，做好了充分的准备，那种在突如其来的争辩面前出现的真实观点与情感就不会被真实地表达出来。即使现场观众问题深刻，知道了主持人"节目意图"的嘉宾也会从节目的整体高度从容应对，争议失去了即兴与未知的色彩，也显得没有了趣味。而国外知名栏目的主持人，往往在节目前做大量的案头工作却不与嘉宾见面，保持现场的新鲜与好奇感，并常常有意激起嘉宾与观众表达的愿望，追求突发事件的自然真实感。

许多常接受国外媒体访问的学者和知名人士都曾描述过这样的经验，国外记者采访的问题极具挑战性，经常让被采访者有意外的感觉，让人有兴趣甚至愿意去回答。而且，国外做谈话节目的记者或者主持人要做半年的充分准备，嘉宾的爱好、经历，甚至大学时期的成绩单都调查得很详细，做到对一个人有充分的了解，这样在谈话时，主持人的提问常常是由表及里，避免出现一些很肤浅的问题，让人很高兴回答。所以对嘉宾的采访应留白，并且提问要具有挑战性。敬一丹在《实现真正的对话》一文中说："自从干了电视记者这一行，我就给自己订了一个戒律：不许问'请问你有什么感想'。是这句话本身有什么错吗？不是，它没错，用起来很顺手、很保险、很通用，甚至能以一对十，可以应付记者眼前发生的千种心情，万种事端。那为什么不用呢？因为这句话太没个性了，太容易养成记者的惰性了，太容易局限记者的想象空间了。"

的确，封闭式的提问会暗示应答者非此即彼的思维方式而忽略对事物的客观评估，而"请各位用一句话来概括您对这个问题的看法"，"在那次事件中，最让您难忘的是什么"这样的提问技巧可以引导谈话者谈出充满个性的观点，在凸现观点多元化的同时还增强了节目的趣味性。《对话》栏目有一期节目，面对一个"擅长谈判"的谈话者，主持人的提问就极具挑战性："您挑人是不是都爱挑跟您一样的人？""您不会说'不'，那美国人跟您谈判，他们说'NO'，您说什么？"这种挑战性的问法让嘉宾的回答也充满了个性色彩。

胡一虎曾说自己是"挑拨离间"的主持人，其中的"挑"就是指"挑起每一个人说心里话的欲望"，他善于调动嘉宾"说真话""表真情"。在节目中，胡一虎常常用"我很好奇……""……是这样的吗？"的语言来掌控现场气氛，用最直接、最自然的语气和问题突然插入到嘉宾的表述中，激发嘉宾进一步讲述的愿望，而不是为了缓和冲突，"和稀泥"或视而不见一笑而过。

（六）真诚倾听

敬一丹曾说，即使是孩子，也要真诚地面对。真诚地对待每一位嘉宾，倾听他们的讲话，尊重每一位嘉宾，是主持人的职责。观众喜欢真诚的主持人，也信任真诚的主持人。体现主持人魅力的另一个关键在于"倾听"。鲁豫、杨澜、董倩、董卿、崔永元等都是善于倾听的成功的主持人。崔永元能敏锐地抓住嘉宾话语中闪光的内容，通过复述、概括等方法巧妙地加以引导，在不经意中，崔永元接过话题点化一番，或是主题被升华，或是成了爆笑的包袱，有人诙谐地把这种方式比喻成崔永元下套。

谈话节目不同于一般的日常交谈，受众都希望看到一个真诚的主持人，用心地倾听来自嘉宾及现场观众的声音，这也是主持人发挥作用的基础。不会用心倾听，主持人就不可能对现场的情况加以判断，作出相应的反应。主持人在节目中倾听的身份是受众的耳朵，但扮演的主要角色仍然是采访者，主持人所关注的是节目的主题，考虑的是如何将嘉宾与观众的表达与节目的主题紧密联系起来。在倾听过程中，主持人可以理清话语思路，抓住话语要点，为进一步理解话语、提出问题打下基础。这都要看主持人是否有驾驭现场的能力和实力。谈话节目主持人的现场表现是关键。

四、嘉宾的选择

谈话节目依托人与人之间的对话交流，给观众提供直接见证沟通过程、感受当事人态度与反应的机会。参与谈话的人物是谈话节目的灵魂，谈话者的沟通能力、现场表现能力和事件阐述能力，决定着谈话节目的可看性，进而影响着谈话节目的竞争力和生命力。

CSM媒介研究对谈话节目进行的调查结果表明，中国电视谈话节目的发展现状是：在播的节目中40%为人物类谈话节目，另外60%为事件类谈话节目。虽然人物谈话节目的制作数量没有事件谈话节目的数量多，但是人物类谈话节目的播出时间占据所有谈话类节目的73.39%。人物谈话类节目在谈话节目整体收视中所占的比例高达76.03%，充分说明人物访谈类节目在国内电视节目中的重要性，而人物谈话类节目中的谈话人物，更成为谈话节目成功的主要因素。谈话栏目的嘉宾，作为主要的谈话人物，其重要性在于提供谈话节目的"血肉"。目前对嘉宾较为统一的认识是指"受邀以各种方式出现在各种内容的电视节目中的各界人士"。选择嘉宾的标准主要以权威性、与话题的直接关联性、语言表达能力为原则。在主持人引导下，嘉宾娓娓道来的故事、经历和心得，是观众关注的重点。谈话嘉宾是否健谈，影响着谈话节目的丰富性和饱满性；谈话嘉宾本身的专业性、话题性和影响力同样也会影响观众对节目的收视兴趣。

在谈话节目中，主持人与嘉宾之间的互动谈话决定着谈话节目的逻辑主线；而诸如现场观众、嘉宾采访团和场外嘉宾、观众等谈话人物的出现，则在丰富和补充节目主线方面起到了重要作用。嘉宾的选择由节目的定位、风格及主持人的个性特点决定，嘉宾选择成功与否直接决定了节目的成败。不同谈话节目对于谈话人物的选择和组合，往往是影响其节目形态的重要因素。

嘉宾的状态也成为观众对节目能否保持长久兴趣的原因之一。中国的谈话节目中，嘉宾常常作为"参与者"而不是"当事人"，所以现场表现往往是温文尔雅、不苟言笑，绝不会情绪波动、言辞偏激，充分展现出大家的风范，而美国嘉宾却以"当事人"的身份，因为意见不同而"大打出手"，甚至在现场争辩谩骂。郑也夫曾说："如果说《实话实说》节目比同类节目质量略好一些，很大程度上是因为我们在挑选嘉宾上更慎重、苛刻、下功夫。"[1]在节目的早期，由于过于倾向选择专家学者名流，而忽视了平民百姓，因此在节目里缺乏鲜活气息和生命力，节目刻板、冗长，没有风趣。但是《实话实说》后期嘉宾人选的生活化、平民化和多样性是节目最终获得成功的重要原因。《锵锵三人行》对嘉宾选择采用另一条路线，几位主要嘉宾一直保持着节目中的出席率，梁文道、张坚庭、马家辉等，都是学贯中西的人物，在节目中表现十分出色。

纵观谈话节目的发展历程，在谈话节目发展的早期，大多数谈话节目倾向于邀请名人明星，或者专业领域的专家作为谈话对象。至今仍有73%的谈话节目侧重于对演艺明星、体育明星、文化名人、专家教授、企业家和政府官员的访谈。但是随着中国社会文化的不断发展，普通百姓在沟通、交流和表达方面的意愿日渐增强，在一些涉及生活和情感选题的谈话节目中，普通百姓逐步成为主角，由此进一步强化了电视谈话节目的亲和性和贴近性。谈话嘉宾从名人明星向平民百姓的转移，丰富和拓展了谈话节目的选题范围和表现形式。另外，谈话人物由少向多、由专业向大众的发展趋势，使越来越多的人物以不同的身份和角色加入到谈话节目当中，目前嘉宾采访团成为不少谈话节目借以增强互动性和讨论性的一种手段。嘉宾采访团是指由谈话节目邀请参与节目的，与主持人一起共同与谈话对象进行交流的嘉宾。例如，《最佳现场》就组织了八人的记者团，在现场对嘉宾进行深入访问，这些嘉宾是与所谈论的话题和人物有一定相关性的专业人士和知名人士。访问团的出现，为谈话节目带来更丰富的观点和更宽阔的讨论空间。

五、现场观众的调动

西方电视谈话节目在经历了多年的发展之后，才开始尝试在谈话节目中引入现场观众；而在中国谈话节目发展的早期，以《实话实说》为代表的谈话节目就开始将现场观众纳入了谈话的范畴之中。现场观众的出现，进一步增强了谈话节目的互动性，也让电视机前的观众有更强的见证和亲历体验。谈话节目离不开嘉宾和观众的扶持，他们是节目的主体。

现场观众的作用有四：其一，作为话题的关注者和利益相关方，参与讨论，这种情况在一些讨论社会问题和政务民生的谈话节目中较为常见。其二，作为观众，见证谈话过程，烘托现场气氛，并补充性地参与讨论。其三，在作为观众之余，发挥营销作用，对参与谈话节目的名人明星或者对谈话节目的冠名赞助单位产生宣传效应，比较常见的就是演艺明星谈话节目中出现的"粉丝团"和"助威团"。其四，在辩论节目中，观众的支援可以弥补弱势嘉宾的不足，保持辩论双方的平衡，增强节目的趣味性，使节目能够有节奏起伏地进行下去。

1　郑也夫.谈话节目及其策划人、主持人、嘉宾［M］.上海：上海文化出版社，1999.

　　谈话节目是做给观众的，突出观众参与性和其在谈话节目中的地位是未来发展的趋势。我国的电视谈话类节目中现场观众参与性表现很弱，绝大多数人恪守着"让说的说，不让说的不说"的规则，在大部分节目中现场观众都和演播室的其他布置成为背景，也只有当主持人提问或允许时，才可以陈述自己的观点，并少有激烈言辞。

　　现在一些谈话类节目的现场观众被定位在明星嘉宾的"崇拜者"与"追随者"上，这有益于烘托现场气氛，营造一种众星捧月的意境，但温馨之余，听不到不同的声音，那些非崇拜者甚至是反对者的观点无法成为节目客观性的支撑，让他们对嘉宾的"艺术"与"人生"进行争论，或许才能实现真正意义上的互动。西方的谈话节目现场观众积极参与，慷慨陈词，或是为嘉宾谋划，或是阐述自己的见解，常常出现观众与嘉宾激烈争辩、大声叫嚷的情况，有的节目中观众和嘉宾甚至一同攻击主持人，现场气氛热烈而真实。目前我国谈话节目也越来越重视现场观众的作用，如《向前一步》《开讲啦》等节目让现场观众"说话"，把自己内心的想法讲出来，真正做到主持人、嘉宾、观众之间的互动。

　　为丰富谈话节目的表现形式，扩展嘉宾和观众的阵容，有的谈话节目中加入外景访谈，或由与嘉宾相关的人物补充信息，或是随机采访路人，增强了节目内容的感染力，使现场气氛更加活跃。

第四节　谈话类电视栏目的编导职能

　　广播电视节目的制作，从前期的筹划准备到后期的效果包装，必须经历一个完整的流程，才能面向广大受众接受评定，节目制作的精良与否取决于制作流程中各环节的把握。电视节目制作流程分为前、中、后三个制作阶段。第一个阶段常称为前期制作，主要为拍摄前的准备工作，包括节目的总体策划、人员配备、设备准备、场地确定、文本创作等；第二个阶段称为中期制作，主要内容为素材采集，包括内景拍摄、外景拍摄，在此阶段进行第一次画面创作；第三个阶段称为后期制作，将采集的素材进行后期编辑、声画合成、效果合成，完成第二次艺术创作。最后，节目经过审定进入播出阶段。电视节目编导承担着节目制作流程中所有环节的总体安排布置和掌控。

一、谈话类电视栏目的编导职能

　　（一）组织协调栏目组，发挥好传播者群的"和声"作用

　　1.明确栏目定位，确定栏目风格

　　电视栏目在创建之始，就要有明确的宗旨，要达到什么目的，形成什么效果，是栏目定位和风格的最初依据。另外，作为一个成熟的谈话节目编导，在节目创办策划初期应该很明确，依据受众对象定位，也就是观众的指向性，是节目定位非常

重要的一点。早期的谈话节目将大部分受众的爱好作为节目努力的方向，但是众口难调，越是想面面俱到，越会失去很多观众的喜爱。所以，任何一个栏目，都要有明确的观众群，只有清楚地知道栏目定位群体的需求后才能进行后续的策划、选材、采访、制作等工作。

一般来说，确定受众群可利用三个原则：地理接近原则、人文接近原则、心理接近原则。地理接近是指居住地区和地理条件相同，受众的信息需求和偏好就会有一定的相似性；人文接近是指按照年龄、性别、教育程度、收入情况、宗教和职业等区分不同的受众群；心理接近是指相同地域，相同性别、年龄的人们也可能因为社会阶层、生活方式乃至性格不同，进一步区分出不同的偏好和消费习惯。受众群确定后，才能确定栏目风格，才能目标明确地进行节目策划。

2.组织节目策划工作，确定选题

栏目定位后，组织策划团体进行节目整体的设计。也可以由编导亲自完成策划环节的工作，首先要确定节目的话题。话题应该是人们普遍关心的，也应该具有一定的深度和广度。话题的思想性，往往需要编导深入到材料内涵中，进行深度挖掘。华南理工大学黄匡宇教授在其著作《当代电视摄影制作教程》中就这一问题曾举例说过："中央电视台《半边天》节目曾有一期谈话节目是关于反性骚扰话题的，整个节目围绕反性骚扰话题层层深入，它没有只围绕性骚扰对女性的不良影响来谈，而是上升到如何去解决这一社会问题，这其中包括女性自己觉悟的提高以及相关法律对妇女的保护，具有一定的思想性。"

3.围绕选题形成策划编导方案

话题一经确定，策划团队就要从每一个环节入手，设计细节，并由编导布置采访、收集材料等具体工作，最后由策划人经过整理，完成策划方案。

4.根据栏目定位，确定符合标准的主持人

主持人是谈话节目的灵魂，观众往往把主持人与栏目联系在一起。谈话节目编导在主持人的选择上一定要慎重。编导在考虑人选的问题上要本着主持人的话语风格、形象定位以及专业素养与栏目接近或者吻合为原则，同时还要考虑主持人的现场把握能力。选准了主持人，节目才真正具备了成功的基础。编导所有关于谈话过程设计的意图都需要主持人来积极执行，编导和主持人两者间的配合在制作中至关重要。编导在编写文案时，要加强和主持人的沟通，策划方案要尽量考虑主持人的个性因素，不能以一己之好去限制主持人的临场发挥。作为统领整个节目的编导，一定要注意给予主持人足够的发挥空间和个性展示空间。

5.根据选题内容和本期节目宗旨，选择嘉宾

一般按照对本次话题是否具有权威性，或是与话题具有关联性来选择嘉宾。所选嘉宾应该是所选话题涉及领域、学科、行业中具有权威性的人士，是所讨论问题的专家，他的观点对观众有很强的说服力。也可以是与话题有着密切联系的人，在

叙事谈话节目中，最好选择当事人或与事件有直接关系的人。语言表达能力也是选择嘉宾的重要依据。嘉宾作为"主讲人"，要清楚叙述自己的经历，准确表达自己的思想感情。但编导要注意主持人、嘉宾、现场观众的协调，不能变成嘉宾的报告会，要使三方相互配合，形成"和声"，才能体现出编导的思想。

6.确定节目主线并设计现场采访问题

谈话节目编导在获得节目嘉宾的相关资料后，与主持人一同作深入研究，确定具有较强逻辑性的节目主线，使话题能得到深入的挖掘及广度的扩展。通过对嘉宾的了解，设计具有挑战性的采访问题，并预测出嘉宾可能作出的回答，分别对各种回答情况作出应对准备，以使现场的谈话按照设计的方向进行。在这一环节中，应该给主持人留出临场发挥的空间，让主持人充分表现控场及即兴的能力。

（二）谈话现场的设计，增强细节意识

1.协调与节目录制相关的各项事宜

前期策划完成后，编导带着栏目组，按照策划方案进行录制前的全面准备。例如，设备的完善，各工作部门准备工作的进行情况，工作人员的到位情况等，并解决出现的影响到全局的问题。

2.谈话环境的设计

音乐是谈话节目中一个非常重要的构成元素。节目中音乐的使用能很好地调节现场谈话的节奏，能使整个节目过程生动活泼、张弛有度。在某个情绪的高潮点进行适当的渲染或化解，使音乐融入到节目的情绪气氛中去，成为谈话内容的一部分。比如在谈话嘉宾情绪低沉，或者现场气氛过于沉重而影响到谈话进程时，音乐要能够冲淡这种氛围，将现场情绪拉回到正常的谈话环境中。

谈话节目的布景一般采用安静、优雅的总基调，以不干扰谈话人物的情绪为原则。布景的设计要与谈话节目的风格和主题相吻合，能体现谈话嘉宾的个性特点。《鲁豫有约》等访谈类节目把现场布置成客厅的感觉，温馨舒适，使嘉宾犹如在家里向朋友倾诉。而《一虎一席谈》是辩论式谈话节目，所以以现场辩论赛的形式出现。

谈话节目的现场灯光效果也由节目的类型和内容决定。叙述式、讨论式谈话节目的灯光效果往往是温馨、自然、柔和的，以暖光为主要造型光线，不会给人压抑感，使谈话人物能够心境平和地叙述，阐明自己的故事和观点；而辩论式谈话节目的灯光效果一般以营造客观气氛为主，现场光线色温不应过低，亮度应该高一些，不用刻意创造情绪效果。

3.现场机位的设置

谈话节目现场一般安排主持人与嘉宾作为主要拍摄对象，面向现场观众。主持人与嘉宾的身体连线构成主要拍摄轴线。当展现主持人与嘉宾的谈话过程时，应遵循轴线原则，机位架设在轴线的一侧，而摄像机镜头代表观众的视线，所以机位应设在现场观众一侧，面向主持人与嘉宾进行拍摄。当表现主持人、嘉宾与观众交流时，把主持人和嘉宾看成一体，拍摄轴线应转为主持人嘉宾组合与观众的连线，这时机位架设同样遵循轴线原则，摄像机保持在主持人嘉宾组合的左侧或者右侧，也常常采用主持人嘉宾与现场观众的内反拍机位。遵循轴线原则的目的是保持画面上人物的设定的方向性，不会出现被摄人物忽左忽右在屏幕上跳动的错误。节目编导必须严格把握机位的架设，在拍摄之前统一安排全局部署，拍摄时给出清晰的口令，使摄像师、导播、录像师、音响师都能以最快的速度准备好播出的内容，保持气氛，不影响节目的正常进行。

谈话节目现场机位的数量，也是根据节目内容和风格来设定的。节目编导往往会在观众席设置一个拍摄场面全景的主机位，这个机位可以根据导演的要求调整为舞台上主持人与嘉宾的全景机位，也可以单独设置一个主持人与嘉宾的全景机位；拍摄现场观众的机位是必不可少的，可以在主持人与嘉宾的谈话过程中插入观众的镜头，以增强与观众的互动，观众镜头可是全景，用来拍全场观众热烈的气氛，也可以是个别观众的近景或者特写，表现观众专注的神情，渲染气氛；另外需要两到三台摄像机作为自由机位，拍摄主持人或者嘉宾的特写，捕捉谈话人物尤其是嘉宾瞬间的神情，以更真实客观地反映嘉宾的情绪，使谈话内容更具情节性和感染力。

4.谈话过程悬念的设计

现在的谈话节目，在谈话过程中常常会出现悬念，悬念设计得好，不仅能调节和控制现场的气氛，而且也能促使谈话情绪波峰的出现。有的节目编导随着话题的进行与深入，不断请出新嘉宾，在主持人充满悬念的铺垫后，当嘉宾在观众的期待与猜测中出场时，现场气氛一次又一次达到高潮。这种出乎意料的元素的设计，对编导与主持人充满了挑战，一方面，编导要对观众及市场进行充分调查，使聘请的嘉宾或者播出的影像资料能够满足观众的好奇心理；另一方面，编导要做好现场突发情况的应急准备，如果悬念铺垫得不好，观众并不认同，要有及时的补救措施。设置悬念对主持人也是一个考验，如何提出悬念能吊足观众的胃口，如何使嘉宾出场或其他元素出现时引起轰动都是拍摄前的策划和准备要重视的环节。

5.观众的参与

充分调动现场观众的情绪，使观众参与到节目话题的讨论中来，是谈话节目成功的要素之一。随着近年来科学技术的发展，手机短信、互联网、电话等技术手段也被广泛运用到谈话节目中来，节目参与形式就不仅仅局限在现场观众了，也延伸到节目现场之外收看节目而想进一步参与的观众中去。他们通过一些技术手段参与到现场话题的讨论中来，表述自己的观点，提出不同的意见，使节目的内容更丰富，这是节目编导努力的方向之一。但是作为节目制作的核心和节目把关人，编导要有充分的准备，当有人要恶意破坏话题和节目时，要能及时发现并把握分寸，防止对节目的不良影响和传播。

6.现场谈话节奏的设置

谈话节目的节奏体现在谈话内容的紧密程度和现场环节的安排上。谈话内容的节奏处理是在策划期由编导、策划与主持人共同确定的，并由主持人现场把握的。节目的节奏分为内部节奏和外部节奏。由话题和谈话内容决定的节奏是内部节奏，内容的设计应当符合电视专题片和情节片的制作规则，也就是张弛有序，一起一伏中带动观众的情绪，有紧张有舒缓，让观众的注意力和情感的收放与节目的内容相互映衬，不能长时间过于紧张而导致疲惫，也不能过度放松使观众情绪下落。外部节奏表现在用镜头的运动和剪辑来形成人为创造的节奏感。内部节奏与外部节奏是统一的，都要由话题的内容来决定。[1]当谈话节奏与设定节奏不符时，编导可以通过技术手段，提醒主持人进行修正。谈话现场的节目总节奏，由编导与主持人进行内部通话后，可插播与主题相关的片花或影像资料来调节节奏，也可以调动现场音乐来调整，使节目节奏能与话题内容和节目风格保持统一。节目节奏的把握要靠全体工作人员的集体配合才能很好地完成，而编导就在这其中起协调、指挥、控制等作用。

7.灵活处理现场突发情况

在节目的策划与制作过程中，编导统领各部门协调工作，保证节目的质量和制作过程的顺利进行。但是谈话节目的即兴性是保证节目个性的重要特征，许多谈话过程中出现的情况是不可预知的，这也是编导与主持人所追求的能带给观众真实与惊喜感受的意外情况，也是提高收视率的重要元素。但是对于突发事件的应对与处理，却是对编导与主持人的挑战，在最短的时间内作出处理的决定，要求编导具有丰富的经验和深厚的专业素质修养。

（三）谈话节目的镜头与编辑

如果说节目的策划过程是确定节目指导思想和节目基本构架的重要环节，那么节目的录制和编辑是实现编导思想及意图的技术保障。

1.近景系列镜头的使用

谈话节目以谈话为主要传播手段，观众在接收谈话内容的同时，也要通过观看谈话者的表情和神态，进行能动思考来参与话题。所以，镜头的使用规则就是要模拟观众倾听谈话的情境，使用近景系列镜头（近景、特写、中景），并用平角度镜头近距离注视谈话人物的脸部，仿佛在与朋友倾心交谈，符合观众倾听的心理要求。所以平角度、近景、特写镜头是常用来表现谈话人物讲话的神情的选择，而谈话人物如果有身体动作或位置发生变化，要用中景镜头来体现。当请出新嘉宾或和观众有互动时，可以用全景镜头重新交代人物的身体位置，使观众了解现场的变化情况。

---

1 黄匡宇.当代电视摄影制作教程［M］.上海：复旦大学出版社，2007.

2.多角度取景

谈话节目不同于有情节的电视节目，没有情节的叙述性作动力。节目的发展完全要靠主持人语言的带动，所以节目的画面相对故事性节目而言略显得单调，这就需要编导充分了解节目的这一特性，用多角度取景来弥补画面的不足，在不影响表现谈话过程的前提下，适当变换镜头的角度，以增强画面的丰富性。

3.插入镜头与切出镜头的加入

插入镜头是将全景画面中的某一细节用特写或近景着重表现的镜头方式，常常为突出、强调这一细节而使用。切出镜头是全景画面以外的，用来增加信息，补充资料的镜头方式。例如，在谈话现场中，主持人与嘉宾的特写，或者布景中的细节特写，都是插入镜头；而为了帮助观众了解事件或介绍嘉宾背景的影像资料都是切出镜头。插入镜头和切出镜头的使用，使节目内容充实，画面丰富。

4.剪辑率的掌握

剪辑率是单位时间内出现的镜头的数量。电视作品的剪辑是用来衡量外部节奏的参数。电视编导要根据节目的情感基调和节奏的设定，来决定镜头的剪辑率。谈话节目注重谈话内容对观众的影响，要充分呈现谈话人物的情绪，节目的节奏以情绪节奏为主，所以镜头的长度要略长，也就是剪辑率要低一些，来增强节目对观众情感的影响力。

5.背景资料的选择与补充

随着谈话节目话题的展开，一些相关的背景资料要陆续呈现给嘉宾和观众。节目编导对于资料的收集与选择要给予重视，可选择的资料素材可能很多，但是为了主题服务，能说明主题某一方面的材料一定要精选，做到有力度、有说服力。有些节目为增加节目的趣味性，插入了一些与嘉宾有关的趣事逸闻，但如果不慎，只注重了趣味性，忽视了主题的要求，就会使材料成为分散主题思想的累赘，起反作用。所以，为主题服务，增强主题思想性才是选材的原则。

（四）报送成品节目审查

节目制作完成后，由节目编导向上级部门报送成品节目，由相关部门审批，之后才能送到播出部门进行播出安排。

二、谈话类电视栏目的编导素质要求

（一）人格、思想修养的要求

电视谈话类节目目前也已呈现丰富多样的节目样态，不同种类的谈话节目有不同的编导思维方法要求，而作为电视谈话类节目的编导最重要的素质是创新思维、文化底蕴和人生阅历。电视编导人员是节目制作过程中的核心人物，所有环节都要在统一筹划和掌握之中，所以电视编导还要有敬业精神、创新精神、理想精神。

（二）知识及专业技能要求

电视是集多种艺术形式于一身的传播模式，合格的电视节目编导应该具有广博而深厚的知识，才能在节目制作中游刃有余、得心应手。谈话节目使用语言作为主要表现手段，那么谈话内容的思想性、深刻性和艺术性以及节目本身的即兴性都要求编导和主持人拥有丰富的知识作为保障。谈话节目编导应该具有完善的综合知识体系及专业知识体系。根据每期节目话题的不同，编导要了解和掌握的知识范围也会不同，对话题所涉及的知识和信息，编导不仅要了解还要对某些部分作深入研究。许多节目中涉及的生疏的知识领域，对编导的学习能力也是一种挑战，所以谈话节目编导不仅要有广博的知识，还要有极强的学习能力和领悟能力，不断地累积自己的知识，才能成为高层次的节目编导，节目质量才能有所保证，节目才能生存下去。

另外，电视的大众传播特性是电视的最本质特点，也是电视成为传播效率最高、传播范围最广、信息量最大的传播手段的最主要原因。广播电视的工作原理也应是电视编导人员需要了解和掌握的，电视接收机、信号发射、网络传输等硬件的工作原理，能使编导更加熟练地掌控电视节目制作的全局。

谈话类节目编导要掌握电视编导的思维和艺术创作规律，熟悉导演的前期工作内容、案头工作、现场工作以及后期制作等环节对编导的要求。掌握广播电视节目策划和制作的一般流程，了解广播电视节目策划的基本观念和所依据的理论；掌握策划的作用和意义，熟悉节目策划的步骤、程序以及策划文案的一般性结构和基本写法。

谈话类节目编导还要掌握基本的广播节目制作的要求、有声语言的主要内容和各自的特点作用；掌握基本的电视镜头语言特点、画面的构成元素、色彩的构成以及其特点和作用；了解场面调度和剪辑的内容和作用。

谈话节目编导还要具备电视语言的表达能力、能动的编导思维和超前的剪辑观念。在了解了电视节目制作流程中各个环节的技术及艺术规律之后，编导要具备视听语言的运用能力。电视编导相当于电影导演，甚至比电影导演的职责范围更广，所承担的压力也更大，电影总有封机的时候，而栏目每期节目的播出，都是下一期的开始。电视编导所负责的工作内容也更加细致，从前期的策划到后期的编辑，都要亲自把关，面面俱到，不仅要熟练掌握导演的基本技能，还要熟悉画面编辑的规律，并能运用自如，通过文字、拍摄、编辑的多次创作，实现节目的宗旨和目的。节目编导还要具备综合分析和评价广播电视作品的能力。

总之，谈话节目编导要具备扎实的采编知识和电视节目制作的基本技能，这样在节目制作全面展开的过程中，才能把握全局的工作。

（三）文学素养和语言表达能力

谈话节目的编导不仅精通专业知识、具备专业技能，在文学上也要有一定修养。节目编导常常需要对制作各部门表达创作意图、创作动机，并制订计划、方案，所以文笔水平是正确表达思想的直接保障。编导还要与策划人员、主持人、嘉宾等人员沟通，而谈话节目的基础是语言文字，所以口语表达的基本功是谈话节目编导的基本要求。编导要加强自己在语言文字方面的修养，注重平时的训练。

（四）人际沟通能力

谈话节目编导要与节目制作各部门交流，要与策划团队交流，要与主持人交流，要与嘉宾交流，要与上级部门交流，在交流的过程中不仅要准确表达自己的意愿，还要充分理解对方谈话的含义，许多方面的沟通还需要编导从不同的角度，用创造性思维去进行，会收到不同效果。

（五）谈话现场的掌控能力

在谈话现场，编导要针对嘉宾与主持人的谈话内容和过程，随机应变，灵活处理现场状况，保证节目节奏和各环节的正常运行。

第五节　不同类型谈话栏目编导的素质及职能

一、新闻类谈话栏目编导的素质及职能

（一）素质要求

新闻编导要具有政治素质和喉舌意识。新闻类节目的编导必须具备较强的政治敏感度，在新闻的采集与播出工作中，必须作为党和政府的喉舌，为国家的稳定和发展提供正向的舆论引导。

新闻节目编导要具有新闻敏感性。新闻节目编导必须具有挖掘新闻的意识，从日常小事中发现新闻价值，从日常行为中发现新闻线索，才能成为新闻节目的领航者，节目才会具有魅力和个性。

新闻节目编导要能够对电视诸多元素进行调度和把握。新闻节目的制作与其他节目一样，虽然节目内容与特性的不同使制作流程略有不同，但所经历的环节和技术支持都一样具有多性化特点。编导必须全面了解节目制作的过程和技术要求，从而能进行全局的掌控。

新闻类谈话节目的编导同样要具有一定的技术操作能力。只有熟练掌握专业的技能，才能从宏观上把握，从细节上要求，使节目制作的每一个环节都能顺利完成，达到节目整体的高质量要求。

（二）职责目标

（1）新闻节目编导首先要寻找、发现、策划、申报或接受策划部门现成的选题。

（2）选择独家角度形成策划文案。

（3）收集研读访谈对象资料。

（4）形成采访提纲。

（5）申请必要的采访拍摄设备，组织摄制小组。

（6）选择恰当的采访形式。

（7）约请访谈对象做进一步准备。

（8）根据编导文案全权指挥采访拍摄和后期制作。

（9）送审片部门审看、修改、批准播出，送播出部门待播。

二、娱乐类谈话栏目编导的素质及职能

（一）素质要求

娱乐类谈话节目，同样要求编导对电视多元素的调度和利用，对镜头语言的理解运用，要具有相应的专业知识，但是最重要的是作为电视娱乐类谈话节目编导对时尚要有较强的敏锐感觉，同时要对当下出现的泛娱乐化倾向有自我独立的判断和批判态度。在编导电视娱乐类谈话节目时，要努力追求"趣味"和"意义"，在娱乐的指导思想下，发掘话题的深度，不能单纯停留在娱乐上，要向知识性、信息性、客观性、广博性全面扩展。另外，娱乐类谈话节目编导要有丰富的人生阅历，善良、包容的品格，一定的心理学知识，幽默风趣的个性风格。

（二）职责目标

（1）接受或自选确定话题，强调话题的流行及娱乐因素。

（2）确定娱乐的主基调，对话题的挖掘要全面，尽量呈现趣味性。

（3）收集资料并研究，形成策划文案。对嘉宾的资料及相关话题的资料，要从特殊角度进行收集整理，力求达到节目的个性化目标。

（4）制定采访方案，充分了解嘉宾的个人资料，采访前要做大量的案头工作，提出素材要有新奇感，对嘉宾的采访要有挑战性，尽量呈现不为人知的信息。

（5）现场拍摄，注重娱乐气氛的创建与烘托。

（6）后期编辑，成片。

（7）送交审定部门并待播。

三、社会生活类谈话栏目的编导素质及职能

（一）素质要求

社会生活类谈话节目编导除了上述的电视节目编导的总体素质要求外，还应该具有敏锐的新闻素质和分析提炼能力，发现生活中人们关注的社会事件或现象，再用丰富的知识和阅历，用独特的视角和逻辑分析能力，与主持人一同带领观众去寻找、挖掘现象下面的本质。社会生活类栏目编导还要有细致的观察能力，在话题的选择上要从小处入手，把大事、大道理化入小事中，对敏感话题要善于把握分寸，正确引导，保证话题的顺利进行。

（二）职责目标

（1）选择新闻事件、新闻人物、百姓关注的事件和现象作为话题，要求贴近百姓生活，强调亲和力。

（2）话题的策划要注重从人文关怀、平民解读的视角进行深度挖掘。

（3）调动电视多元素进行现场的气氛把握与烘托。

（4）强调现场的参与气氛，带动观众积极思考。

（5）拍摄、编辑、送交审定、待播。

四、专题类谈话栏目的编导素质及职能

（一）素质要求

专题类节目编导除了要具有电视节目编导要求的总体素质外，还要拥有与话题相关的一定的专业知识，能够透彻理解并灵活运用。专题类编导要具有较强的学习能力和较强的逻辑分析能力，对不同话题的知识，能够快速领悟，并能从不同的角度找出话题的切入点。专题类节目编导还要有丰富的知识储备，能够在节目进行中涉及大量的其他领域的信息，增强节目的知识性和关联性。

（二）职责目标

（1）平民的视角，以广大普通观众为出发点，在现场细节处理上也要本着观众能听明白、看明白，能够充分参与为原则。

（2）努力追求节目的趣味性，提高收视率。专题类节目往往具有较强的受众指向性，为扩大观众范围，将知识性与趣味性相结合。

（3）努力将专业术语通俗化，让更多观众了解不同专业的知识。

（4）策划的话题既要有很强的专业性，也要有时效性，做到新且广。

（5）现场细节的把握要以客观为原则，强调真实和趣味。

思考题

1.电视谈话类栏目的特点有哪些？

2.按照内容，谈话类电视栏目分为哪些种类？

3.按照形式，谈话类电视栏目分为哪些种类？

4.谈话类电视栏目的策划要点是什么？

5.谈话类电视节目对主持人有哪些要求？列举相应的访谈类电视节目主持人。

6.谈话类电视栏目的编导职责是什么？

实践题

请策划一个娱乐类谈话栏目，要求时间为30分钟，受众群为大学生。

参考文献

［1］高鑫，张绍刚.电视纪实作品创作　电视栏目节目策划［M］.北京：北京广播学院出版社，2000.

［2］叶子.电视新闻节目研究［M］.北京：北京师范大学出版社，1999.

［3］杨金月，胡智锋.电视新闻栏目定位与运作实录［M］.北京：中国广播电视出版社，2005.

［4］雷蔚真.名牌栏目的策略与衍变：《经济半小时》透析报告［M］.北京：中国人民大学出版社，2005.

［5］郭庆光.传播学教程［M］.北京：中国人民大学出版社，1999.

［6］胡智锋，周建新.电视栏目策划的理念与路径［J］.新闻与写作，2010（7）：15-17.

［7］王鸳珍.方言播报新闻高收视率的冷思考［J］.当代传播，2005（6）：44-46.

［8］曾庆江.流行的尴尬不是我：电视栏目《非诚勿扰》的文化透析［J］.声屏世界，2011（4）：28-30.

［9］胡智锋.电视节目策划学［M］.上海：复旦大学出版社，2008.

［10］于聚义.电视传媒运营管理［M］.北京：中国传媒大学出版社，2010.

［11］游洁.电视媒体策划新论［M］.北京：中国国际广播出版社，2009.

［12］项仲平.电视节目策划［M］.北京：中国广播电视出版社，2004.

［13］詹成大.电视媒体策划［M］.北京：中国广播电视出版社，2002.

［14］陈素华.电视栏目选题策划浅析［J］.东南传播，2007（11）：132-133.

［15］王吉方.广告策划与实务［M］.北京：中国经济出版社，2009.

［16］郑保章.电视专题与电视栏目［M］.北京：中国广播电视出版社，2007.

［17］张静民.电视节目策划与编导［M］.广州：暨南大学出版社，2007.

［18］张百玲.浅谈电视栏目的策划［J］.科技资讯，2010（19）：227.

［19］查洪波.关于电视栏目策划的思考［J］.新闻爱好者，2008（10）：50-51.

［20］梁红.电视栏目的DNA［J］.现代传播，2003（3）：133-134.

［21］任金州.电视策划新论［M］.北京：中国广播电视出版社，2002.

［22］童宁.电视节目结构方法［M］.北京：中国广播电视出版社，2004.

［23］赵孝思，沈亮.影视剧作的叙事艺术［M］.上海：上海大学出版社，2001.

［24］宋家玲，袁兴珏.电视剧编剧艺术［M］.北京：中国广播电视出版社，2002.

［25］黄匡宇，江强.电视画面创作技巧［M］.北京：中国广播电视出版社，2002.

［26］张联.电视节目策划技巧［M］.北京：中国广播电视出版社，2002.

［27］周毅.电视摄像艺术新论［M］.北京：中国广播电视出版社，2005.

［28］宋杰.视听语言——影像与声音［M］.北京：中国广播电视出版社，2001.

［29］高鑫.电视艺术美学［M］.北京：文化艺术出版社，2005.

［30］布莱恩·布朗.影视照明技术［M］.北京：中国传媒大学出版社，2005.

［31］戴维·维拉.影视照明［M］.上海：复旦大学出版社，1998.

［32］任金洲，高波.电视摄像［M］.北京：中国广播电视出版社，1997.

［33］郑国恩.影视摄影构图学［M］.北京：北京广播学院出版社，2002.

［34］孟群.电视节目制作技术［M］.北京：高等教育出版社，2006.

［35］王润兰.电视节目编导与制作［M］.北京：高等教育出版社，2010.

［36］王释.电视编导基础［M］.北京：北京师范大学出版社，2010.

［37］何苏六.电视画面编辑［M］.北京：中国广播电视出版社，2008.

［38］刘坚.电视节目编导教程［M］.北京：中国传媒大学出版社，2004.

［39］李焕琴，郭峰.电视节目制作技术［M］.北京：电子工业出版社，2008.

［40］刘怀林.数字非线性编辑技术［M］.北京：中国广播电视出版社，1998.

［41］余胜泉.非线性编辑系统［M］.北京：北京广播学院出版社，2000.

［42］冯锡增.非线性编辑应用基础［M］.北京：中国广播电视出版社，2000.

［43］刘毓敏.多媒体影视制作［M］.北京：科学出版社，2003.

［44］张歌东.数字化影视制作技术［M］.北京：北京广播学院出版社，2001.

［45］胡晓峰，吴玲达.多媒体技术教程［M］.北京：人民邮电出版社，2002.

［46］马华东.多媒体技术原理及应用［M］.北京：清华大学出版社，2006.

［47］王志军.数字媒体非线性编辑技术［M］.北京：高等教育出版社，2005.

［48］杨晓宏.新编电视节目制作技术教程［M］.北京：国防工业出版社，2003.

［49］姚国强.影视录音［M］.北京：北京广播学院出版社，2002.

［50］刘毓敏.电视制作系统原理及应用实践［M］.北京：国际工业出版社，2006.

［51］鲁道夫·阿思海姆.艺术与视知觉［M］.滕守尧，朱疆源，译.北京：中国社会
　　科学出版社，1998.

［52］阚乃庆.最新TOP欧美电视节目模式［M］.北京：中国广播电视出版社，2008.

［53］胡智峰，顾亚奇.中国电视内容生产的潮流与趋势［J］.中国广播电视学刊，
　　2006（1）：23-25.

［54］张静民，李近.人和语言的现代神话：当前电视谈话节目成功要素解析［J］.现
　　代传播，2001（1）：87-91.

［55］滕慧群.主持人怎样在谈话类节目中实现多元功能［J］.视听界，2007（12）.

［56］黄匡宇.当代电视摄影制作教程［M］.上海：复旦大学出版社，2007.

［57］周文，高鑫.电视艺术概论［M］.北京：中国传媒大学出版社，2002.

［58］高鑫.电视艺术学［M］.北京：北京师范大学出版社，1998.

［59］石长顺.电视专题与专栏［M］.上海：复旦大学出版社，2009.

［60］谭天.广播电视新闻研究［M］.广州：暨南大学出版社，2012.

［61］孙玉胜.十年：从改变电视语态开始［M］.北京：生活·读书·新知三联书店，2012.

［62］谭天.批评与建构：聚焦中国电视［M］.广州：暨南大学出版社，2009.

［63］易前良.美国"电视研究"的学术源流［M］.北京：中国传媒大学出版社，2010.

［64］汪文斌，胡正荣.世界电视前沿［M］.北京：华艺出版社，2001.

［65］谭天，等.港澳台广播电视［M］.广州：暨南大学出版社，2010.

［66］夏骏.十字路口的中国电视［M］.北京：清华大学出版社，2006.

［67］师永刚.解密凤凰［M］.北京：作家出版社，2004.

［68］吕正标，王嘉.电视新闻节目理念、形态与实务［M］.北京：中国广播电视出版社，2004.

［69］黄匡宇.理论电视新闻学［M］.广州：中山大学出版社，1996.

［70］刘习良.中国电视史［M］.北京：中国广播电视出版社，2007.

［71］石长顺.电视专题与专栏：当代电视实务教程［M］.上海：复旦大学出版社，2007.

［72］高鑫，周文.电视专题［M］.北京：中国广播电视出版社，2008.

［73］任德强.电视专题摄制［M］.重庆：西南师范大学出版社，2010.

［74］蔡尚伟.电视专题［M］.北京：清华大学出版社，2010.

［75］石长顺.电视栏目解析［M］.武汉：武汉大学出版社，2008.

［76］史可扬.电视栏目和频道辨析［M］.广州：中山大学出版社，2007.

［77］邢益勋.电视编导基础教程［M］.北京：中国传媒大学出版社，2010.

［78］张凤铸.中国电视文艺学［M］.北京：北京广播学院出版社，1999.